全国高等职业教育机电类“十二五”规划教材

机械设计基础课程设计

主　编　杜新峰　李水莲　高清冉
副主编　李智华　邱继焱

黄河水利出版社
·郑州·

内容提要

本书是全国高等职业教育机电类“十二五”规划教材，是根据机械设计基础课程设计教学的基本要求编写的。本书包括机械设计基础课程设计指导书（第一至八章）、机械设计基础课程设计参考图例及设计题目（第九章）、机械设计基础课程设计常用标准和规范（第十至十七章）三篇。本书以常用的齿轮、蜗轮减速器为设计对象，介绍了减速器的一般设计方法和设计步骤。

本书主要供高等职业技术院校机械类和近机械类各专业师生使用，也可供机械设计、机械制造和维修等工程技术人员阅读参考。

图书在版编目（CIP）数据

机械设计基础课程设计/杜新峰，李水莲，高清冉主编.—郑州：黄河水利出版社，2012.5
全国高等职业教育机电类“十二五”规划教材
ISBN 978-7-5509-0037-0

Ⅰ.①机… Ⅱ.①杜… ②李… ③高… Ⅲ.①机械设计-课程设计-高等职业教育-教学参考资料
Ⅳ.①TH122

中国版本图书馆 CIP 数据核字（2012）第 087966 号

组稿编辑：王文科　电话：0371-66028027　E-mail：wwk5257@163.com

出 版 社：黄河水利出版社
地址：河南省郑州市顺河路黄委会综合楼 14 层　邮政编码：450003
发行单位：黄河水利出版社
发行部电话：0371-66026940、66020550、66028024、66022620（传真）
E-mail：hhslcbs@126.com
承印单位：河南省瑞光印务股份有限公司印刷
开本：787 mm×1 092 mm　1/16
印张：12
字数：292 千字　印数：1—4 100
版次：2012 年 5 月第 1 版　印次：2012 年 5 月第 1 次印刷

定价：26.00 元

前　言

机械设计基础课程设计是继机械设计基础课程学习后设置的一个理论联系实际的、非常重要的实践性教学环节，是使学生得到相关知识的综合运用和基本技能训练的重要环节，是迈向工程设计的一个转折点。

为满足学生在课程设计时的需要，编者根据《机械设计基础课程教学基本要求》和《机械设计基础课程设计教学要求》的精神，在参考大量文献和资料的基础上，结合多年的教学经验编写了本书。

本书包括机械设计基础课程设计指导书（第一至八章）、机械设计基础课程设计参考图例及设计题目（第九章）、机械设计基础课程设计常用标准和规范（第十至十七章）三篇。本书以常用的齿轮、蜗轮减速器为设计对象，介绍了减速器的一般设计方法和设计步骤，并且汇集了机械设计所需的基本内容和资料，以便学生能在有限的课程设计时间内得到相关知识的综合运用和基本技能的训练，从而能迅速地投入到实际的设计工作中。

本书具有如下特点：

（1）将机械设计基础课程设计指导书、机械设计基础课程设计参考图例及设计题目、机械设计基础课程设计常用标准和规范三篇汇集于一体，便于学生在进行课程设计时查阅。

（2）采用最新国家标准，并收录了减速器设计中常用的附件及设计规范。

（3）内容按设计步骤安排，以圆柱齿轮减速器为主给出了详细的图例，便于学生使用。

（4）精选了典型减速器的装配图和主要零件工作图，供学生参考。

本书编写人员及编写分工如下：郑州职业技术学院权国辉编写第一章、第三章、第十章，郑州职业技术学院李智华编写第二章、第四章，郑州轻工业学院白代萍编写第五章、第十一章、第十二章、第十六章，郑州职业技术学院杜新峰编写第六章，郑州职业技术学院王均杰编写第七章、第八章、第九章，郑州职业技术学院李水莲编写第十三章，郑州工业安全职业学院郭慧洁编写第十四章，济源职业技术学院高清冉编写第十五章，周口职业技术学院邱继焱编写第十七章。本书由杜新峰、李水莲、高清冉担任主编，由李智华、邱继焱担任副主编。

本书在编写过程中参考了大量相关教材和著作，在此向这些文献的作者表示衷心的感谢。

由于编者水平有限，书中难免有疏漏之处，敬请广大读者批评指正。

编　者

2012 年 2 月

目　录

前　言

第一篇　机械设计基础课程设计指导书

第一章　概　述 ······ (1)
第一节　机械设计基础课程设计的目的 ······ (1)
第二节　机械设计基础课程设计的内容 ······ (1)
第三节　机械设计基础课程设计的步骤和进度 ······ (2)
第四节　机械设计基础课程设计的方法和要求 ······ (4)
第二章　传动装置的总体设计 ······ (6)
第一节　分析或拟订传动装置方案 ······ (6)
第二节　电动机的选择 ······ (8)
第三节　传动装置的总传动比及其分配 ······ (10)
第四节　计算传动装置的运动和动力参数 ······ (11)
第三章　常用减速器的形式和参数 ······ (16)
第一节　常用减速器的形式及应用特点 ······ (16)
第二节　常用减速器的系列化参数及其选择 ······ (20)
第四章　传动零件的设计计算 ······ (23)
第一节　减速器外部的传动零件设计计算 ······ (23)
第二节　减速器内部的传动零件设计计算 ······ (26)
第三节　传动零件的设计实例 ······ (27)
第五章　减速器的结构设计及其他设计 ······ (30)
第一节　减速器各部位结构、尺寸及功用 ······ (30)
第二节　减速器箱体结构及其尺寸 ······ (31)
第三节　减速器附件的结构及其尺寸 ······ (33)
第四节　减速器的润滑与密封 ······ (38)
第六章　减速器的装配图技术设计 ······ (44)
第一节　减速器的装配图技术设计目的和要求 ······ (44)
第二节　装配图设计的第一阶段——设计准备 ······ (45)
第三节　装配图设计的第二阶段——草图设计 ······ (49)
第四节　装配图设计的第三阶段——装配工作图设计 ······ (66)
第七章　零件工作图设计 ······ (76)
第一节　轴类零件工作图的设计要点 ······ (76)
第二节　齿轮类零件工作图的设计要点 ······ (80)
第三节　铸造箱体零件工作图的设计要点 ······ (86)

第八章　设计计算说明书 …………………………………………………………… (90)
第一节　设计计算说明书的要求 ………………………………………………… (90)
第二节　设计计算说明书的内容 ………………………………………………… (91)

第二篇　机械设计基础课程设计参考图例及设计题目

第九章　减速器装配工作图参考图例 ……………………………………………… (93)
第一节　课程设计题目 …………………………………………………………… (93)
第二节　减速器装配图常见错误示例 …………………………………………… (101)
第三节　装配工作图图例 ………………………………………………………… (102)

第三篇　机械设计基础课程设计常用标准和规范

第十章　一般标准和常用数据 ……………………………………………………… (107)
第一节　一般标准 ………………………………………………………………… (107)
第二节　常用数据 ………………………………………………………………… (111)
第十一章　机械工程材料 …………………………………………………………… (114)
第一节　黑色金属材料 …………………………………………………………… (114)
第二节　有色金属材料 …………………………………………………………… (126)
第十二章　公差与配合 ……………………………………………………………… (134)
第一节　极限与配合 ……………………………………………………………… (134)
第二节　几何公差 ………………………………………………………………… (135)
第十三章　常用标准件 ……………………………………………………………… (139)
第一节　螺纹零件和螺纹连接 …………………………………………………… (139)
第二节　销连接 …………………………………………………………………… (149)
第十四章　润滑与密封 ……………………………………………………………… (150)
第一节　常用润滑剂 ……………………………………………………………… (150)
第二节　润滑装置 ………………………………………………………………… (152)
第三节　密封件 …………………………………………………………………… (156)
第十五章　滚动轴承 ………………………………………………………………… (159)
第一节　常见滚动轴承 …………………………………………………………… (159)
第二节　滚动轴承的配合及游隙 ………………………………………………… (170)
第十六章　联轴器 …………………………………………………………………… (176)
第一节　联轴器轴孔和键槽 ……………………………………………………… (176)
第二节　常用联轴器 ……………………………………………………………… (177)
第十七章　电动机 …………………………………………………………………… (181)
第一节　Y 系列(IP44)电动机的技术数据 ……………………………………… (181)
第二节　Y 系列三相异步电动机的外形及安装尺寸 …………………………… (183)
参考文献 ……………………………………………………………………………… (186)

第一篇　机械设计基础课程设计指导书

第一章　概　述

第一节　机械设计基础课程设计的目的

机械设计基础课程设计是机械设计基础课程的重要实践性环节，是学生在校期间第一次较全面的设计能力训练，在实现学生总体的培养目标中占有重要地位。

机械设计基础课程设计的主要目的是：

(1)通过课程设计使学生综合运用机械设计基础课程及有关先修课程的知识，起到巩固、深化、融会贯通及扩展有关机械设计方面知识的作用，为创新设计打下基础。

(2)通过课程设计的实践，培养学生分析和解决工程实际问题的能力，使学生掌握机械零件、机械传动装置或简单机械的一般设计方法和步骤。

(3)提高学生的有关设计能力，如计算能力、绘图能力及计算机辅助设计(CAD)能力等，使学生熟悉设计资料(手册、图册等)的使用，掌握经验估算等机械设计的基本技能。

(4)通过撰写设计说明书和总结、答辩，提高总结、写作和表达的能力。

第二节　机械设计基础课程设计的内容

机械设计基础课程设计的题目一般选择机械传动装置。这是沿用了20世纪30年代苏联工学院的做法：该方法主要是培养从事细部设计的工程人员，虽然它对设计的全局性问题考虑不够，但是与普通高等院校的培养目标和学生的特点是适应的。因此，本书推荐选择以齿轮减速器为主体的机械传动装置。

机械设计基础课程设计的内容包括传动系统的总体设计，传动零件的设计计算，减速器的结构，润滑和密封，减速器装配图及零件工作图的设计，设计计算说明书的编写。

(1)设计题目类型。设计题目分为三类：第一类为基本题目，即通用机械传动装置设计，这类题目的比例占60%～70%；第二类为机械创新设计题目，比例占20%～30%；第三类为学生自选题，比例由指导教师确定，工作量相当于二级齿轮减速器设计的工作量。

(2)设计图纸。以减速器设计题目为例，学生应完成的工作为减速器装配图一张，零件工作图若干张，通常为箱体零件工作图、齿轮(或蜗轮)和轴零件工作图，采用计算机绘图。

(3)设计计算说明书。设计计算说明书是最重要的技术文档之一，每个参与课程设计的学生都必须按规定格式整理和编写一份机械设计基础课程设计说明书。说明书以设计计算内容为主，包括确定传动装置总体方案，电动机的选择，传动装置的运动学计算和动力学计算，传动零件的设计计算，轴、轴承及其组合部件设计，键连接的校核计算，联轴器的选择及校核，箱体、润滑及附件设计，装配图的设计及绘制等。

第三节　机械设计基础课程设计的步骤和进度

机械设计基础课程设计从方案分析和选择开始，方案确定后，进行必要的计算和结构设计，最后以图纸表达设计结果并整理设计计算说明书。设计中，由于需要考虑的因素很多，如实用性、经济性、加工性、装配性等，零件的结构形状和有些尺寸不可能完全由计算确定，需采用边绘图、边计算、边修改的方法，通过计算与绘图、计算与结构设计的交替进行来完成。因此，设计步骤不是一成不变的。

一般情况下，机械设计基础课程设计可按以下八个步骤进行。

一、设计准备

认真阅读设计任务书，明确设计要求和条件；充分利用现有的各种设计资料去熟悉设计对象，如参观或拆装减速器，参阅课本有关减速器的构造、应用及装配参考图等内容；复习课本有关的内容，熟悉有关零件的设计方法和步骤；准备好设计计算草本、计算工具和绘图仪器等；明确课程设计的方法和步骤，初步拟订设计计划和进度。

二、传动装置的总体设计

根据设计要求拟订传动装置的总体布置方案，绘传动装置运动简图；正确选择、确定电动机的类型，计算传动装置的运动和动力参数，如计算功率；确定总传动比和分配各级传动比；计算各轴的转速、转矩和功率等，并列表作为以后的计算依据。

三、各级传动零件的设计计算

各级传动零件的设计计算包括减速器外部的传动零件设计计算、减速器内部的传动零件设计计算。通过设计计算确定各传动零件的主要参数和尺寸，一般包括带传动、链传动、联轴器、齿轮传动（或蜗杆蜗轮传动）等。

四、减速器装配工作图的结构设计及绘制

选择适当的比例尺，根据前面计算好的数据，在图纸上进行各零件的布置及轴的结构设计，从图面上检查各尺寸是否合理，各运动件间是否相碰、干涉或距离过小等；若无上述问题，再进行轴、轴承、键、联轴器的校核并加深图面线条。用计算机绘图，可边核对、边修改，从而确定图面。

减速器装配图应当清晰准确地表达减速器整体结构、所有零件的形状和尺寸、相关零件间的连接性质及减速器的工作原理，还应表示出减速器各零件的装配和拆卸的可能性、次序及减速器的调整和使用方法。在减速器装配图的设计过程中，每完成一步都应仔细检查。装配图的设计与相关计算应交叉进行，如选择减速器中受力较复杂的轴及轴上零件，应校核

轴及滚动轴承的寿命(轴的校核按弯扭合成强度计算),进行轴系、箱体及其附件的结构设计。其中箱体附件一般应包括窥视窗、油标、排油孔及其螺塞、起吊装置等。装配图上还应标注必要的尺寸和公差配合,写出减速器特性、技术要求和零件序号,编写零件明细表及标题栏。

五、零件工作图的设计和绘制

零件工作图一般选轴或齿轮进行绘制,尺寸和公差标注及技术要求应完整,绘制齿轮零件工作图应附齿轮公差表。

六、完成减速器装配图

应注意画底线图、剖面线;选择配合,标注尺寸;编写零件序号,列出明细表;加深线条,整理图面;书写技术要求、减速器特性等。

七、整理、编写设计计算说明书

对设计计算过程进行整理,编写成技术文件,其中包括设计任务书、设计计算说明、数据与结果、参考文献等。

说明书应包括文字叙述、设计计算和必要的简图,在说明书每一页的右侧应单独写明有关计算结果和简短结论。

八、设计总结和答辩

总结设计的收获和经验教训,参加答辩。

机械设计基础课程设计的进度可参照表 1-1,教师可根据学生能否按时完成各阶段的工作量来考核其设计能力,并作为评定成绩的依据之一。

表 1-1　设计进度

<table>
<tr><th>序号</th><th>设计阶段</th><th>占总工作量的比例(%)</th></tr>
<tr><td>1</td><td>设计准备</td><td rowspan="2">10</td></tr>
<tr><td>2</td><td>传动装置的总体设计</td></tr>
<tr><td>3</td><td>各级传动零件的设计计算</td><td>10</td></tr>
<tr><td>4</td><td>减速器装配工作图的结构设计及绘制</td><td>30</td></tr>
<tr><td>5</td><td>零件工作图的设计和绘制</td><td>20</td></tr>
<tr><td>6</td><td>完成减速器装配图</td><td>10</td></tr>
<tr><td>7</td><td>整理、编写设计计算说明书</td><td>15</td></tr>
<tr><td>8</td><td>设计总结和答辩</td><td>5</td></tr>
</table>

第四节　机械设计基础课程设计的方法和要求

一、设计的方法

机械设计基础课程设计的方法主要有以下几种：

(1)设计中遇到问题时，学生应首先自己思考，提出看法和意见，然后与指导老师共同讨论。设计者应从实际设计要求出发，充分利用已有的技术资料和成熟的技术，勇于创新，敢于提出新方案，不断地完善和改进自己的设计。所以，设计是继承和创新相结合的过程。

(2)设计时必须根据设计要求具体分析，创造性地进行设计。任何设计都不可能脱离前人长期经验的积累而凭空想象出来，同时任何一项新的设计都有其特定的要求，没有现成的设计方案可供完全照搬照抄。因此，既要克服闭门造车、凭空臆造的做法，又要防止盲目地、不加分析地全盘抄袭现有设计资料的做法。

(3)采用“三边”设计方法。在机械设计中，多数零件可以由计算(强度计算和刚度计算)确定零件的基本尺寸，再通过草图设计决定其具体结构和尺寸；而有些零件(如轴)则需先经初算和绘制草图，得出初步符合设计条件的基本结构尺寸，然后进行必要的计算，根据计算的结果，再对结构和尺寸进行修改。因此，计算和画图互为依据，交叉进行。这种边计算、边画图、边修改的“三边”设计方法是机械设计的常用方法。

(4)正确处理设计计算与结构设计、工艺要求间的关系。根据设计对象的具体情况，以理论计算为依据，全面考虑设计对象的结构、工艺、经济性等要求，确定合理的结构尺寸，进行强度、刚度等理论计算。另外，也可以参考已有资料或经验数据，取得有关尺寸具体的结构参数，然后进行必要的校核计算。特别要注意的是，既不能把设计理解为纯粹的理论计算或者将某些计算结果看成是不可更改的，也不能简单地从结构和工艺的要求出发，毫无根据地随意确定零件的尺寸。

(5)正确运用设计标准和规范。在设计工作中，要遵守国家正式颁布的有关标准、设计规范等。设计工作中贯彻“三化”(标准化、系列化和通用化)，可减少工作量、缩短设计周期、增大互换性、降低设计和制造成本。“三化”程度的高低是评价设计质量优劣的指标之一。

设计时，对于标准件，如滚动轴承、普通 V 带、链条等，其参数必须符合标准和规范；对于非标准零件，为了制造、测量和安装方便，要圆整为标准数列(如标准直径和长度)或选用优先数列；对于一些有严格几何关系的尺寸，如齿轮传动的啮合尺寸，不能随便圆整，应保留其小数尾数。

(6)及时整理课程设计中的计算数据。对于课程设计来说，绘图应严格遵守机械制图标准，图纸表达应正确、清晰，图面应整洁；设计计算说明书应及时整理，保证计算正确无误，书写工整清晰。

二、设计的要求

机械设计基础课程设计一般选择机械传动装置或简单机械作为设计课题，具体要求包括以下几方面：

(1)根据机器功能要求，拟订或分析设计方案，合理地选择电动机、传动机构和零部件。

(2)根据工况分析和计算作用在零件上的载荷，合理选择材料，正确计算零件工作能力，确定传动零件的主要参数和尺寸。

(3)充分考虑加工工艺、安装与调整、使用与维护、经济与安全等问题，对机器和零件进行结构设计。

(4)设计的图纸视图投影正确，符合制图标准；尺寸公差标注正确，技术要求合理。

(5)掌握用计算机绘图的技能。

(6)要善于总结设计的收获和经验教训。机械设计基础课程设计是一次较全面的设计训练，也是机械基础系列课程全部结束后的一次综合性、实践性教学环节。课程设计既是对前导课程学习效果的检验，也是学习后续课程的基础，所以一定要善于总结设计的收获和经验教训。

设计是一项复杂、细致的劳动，也是一项创造性的劳动。在设计中，一方面要熟悉、利用已有的各种资料，这样可加快设计进程、拓宽思路，保证和提高设计水平及质量；另一方面要认真考虑特定的设计要求和具体的工作条件，不盲目地抄袭资料，要进行认真、全面的分析，不断进取、不断创新，进行创造性的设计。

第二章　传动装置的总体设计

传动装置的总体设计包括分析或拟订传动方案、选择电动机、合理分配传动比及计算传动装置的运动和动力参数等，为传动件的下一步设计做准备。

第一节　分析或拟订传动装置方案

一、传动装置在机器中的作用

机器通常是由动力机、传动装置和工作机构三部分组成的。其中，传动装置是将原动机的运动和动力传递给工作机构的中间装置。它常具备减速（或增速）、改变运动形式或运动方向，以及对动力和运动进行传递与分配的作用。传动装置是机器的重要组成部分。

二、合理拟订传动装置方案的意义

传动装置方案设计是机器总体设计的主要组成部分，传动装置的质量和成本通常在整台机器中占很大的比例，机器的工作性能和运转费用在很大程度上也取决于传动装置的性能、质量及设计布局的合理性。因此，传动装置方案设计的优劣，对机器的工作性能、工作可靠性、外廓尺寸、质量、制造成本、运转费用等均有一定程度的影响，合理拟订传动装置方案具有重要意义。

传动方案常由运动简图表示。如图 2-1 所示为一带式输送机传动方案，它反映了机器运动和动力传递的路线及各部件的组成与连接关系，也为传动装置中各零部件的设计提供了依据。

合理的传动方案首先应满足工作机性能（如传递功率、转速及运动方式）的要求。另外，还要与工作条件（如工作环境、工作场地、工作时间）相适应。同时，还要求工作可靠，结构简单，尺寸紧凑，传动效率高，使用维护方便，工艺性和经济性好。若要同时满足上述各方面要求，往往是比较困难的。因此，要分清主次，首先满足重要要求，同时要分析、比较多种传动方案，选择其中既能保证重点，又能兼顾其他要求的合理传动方案作为最终确定的传动方案。

图 2-1 所示为一带式输送机的四种传动方案。方案 1 采用二级圆柱齿轮减速器，该方案结构尺寸小，传动效率高，适合在较差的工作环境下长期工作；方案 2 采用一级带传动和一级闭式齿轮传动，该方案外廓尺寸较大，有减振和过载保护作用，但不适合繁重的工作要求和恶劣的工作环境；方案 3 采用一级闭式齿轮传动和一级开式齿轮传动，该方案成本较低，但使用寿命短且不适用于较差的工作环境；方案 4 采用一级蜗杆传动，该方案结构紧凑，但传动效率低，长期工作不经济。以上四种方案虽然都能满足带式输送机的功能要求，但在结构尺寸、性能指标、经济性等方面均有较大差异，要根据具体的工作要求选择合理的传动方案。

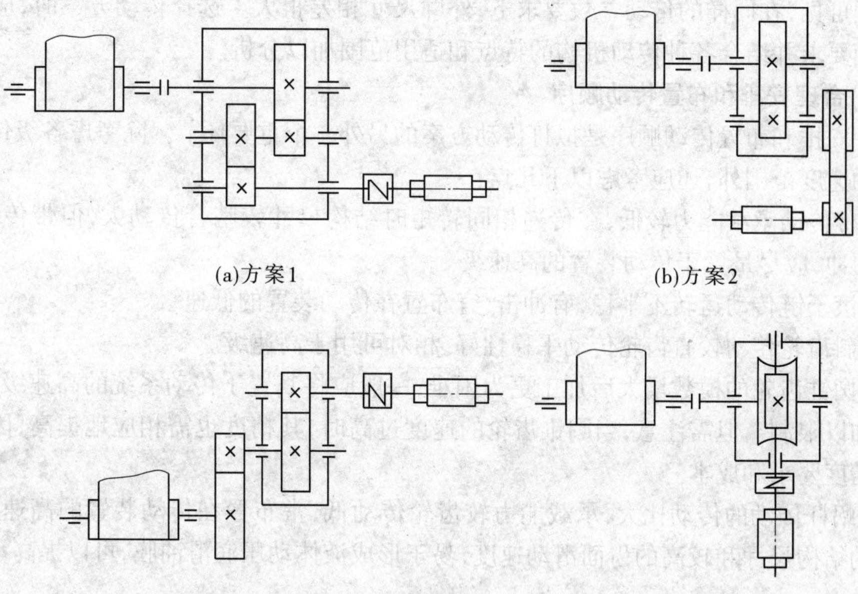

(a)方案1　(b)方案2

(c)方案3　(d)方案4

图 2-1　带式输送机传动方案

三、拟订传动装置方案的一般原则

(一)传动机构类型的选择

分析和选择传动机构的类型及其组合是拟订传动装置方案的重要一环。如图 2-2 所示为传递功率(50 kW)、低速轴转速(200 r/min)、传动比($i=5$)都相同时,几种不同类型传动机构的外廓尺寸对比。

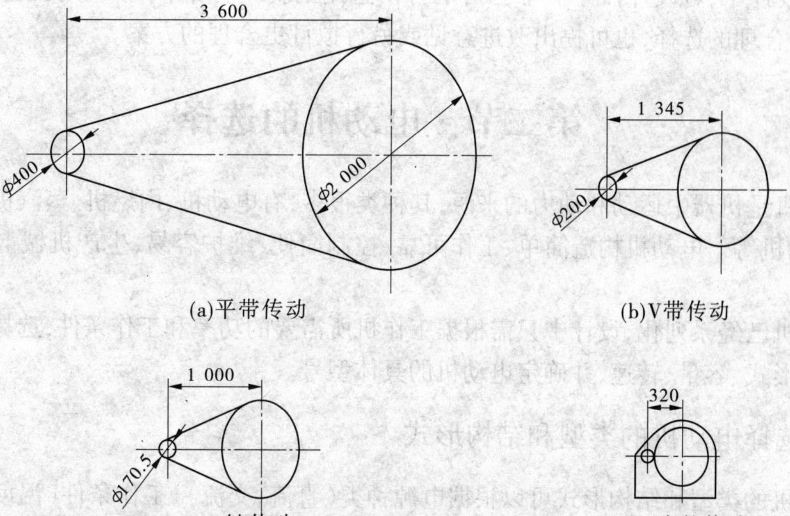

(a)平带传动　(b)V带传动

(c)链传动　(d)齿轮传动

图 2-2　不同类型传动机构的外廓尺寸

由图可见，在同样的传动参数要求下，外廓尺寸相差很大。选择传动方案时，应综合考虑各方面要求并结合各种传动机构的特点和适用范围加以分析。

（二）合理安排和布置传动顺序

合理安排和布置传动顺序是拟订传动方案的另外一个重要环节。除考虑各级传动机构所适应的速度范围外，还应考虑以下几点：

（1）带传动承载能力较低，在传递相同转矩时结构尺寸较啮合传动大，但带传动平稳，能吸振缓冲，应尽量置于传动装置的高速级。

（2）滚子链传动运转不平稳，有冲击，宜布置在传动装置的低速级。

（3）斜齿轮传动较直齿轮传动平稳性好，相对可用于高速级。

（4）圆锥齿轮的模数增大后加工更为困难，一般应将其置于传动系统的高速级，且对其传动比加以限制。但需注意，当圆锥齿轮的速度过高时，其精度也需相应地提高，因此会增加制造精度要求和成本。

（5）蜗杆传动的传动比大，承载能力较齿轮传动低，常布置在传动装置的高速级，以获得较小的结构尺寸和较高的齿面滑动速度，易于形成液体动压润滑油膜，可以提高承载能力和传动效率。

（6）开式齿轮传动一般工作环境较差，润滑条件不良，对外廓的紧凑性要求低于闭式传动，相对应布置在低速级。

（7）改变运动形式的机构（如连杆机构、凸轮机构）一般应布置在传动装置的末端或低速级，以简化传动装置；控制机构一般也应尽量放在传动装置的末端或低速级，以免造成大的累积误差，降低传动精度。

（8）制动器通常设在高速轴上，并应注意位于制动器后面的传动机构绝对不能出现带传动和摩擦传动。

（9）传动装置的布局应尽量做到结构紧凑、匀称，强度和刚度好，便于操作、拆装和维修。

课程设计中，若设计任务书中已给定可供选用的传动方案，学生应对此进行分析和比较，并作出合理的选择，也可提出改进意见或另行拟订更合理的方案。

第二节　电动机的选择

原动机是机器中运动和动力的来源，其种类很多，有电动机、内燃机、蒸汽机、水轮机、汽轮机、液动机等。电动机构造简单、工作可靠、控制简便、维护容易，生产机械上大多采用电动机驱动。

电动机已经系列化，设计中只需根据工作机所需要的功率和工作条件，选择电动机的类型和结构形式、容量、转速，并确定电动机的具体型号。

一、选择电动机的类型和结构形式

电动机的类型和结构形式可以根据电源种类（直流、交流）、工作条件（温度、环境、空间尺寸）和载荷特点（性质、大小、启动性能和过载情况）来选择。

工业上广泛应用Y系列三相交流异步电动机。它是我国20世纪80年代的更新换代产品，具有高效、节能、振动小、噪声小和运行安全可靠的特点，安装尺寸和功率等级符合国际标准，适用于无特殊要求的各种机械设备。对于频繁启动、制动和换向的机械（如起重机械），宜选用转动惯量小、过载能力强、允许有较大振动和冲击的YZ型或YZR型三相异步电动机。为适应不同的安装需要，同一类型的电动机结构又制成若干种安装形式，供设计时选用。有关电动机的技术数据、外形及安装尺寸可查阅本书第三篇第十七章的相关内容。

二、确定电动机的容量

电动机容量（功率）选择得合适与否对电动机的工作和经济性都有影响。当电动机容量小于工作要求时，电动机不能保证工作机的正常工作，或电动机因长期过载发热量大而过早损坏；当电动机容量过大时，电动机价格高，能量不能充分利用，经常处于不满载运行状态，其效率和功率因数都较低，增加电能消耗，造成很大浪费。

电动机容量的选择要考虑电动机的发热条件、过载能力和启动能力三方面因素。一般情况下，主要根据电动机运行时的发热条件来决定。电动机的发热与其运动状态有关。对于长期连续运转、载荷不变或变化很小、常温下工作的机械，只要所选电动机的额定功率 P_m 等于或略大于所需电动机功率 P_0，即 $P_m \geqslant P_0$，电动机在工作时就不会过热，而不必校验发热和启动力矩。具体计算步骤如下。

（一）计算工作机所需的功率 P_w

功率 P_w 的计算公式为

$$P_w = \frac{F_w V_w}{1\,000\eta_w} \tag{2-1}$$

或

$$P_w = \frac{T_w n_w}{9\,550\eta_w} \tag{2-2}$$

式中 F_w——工作机的阻力，N；

V_w——工作机的线速度，m/s；

T_w——工作机的转矩，N·m；

n_w——工作机的转速，r/min；

η_w——工作机的效率，对于带式输送机，一般取 $\eta_w = 0.94 \sim 0.96$。

（二）计算电动机所需的功率 P_0

电动机所需功率由工作机所需功率和传动装置的总效率按下式计算

$$P_0 = \frac{P_w}{\eta} \tag{2-3}$$

式中 η——传动装置的总效率。

传动装置的总效率 η 应为组成传动装置的各个运动副效率乘积，即 $\eta = \eta_1\eta_2\eta_3\cdots\eta_n$，$\eta_1, \eta_2, \eta_3, \cdots, \eta_n$ 分别为传动装置中每个传动副（如齿轮传动、蜗杆传动、带传动或链传动等）、每对轴承或每个联轴器的效率，其值可查阅相关设计书。

在计算传动装置的总效率时，应注意以下几点：

（1）在资料中查出数值为一范围时，一般可取中间值。若工作条件差、加工精度低或维护不良，应取低值；反之取高值。

（2）轴承的效率通常针对一对轴承而言。

（3）同类型的几对传动副、轴承或联轴器，要分别计入各自的效率。

(三)确定电动机的额定功率 P_m

电动机的额定功率通常按下式计算

$$P_m = (1 \sim 1.3)P_0 \tag{2-4}$$

根据 P_m 值可参照电动机标准选择相应的电动机型号。

三、确定电动机转速

容量相同的同类型电动机,其同步转速有 3 000 r/min、1 500 r/min、1 000 r/min、750 r/min四种。电动机转速越高,则磁极数越少,尺寸和质量越小,价格也越低。但电动机转速与工作机转速相差过多,势必造成传动系统的总传动比加大,致使传动装置的外廓尺寸和质量增大,价格提高。而选用较低转速的电动机时,则情况正好相反,即传动装置的外廓尺寸和质量减小,而电动机的尺寸和质量增大,价格提高。因此,在确定电动机转速时,应进行分析比较,权衡利弊,选择最优方案。

对于专用传动装置,其设计功率按实际需要的电动机功率 P_0 来计算;对于通用传动装置,其设计功率按电动机的额定功率 P_m 来计算。传动装置的输入转速可按电动机额定功率时的转速,即满载转速 n_m 来计算。

第三节 传动装置的总传动比及其分配

选定电动机以后,根据电动机满载转速 n_m 及工作机转速 n_w,就可计算出传动装置的总传动比为

$$i = \frac{n_m}{n_w} \tag{2-5}$$

由传动方案知,传动装置的总传动比等于各级传动比的乘积,即

$$i = i_1 i_2 i_3 \cdots i_n \tag{2-6}$$

式中 $i_1, i_2, i_3, \cdots, i_n$——各级串联传动副的传动比。

合理地分配各级传动比是传动装置总体设计中的一个重要问题,它将直接影响到传动装置的外廓尺寸、质量、润滑条件、成本、传动零件的圆周速度及精度等级。由于同时达到上述各方面要求比较困难,因此设计时应根据具体条件,首先满足主要要求。

对于各类减速器,可参考下列数据分配传动比:

二级展开式圆柱齿轮减速器

$$i_1 = (1.3 \sim 1.5)i_2 \tag{2-7}$$

式中 i_1——高速级的传动比;

i_2——低速级的传动比。

二级同轴式圆柱齿轮减速器

$$i_1 = i_2 = \sqrt{i} \tag{2-8}$$

式中 i_1——高速级的传动比;

i_2——低速级的传动比;

i——减速器总传动比。

圆锥齿轮-圆柱齿轮减速器

$$i_1 \approx 0.25i \quad 且 \quad i \leqslant 3 \tag{2-9}$$

式中　i_1——齿轮传动的传动比；

i——减速器总传动比。

蜗杆－齿轮减速器

$$i_2 = (0.03 \sim 0.06)i \tag{2-10}$$

式中　i_2——齿轮传动的传动比；

i——减速器总传动比。

齿轮－蜗杆减速器

$$i_1 \approx 2 \sim 2.5 \tag{2-11}$$

式中　i_1——齿轮传动的传动比。

二级蜗杆减速器

$$i_1 = i_2 \tag{2-12}$$

式中　i_1——高速级蜗杆传动的传动比；

i_2——低速级蜗杆传动的传动比。

分配的各级传动比只是初步选定的数值,实际传动比要由传动件最终确定的参数(如齿轮齿数、带轮直径等)准确计算。因此,工作机的实际转速要在传动件设计计算完成后进行核算,如不在允许误差范围内,则应重新调整传动件参数,甚至重新分配传动比。当设计要求未规定转速(或速度)的允许误差时,传动比一般允许在±(3~5)%变化。

第四节　计算传动装置的运动和动力参数

为进行传动件的设计计算,需要求出各轴的转速、转矩或功率。若将传动装置各轴由高速至低速依次定为1轴,2轴,3轴,…(电动机轴为0轴),并设从电动机到输送机滚筒轴分别为0轴,1轴,2轴,3轴,4轴,…,对应于各轴的转速分别为 $n_0, n_1, n_2, n_3, n_4, \cdots$,对应于0轴的输出功率和其余各轴的输入功率分别为 $P_0, P_1, P_2, P_3, P_4, \cdots$,对应于0轴的输出转矩和其余各轴的输入转矩分别为 $T_0, T_1, T_2, T_3, T_4, \cdots$,相邻两轴间的传动比分别为 $i_{01}, i_{12}, i_{23}, i_{34}, \cdots$,相邻两轴间的传动效率分别为 $\eta_{01}, \eta_{12}, \eta_{23}, \eta_{34}, \cdots$,则可按电动机轴至工作机轴的运动传递路线推算出各轴的运动和动力参数。

一、各轴的功率

0轴的输出功率　$P_0 = P_m$

1轴的输入功率　$P_1 = P_0\eta_{01}$

2轴的输入功率　$P_2 = P_1\eta_{12} = P_0\eta_{01}\eta_{12}$

3轴的输入功率　$P_3 = P_2\eta_{23} = P_0\eta_{01}\eta_{12}\eta_{23}$

其余类推。

二、各轴的转速

0轴的转速　$n_0 = n_m$

1 轴的转速　$n_1 = \frac{n_m}{i_{01}}$

2 轴的转速　$n_2 = \frac{n_1}{i_{12}}$

3 轴的转速　$n_3 = \frac{n_2}{i_{23}}$

其余类推。

式中　n_m——电动机满载转速，r/min。

三、各轴的转矩

0 轴的转矩　$T_0 = 9\ 550\frac{P_0}{n_0}$

1 轴的转矩　$T_1 = 9\ 550\frac{P_1}{n_1} = T_0 i_{01} \eta_{01}$

2 轴的转矩　$T_2 = 9\ 550\frac{P_2}{n_2} = T_1 i_{12} \eta_{12}$

3 轴的转矩　$T_3 = 9\ 550\frac{P_3}{n_3} = T_2 i_{23} \eta_{23}$

其余类推。

将上述计算得到的各轴运动和动力参数的数据列表整理如表 2-1 所示。

表 2-1　各轴运动和动力参数

<table>
<tr><td rowspan="2">轴号</td><td>电动机</td><td colspan="3">二级圆柱齿轮减速器</td><td>工作机</td></tr>
<tr><td>0</td><td>1</td><td>2</td><td>3</td><td>4</td></tr>
<tr><td>转速 n(r/min)</td><td>n_0</td><td>n_1</td><td>n_2</td><td>n_3</td><td>n_4</td></tr>
<tr><td>功率 P(kW)</td><td>P_0</td><td>P_1</td><td>P_2</td><td>P_3</td><td>P_4</td></tr>
<tr><td>转矩 T(N·m)</td><td>T_0</td><td>T_1</td><td>T_2</td><td>T_3</td><td>T_4</td></tr>
<tr><td>两轴连接、传动件</td><td colspan="2">带传动</td><td>齿轮</td><td>齿轮</td><td>联轴器</td></tr>
<tr><td>传动比 i</td><td colspan="2">i_{01}</td><td>i_{12}</td><td>i_{23}</td><td>i_{34}</td></tr>
<tr><td>传动效率 η</td><td colspan="2">η_{01}</td><td>η_{12}</td><td>η_{23}</td><td>η_{34}</td></tr>
</table>

【例 2-1】　图 2-3 为带式输送机传动方案。已知卷筒直径 $D = 500$ mm，输送带的有效拉力 $F_w = 10\ 000$ N，滚筒效率（不包括轴承）$\eta_w = 0.96$，输送带速度 $v = 0.4$ m/s，长期连续工作。试完成下列要求：

（1）选择合适的电动机。

（2）计算传动装置的总传动比，并分配各级传动比。

（3）计算传动装置中各轴的运动和动力参数。

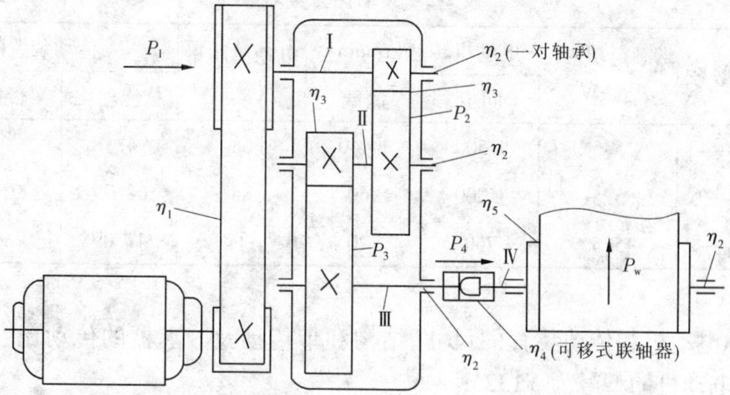

图 2-3　带式输送机传动方案

解　(1)选择电动机。

①选择电动机类型和结构形式。按工作条件和要求,选用一般用途的 Y 系列三相异步电动机,为卧式封闭结构。

②选择电动机的容量。工作机所需的功率 P_w 为

$$P_w = \frac{F_w v_w}{1\,000\eta_w}$$

将 $F_w = 10\,000$ N,$v_w = 0.4$ m/s,$\eta_w = 0.96$ 代入上式得

$$P_w = \frac{10\,000 \times 0.4}{1\,000 \times 0.96} = 4.167(\text{kW})$$

电动机所需功率 P_0 为

$$P_0 = \frac{P_w}{\eta}$$

从电动机至滚筒主动轴之间的传动装置的总效率 η 为

$$\eta = \eta_{带}\eta_{轴承}^4\eta_{齿轮}^2\eta_{联轴器}$$

由设计书查得 $\eta_{带} = 0.95$,$\eta_{轴承} = 0.99$,$\eta_{齿轮} = 0.98$,$\eta_{联轴器} = 0.99$,则

$$\eta = \eta_{带}\eta_{轴承}^4\eta_{齿轮}^2\eta_{联轴器} = 0.95 \times 0.99^4 \times 0.98^2 \times 0.99 = 0.868$$

$$P_0 = \frac{P_w}{\eta} = \frac{4.167}{0.868} = 4.8(\text{kW})$$

选取电动机额定功率 P_0,使 $P_m = (1 \sim 1.3)P_0$,取 $P_m = 5.5$ kW。

③确定电动机转速。工作机卷筒轴的转速 n_w 为

$$n_w = \frac{60 \times 1\,000 \times 0.4}{\pi \times 500} = 15.29(\text{r/min})$$

取 V 带传动的传动比 $i_{带} = 2 \sim 4$,单级圆柱齿轮传动比 $i_{齿} = 3 \sim 6$,总传动比的合理范围 $i = 18 \sim 144$,故电动机转速的可选范围为

$$n_m = in_w = (18 \sim 144) \times 15.29 = 275 \sim 2\,202(\text{r/min})$$

符合这一转速范围的同步转速有 750 r/min、1 000 r/min、1 500 r/min 三种,由标准查出三种适用的电动机型号,因此有三种传动比方案,如表 2-2 所示。

表 2-2　传动比方案对照

方案	电动机型号	额定功率 P_m(kW)	电动机转速(r/min)		电动机质量(kg)	传动装置的传动比		
			同步	满载		总传动比	V 带传动	减速器
1	Y132S－4	5.5	1 500	1 440	68	94.18	3	31.39
2	$Y132M_2-6$	5.5	1 000	960	84	62.79	2.8	22.42
3	$Y160M_2-8$	5.5	750	720	119	47.09	2	23.55

综合考虑电动机和传动装置的尺寸、结构和带传动及减速器的传动比，方案 2 比较合适，所以选定电动机的型号为 $Y132M_2-6$。

查出电动机的中心高、外形尺寸、轴伸尺寸、安装尺寸等列表。

(2)计算传动装置的总传动比并分配各级传动比。

①传动装置的总传动比为

$$i=\frac{n_m}{n_w}=\frac{960}{15.29}=62.79$$

②分配各级传动比。

因 $i=i_{带}i_{1齿}i_{2齿}$，初取 $i_{带}=2.8$，则齿轮减速器的传动比为

$$i_{减}=\frac{i}{i_{带}}=\frac{62.79}{2.8}=22.42$$

按展开式布置，取 $i_{1齿}=1.3i_{2齿}$

可算出 $i_{2齿}=\sqrt{\frac{i_{减}}{1.3}}=\sqrt{\frac{22.42}{1.3}}=4.15$

则 $i_{1齿}=\frac{22.42}{4.15}=5.4$

(3)计算传动装置的运动和动力参数。

①各轴的功率。

1 轴的功率　$P_1=P_0\eta_{01}=4.8\times0.95=4.56(\text{kW})$

2 轴的功率　$P_2=P_1\eta_{12}=4.56\times0.99\times0.98=4.42(\text{kW})$

3 轴的功率　$P_3=P_2\eta_{23}=4.42\times0.99\times0.98=4.29(\text{kW})$

卷筒轴功率　$P_4=P_3\eta_{34}=4.29\times0.99\times0.99=4.2(\text{kW})$

②各轴的转速。

1 轴的转速　$n_1=\frac{n_m}{i_{带}}=\frac{960}{2.8}=342.9(\text{r/min})$

2 轴的转速　$n_2=\frac{n_1}{i_{1齿}}=\frac{342.9}{5.4}=63.5(\text{r/min})$

3 轴的转速　$n_3=\frac{n_2}{i_{2齿}}=\frac{63.5}{4.15}=15.3(\text{r/min})$

卷筒轴的转速　$n_4=n_3=15.3(\text{r/min})$

③各轴的转矩。

1 轴的转矩 $T_1 = 9\ 550\,\dfrac{P_1}{n_1} = 9\ 550 \times \dfrac{4.56}{342.9} = 127(\text{N}\cdot\text{m})$

2 轴的转矩 $T_2 = 9\ 550\,\dfrac{P_2}{n_2} = 9\ 550 \times \dfrac{4.42}{63.5} = 664.74(\text{N}\cdot\text{m})$

3 轴的转矩 $T_3 = 9\ 550\,\dfrac{P_3}{n_3} = 9\ 550 \times \dfrac{4.29}{15.3} = 2\ 677.75(\text{N}\cdot\text{m})$

卷筒轴转矩 $T_4 = 9\ 550\,\dfrac{P_4}{n_4} = 9\ 550 \times \dfrac{4.2}{15.3} = 2\ 621.57(\text{N}\cdot\text{m})$

将运动和动力参数计算结果进行整理并列于表 2-3。

表 2-3　运动和动力参数计算结果

轴号	电动机	二级圆柱齿轮减速器			工作机
	0	1	2	3	4
转速 n(r/min)	960	342.9	63.5	15.3	15.3
功率 P(kW)	4.8	4.56	4.42	4.29	4.2
转矩 T(N·m)	47.25	127	664.74	2 677.75	2 621.57

两轴连接、传动件	带传动	齿轮	齿轮	联轴器
传动比 i	2.8	5.4	4.15	1
传动效率 η	0.95	0.97	0.97	0.98

第三章　常用减速器的形式和参数

第一节　常用减速器的形式及应用特点

减速器是一种典型的机械基础部件，广泛应用于各个行业，如冶金、运输、化工、建筑、食品，甚至艺术舞台。

减速器是指原动机与工作机之间独立的闭式传动装置，用来降低转速和相应地增大转矩，以适应工作机的需要，在机器中常作为一个独立部件。此外，在某些工作场所也可用来增速，并把它称为增速器。由于减速器结构紧凑，润滑条件良好，效率高，传递运动准确可靠，使用维护简便等，在机器中应用很广。现在减速器已经成为一种专门部件。为了提高质量、简化结构形式及减小尺寸、降低成本，一些机器制造部门对各类通用减速器进行了专门的设计和制造。常用的减速器已经标准化和规格化了。在课程设计中，一般根据给定的任务参考标准系列产品设计非标准化的减速器。

减速器的种类很多，按照传动类型可分为齿轮减速器、蜗轮蜗杆减速器和行星齿轮减速器以及它们互相组合起来的减速器。齿轮减速器、蜗杆减速器和行星齿轮减速器等我国已有标准及标准系列产品。选用标准减速器时可根据工作要求所需传递的功率、转速、中心距、传动比及传动的布置要求查产品目录或有关设计手册选定。

常用减速器的特点如下：

(1)齿轮减速器的特点是传动效率高、工作寿命长、维护简便，因此应用范围非常广泛。

(2)蜗轮蜗杆减速器的主要特点是具有反向自锁功能，可以有较大的减速比，输入轴和输出轴不在同一轴线上，也不在同一平面上。但是一般体积较大，传动效率不高，精度不高。

(3)行星齿轮减速器的优点是结构比较紧凑，回程间隙小、精度较高，使用寿命很长，额定输出扭矩可以做得很大，但价格略贵。

(4)谐波减速器的谐波传动是利用柔性元件可控的弹性变形来传递运动和动力的，体积不大、精度很高。缺点是柔轮寿命有限、不耐冲击，刚性与金属件相比较差，输入转速不能太高。

各类减速器的性能比较如表 3-1 所示。

表 3-1　各类减速器的性能比较

项目	齿轮减速器	蜗轮蜗杆减速器	行星齿轮减速器	谐波减速器
体积	大	大	小	小
背隙	低	低	高	高
刚性	高	高	低	中
寿命	长	中	长	短
效率	高	低	高	高
输入转速(r/min)	4 000 以上	3 000 以上	2 000 以下	2 000 以下

一、齿轮减速器

减速器是一种动力传达机构，目前国内外减速器主要是齿轮减速器，是利用齿轮的配对啮合进行速度转换，将原动机的输入转速减速到输出装置所要的转速，并得到较大转矩的机构。

齿轮减速器（见图 3-1）是减速电机和大型减速机的结合，无须联轴器和适配器，结构紧凑。齿轮减速器按照齿轮形状可分为圆柱齿轮减速器、圆锥齿轮减速器和圆锥－圆柱齿轮减速器三种，按照传动的级数可分为一级、二级、三级和多级减速器，按照传动的布置形式又可分为展开式、分流式和同轴式（又称回归式）减速器，按照轴在空间的相互配置可分为立式和卧式减速器，按照传动所采用的齿形有渐开线齿形减速器和圆弧齿形减速器两种。

图 3-1　齿轮减速器

一级圆柱齿轮减速器为了避免外廓尺寸过大，其最大传动比一般为 $i_{max} = 8 \sim 10$；当 $i >$ 10 时，就应采用二级或二级以上的圆柱齿轮减速器。一级圆柱齿轮减速器的形式特点及应用如表 3-2 所示。

表 3-2　一级圆柱齿轮减速器的形式特点及应用

名称	运动简图	推荐传动比	特点及应用
一级圆柱齿轮减速器	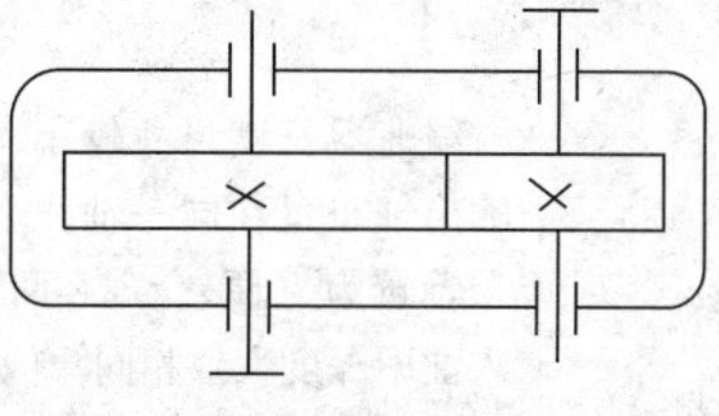	$i \leqslant 8 \sim 10$	应用广泛，结构简单，精度容易保证。齿轮可做成直齿、斜齿和人字齿。直齿用于速度较低（$v \leqslant 8$ m/s）、载荷较轻的传动，斜齿用于速度较高的传动，人字齿用于重载的传动中。箱体通常用铸铁做成，单件或小批生产有时采用焊接结构。轴承一般采用滚动轴承，重载或特别高速时采用滑动轴承。其他形式的减速器与此类同

二级圆柱齿轮减速器应用较为广泛，常用于 $i_{max} = 8 \sim 60$，且高、低速级的中心距总和在 250～4 000 mm 的情况下。其运动简图可以是展开式、分流式和同轴式。其形式特点及应用如表 3-3 所示。

展开式二级圆柱齿轮减速器是二级减速器中最简单、应用最广泛的一种。其输入轴和输出轴的位置可根据传动的配置来选择，但齿轮相对支承为不对称布置，受载时轴的挠曲将加剧齿轮沿齿宽上的载荷集中，因而这种减速器对轴的刚性要求较高，一般中心距总和小于 1 700 mm。

分流式二级圆柱齿轮减速器有高速级分流和低速级分流两种。根据使用经验，两者中以高速级分流时性能较好，所以在实际中也比低速级应用更广泛。因分流式减速器的外伸轴位置可由任意一端伸出，故易于获得便于传动装置总体配置的运动简图。分流式减速器的齿轮选用斜齿，一边左旋，另一边右旋，以抵消轴向力。

表 3-3　二级圆柱齿轮减速器的形式特点及应用

名称		运动简图	推荐传动比	特点及应用
二级圆柱齿轮减速器	展开式	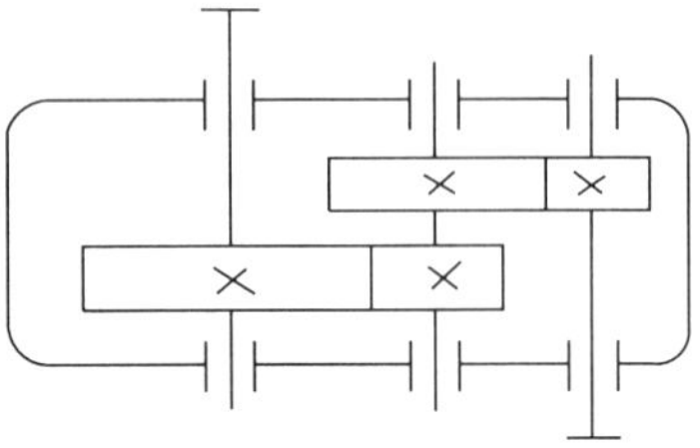	$i=i_1\cdot i_2$ $i=8\sim60$	这是二级减速器中最简单、应用最广泛的结构。 齿轮相对于轴承的位置不对称，当轴产生弯曲变形时，载荷沿齿宽分布不均匀，因此要求轴有较大的刚度，高速级齿轮远离转矩输入端。高速级一般做成斜齿，低速级可做成直齿
	分流式	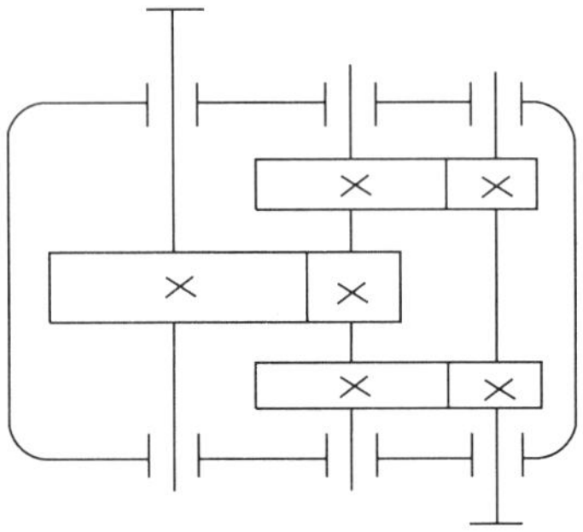	$i=i_1\cdot i_2$ $i=8\sim60$	结构复杂，但由于齿轮相对于轴承对称布置，与展开式相比，载荷沿齿宽分布均匀、轴承受载较均匀。中间轴危险截面上的转矩只相当于轴所传递轴矩的一半，适用于变载荷的场合。高速级一般为对称左右旋斜齿轮，低速级可用直齿或人字齿轮
	同轴式	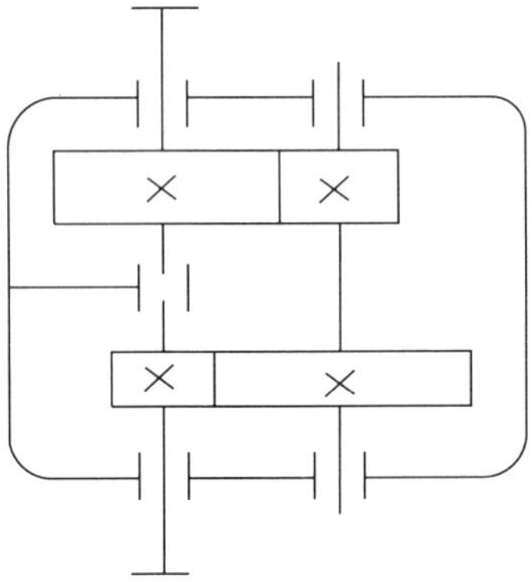	$i=i_1\cdot i_2$ $i=8\sim60$	减速器长度尺寸较小，输入轴和输出轴布置在同一轴线上，使设备布置较为方便、合理。两对齿轮浸入油中深度大致相同。但轴向尺寸较大，且中间轴较长，刚度小，使沿齿宽载荷分布不均匀，高速轴的承载能力难以充分利用

同轴式二级圆柱齿轮减速器的径向尺寸紧凑，但轴向尺寸较大。由于中间轴较长，轴向受载时挠曲较大，因而沿齿宽上的载荷集中也较严重。同时因二级齿轮的中心距一样，所以高速级齿轮的承载能力难以充分利用。位于减速器中间部分的轴承润滑比较困难。此外，减速器的输入轴和输出轴位于同一轴线的两端，给传动装置的总体配置带来一些限制。当要求输入轴和输出轴必须在同一轴线上时，采用该减速器极为方便。同轴式二级圆柱齿轮减速器常用于中心距总和为 100 ~ 1 000 mm 的情况。

三级圆柱齿轮减速器用于要求传动比较大的场合，运动简图可以是展开式和分流式，其形式特点及应用与二级式相同，如表 3-4 所示。

表 3-4　三级圆柱齿轮减速器的形式特点及应用

名称		运动简图	推荐传动比	特点及应用
三级圆柱齿轮减速器	展开式	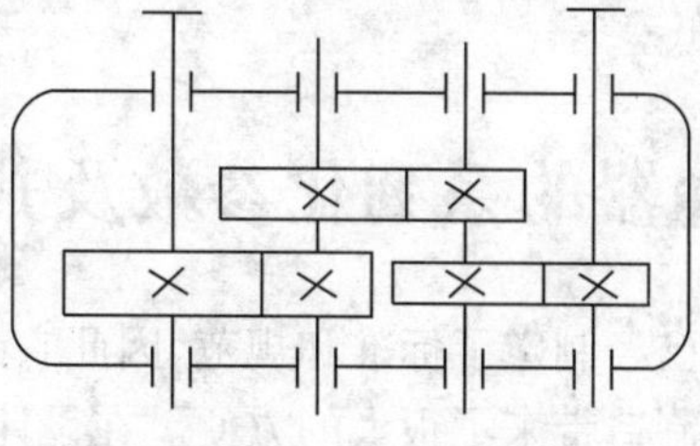	$i = i_1 \cdot i_2 \cdot i_3$ $i = 40 \sim 400$	同二级展开式
	分流式	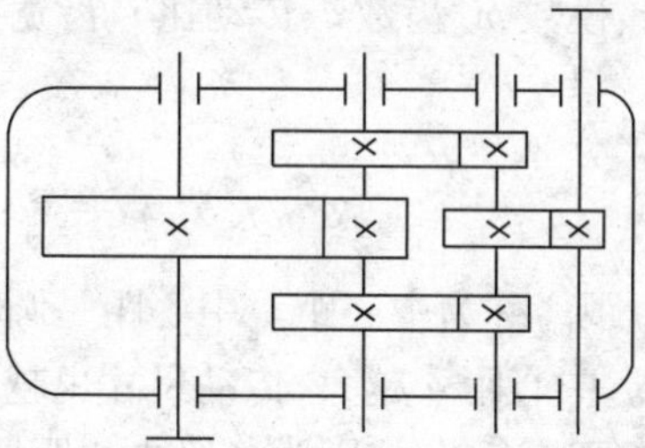	$i = i_1 \cdot i_2 \cdot i_3$ $i = 40 \sim 400$	同二级分流式

圆锥齿轮减速器是在垂直方向上传递运动，对齿轮的润滑要求很高，而且运动的传递精确度很高。其主要作用是进行减速，在各种加工车床上和机动工件上都要用到，特别是在车辆行业中是必不可少的备件。

圆锥－圆柱齿轮减速器用于输入轴与输出轴呈垂直方向布置的传动装置。其承载能力强，体积小，噪声低，适用于输入轴、输出轴呈直角布置的机械传动中。齿轮经渗碳、淬火、磨齿工艺制造，6 级精度，硬度可达 HRC54～62。圆锥－圆柱齿轮减速器主要用于运输机械、冶金、矿山、化工、煤炭、建材、轻工、石油等各种通用机械的传动机构中。

齿轮减速器的特点是效率高及可靠性高，工作寿命长，维护简单，因而齿轮减速器广泛应用于大型矿山、钢铁、化工、港口、环保等领域。应根据工作机的选用条件、技术参数、动力机的性能、经济性等因素，比较不同类型、品种减速器的外廓尺寸、传动效率、承载能力、质量、价格等，选择最适合的减速器。

二、蜗杆减速器

蜗杆减速器常用于输入轴和输出轴在空间交错的场合。其特点是在外形尺寸不大的情况下，可以获得较大的传动比，工作平稳、噪声低。但齿面的滑动速度大，传动效率低、易发热。

常用的蜗杆减速器有一级蜗杆减速器和二级蜗杆减速器，其中一级蜗杆减速器应用较为广泛，二级蜗杆减速器则应用较少。

一级蜗杆减速器根据蜗杆轴与涡轮轴的相互位置不同可分为上置蜗杆、下置蜗杆及侧置蜗杆三种，其传动比范围一般为 $i = 10 \sim 80$。设计时，应尽可能选用下置蜗杆的结构，以便于解决润滑和冷却问题。但当蜗杆圆周速度较高时，搅油损失大，所以一般用于蜗杆圆周速

度 $v<5$ m/s 的传动。上置蜗杆式的箱体剖分面通常位于蜗轮轴线处，故装拆方便，但蜗杆轴承的润滑不便，常用于蜗杆圆周速度 $v>5$ m/s 的传动。侧置蜗杆式的蜗轮轴可铅直布置，常用于水平回转机构。

当传动比较大时，可采用二级蜗杆减速器。二级蜗杆减速器适用的传动比 $i=43\sim3\ 600$，其特点是结构紧凑，但传动效率低。

第二节　常用减速器的系列化参数及其选择

由于减速器应用很广，常用减速器已经制定了标准和规范，因此它的一些参数也已经系列化或有通行的规范，这样就给设计和制造带来了很大的方便。在设计成批生产减速器时，应该尽量采用这些参数。

常用减速器的主要参数为中心距 a、模数 m、齿数 z、传动比 i、齿宽系数 Ψ_d 及螺旋角 β，蜗杆减速器还有特性系数 q。

一、中心距 a

圆柱齿轮传动中两轴线之间的最短距离称为中心距。中心距是圆柱齿轮传动外廓尺寸大小的主要标志，一般中心距需要圆整。中心距 a 越大，传动尺寸也越大。它的大小直接影响传动的负载大小。按标准系列设计多级减速器时，因为各级中心距已经系列化，设计时先计算低速级 a_s，然后按系列值圆整中心距，高速级 a_f 可由系列值查取，最后验算高速级齿轮的强度。

常见一级圆柱齿轮减速器的中心距如表 3-5 所示。

表 3-5　一级圆柱齿轮减速器的中心距　　（单位：mm）

系列 1	63	—	71	—	80	—	90	—	100	—	112	—	125	—
系列 2	—	67	—	75	—	85	—	95	—	105	—	118	—	132
系列 1	140	—	160	—	180	—	200	—	224	—	250	—	280	—
系列 2	—	150	—	170	—	190	—	212	—	236	—	265	—	300
系列 1	315	—	355	—	400	—	450	—	500	—	560	—	630	—
系列 2	—	335	—	375	—	425	—	475	—	530	—	600	—	670
系列 1	710	—	800	—	900	—	1 000	—	1 120	—	1 250	—	1 400	—
系列 2	—	750	—	850	—	950	—	1 060	—	1 180	—	1 320	—	1 500

对齿轮传动的参数和尺寸有严格的要求。对于大批生产的减速器，其齿轮中心距应参考标准减速器的中心距；对于中、小批生产或专用减速器，为了制造、安装方便，其中心距应圆整，最好使中心距的尾数为 0 或 5。对于软齿面齿轮传动，应按齿面接触疲劳强度计算齿轮直径或中心距，验算齿根弯曲疲劳强度。

二、模数 m

对于硬齿面齿轮传动,应按齿根弯曲疲劳强度计算模数,验算齿面接触疲劳强度。

对于圆柱齿轮,建议取法向模数 $m_n=(0.01\sim0.02)a$,这个关系能保证齿轮一定的弯曲强度,当分度圆一定时,模数与齿数有一定的关系,两者须结合考虑。

对于直齿圆柱齿轮,端面模数 m_t 符合标准模数 m;对于斜齿和人字齿圆柱齿轮,法向模数 m_n 符合标准模数 m;对于直齿圆锥齿轮,大端模数符合标准模数 m;端面模数 m_t 与法向模数 m_n 的关系为 $m_t=m_n/\cos\beta$。常用减速器齿轮模数系列如表 3-6 所示。

表 3-6 常用减速器齿轮模数系列

(单位:mm)

第一系列	1, 1.25, 1.5, 2, 2.5, 3, 3.5, 4, 5, 6, 7, 8, 9, 10, 12, 16, 20, 25, 32, 40, 50
第二系列	1.75, 2.25, 2.75, (3.25), 3.5, (3.75), 4.5, 5.5, (6.5), 7.9, (11), 14, 18, 22, 28, (30), 36, 45

注:1. 对于斜齿圆柱齿轮,指法向模数。

2. 选用模数时,应该优先采用第一系列,其次是第二系列,括号内的模数值尽可能不用。

3. 模数为 1 mm 时,属于小模数齿轮的模数系列。

以开式齿轮传动为例,由于开式齿轮的失效形式主要是轮齿弯曲折断和磨损,故设计时应按齿轮弯曲疲劳强度计算模数,考虑齿面磨损的影响,应将求出的模数加大 10% ~15%,并取标准值。然后计算其他几何尺寸,而不必验算齿面接触疲劳强度。

蜗杆传动的模数 m 和分度圆直径 d_1 应取标准值,且 m、d_1 与直径系数 q 三者之间应符合标准的匹配关系。

三、齿数 z

在设计减速器时,当中心距确定以后,齿数多,模数小,则能增加重叠系数,改善传动平稳性。但齿数多,模数小,又会降低轮齿的弯曲强度。而齿数选取的太小又会产生根切。因此,在标准圆柱齿轮传动中,通常选取小齿轮的齿数 $z_1=19\sim40$。注意,小齿轮的齿数不能小于最少齿数,即 $z_1\geqslant z_{\min}=17$。

四、传动比 i

传动比 i 是指主动齿轮转速 n_1 与从动齿轮转速 n_2 之比。$i_{12}=n_1/n_2=z_2/z_1=d_2/d_1$,其中 z_1、z_2 为主、从动齿轮的齿数,d_1、d_2 为主、从动齿轮的分度圆直径。

通常,设计要求中未规定转速的允许误差范围时,传动比一般允许误差为 $\pm(3\sim5)\%$。

各种传动的每级传动比应在推荐值的范围内,如表 3-7 所示。各级传动比应使传动装置尺寸协调、结构匀称、不发生干涉现象。例如,V 形带的传动比选得过大,将使大带轮外圆半径 r_a 大于减速器中心高 H,安装不便;又如,在二级圆柱齿轮减速器中,若高速级传动比选得过大,就可能使高速级大齿轮的顶圆与低速级相干涉;再如,在运输机械装置中,若开式齿轮的传动比选得过小,也会造成滚筒与开式小齿轮轴相干涉。

表 3-7　各种传动中每级传动比的推荐值

传动类型		i 的推荐值
圆柱齿轮传动	闭式	3 ~ 5
	开式	4 ~ 7
圆锥齿轮传动	闭式	2 ~ 3
	开式	2 ~ 4
蜗杆传动	闭式	10 ~ 40
	开式	15 ~ 60
V 形带传动		2 ~ 4
链传动		2 ~ 4

设计二级圆柱齿轮减速器时，应尽量使高速级和低速级的齿轮强度接近，即按等强度原则分配传动比；展开式二级圆柱齿轮减速器考虑各级齿轮传动的润滑合理，应使两大齿轮直径相近，推荐取 $i_1 = (1.3 \sim 1.4) i_2$，或 $i_1 = (1.3 \sim 1.4)^{1/2} i$，其中 i_1、i_2 分别为高速级和低速级的传动比，i 为减速器的总传动比；对于同轴式二级圆柱齿轮减速器，一般取 $i_1 = i_2 = i^{1/2}$；对于圆锥－圆柱齿轮减速器，为了便于大锥齿轮加工，高速级圆锥齿轮传动比取 $i_1 = 0.25i$，且使 $i_1 \leqslant 3$；对于蜗杆－圆柱齿轮减速器，为使传动效率增高，低速级圆柱齿轮传动比可取 $i_2 = (0.03 \sim 0.06) i$；对于二级蜗杆减速器，为了使结构紧凑，可取 $i_1 = i_2 = i^{1/2}$。

五、齿宽系数 Ψ_d

齿轮越宽，承载能力越高，可以减小传动尺寸；但齿轮过宽，影响载荷沿齿宽分布的均匀性。通常轻型减速器取 $\Psi_d = 0.2 \sim 0.4$，中型减速器取 $\Psi_d = 0.4 \sim 0.6$，重型减速器取 $\Psi_d = 0.8$，特殊情况下取 $\Psi_d = 1 \sim 1.2$（例如人字齿）。

当 $\Psi_d \geqslant 0.4$ 时，一般采用斜齿或人字齿。对于齿轮传动，齿宽应圆整。

六、螺旋角 β

斜齿圆柱齿轮的螺旋角 β 一般为 $8° \sim 15°$，通常取 $8°6'24''$。这样齿数和一般能达到 99 和 99 的倍数，且每个齿轮的齿数多为质数，从而能使轮齿磨损均匀。

对于齿轮传动，模数应取标准值，齿宽应圆整；而分度圆直径、齿顶圆直径、齿根圆直径等不允许圆整，应精确计算到小数点后 3 位；分度圆螺旋角、节锥角、顶锥角、根锥角应精确计算到秒（$''$）。

第四章　传动零件的设计计算

传动装置是由传动零件、支承零件及连接零件等不同类型的零部件组成的。其中关系到传动装置工作性能、结构布置和尺寸大小的主要零件是传动零件，而支承零件和连接零件通常也要根据传动零件来设计或选取。因此，传动装置设计时一般应先设计计算传动零件，确定其材料、参数、尺寸和主要结构，然后进行其他零部件的设计计算。需要注意的是，在装配底图设计之前，传动零件设计计算着重于主要尺寸参数（如齿轮的模数、齿数、分度圆直径、齿宽、中心距等）的计算和确定，传动零件详细的结构尺寸和技术要求（如齿轮的轮毂、轮辐、圆角、斜度等）的确定，应结合装配底图设计或零件图设计进行。

传动系统中如有减速器、变速器等闭式传动，为使其设计时原始条件比较准确，通常应先进行闭式传动外的传动零件（如带传动、链传动、开式齿轮传动等）的设计计算。

各类传动零件的设计计算方法均按有关教材所述，本书不再重复。下面仅就课程设计中传动零件设计时应注意的问题作简要提示。

第一节　减速器外部的传动零件设计计算

减速器或变速器等闭式传动外部常用的传动零件有 V 带传动、链传动和开式齿轮传动等。

一、V 带传动

设计 V 带传动所需要的已知条件为原动机的种类和所需传递的功率（或转矩），主动轮和从动轮的转速（或传动比），工作条件及对外廓尺寸、传动位置的要求等。

设计计算的主要内容是确定 V 带的类型和型号、长度和根数，确定中心距、初拉力及张紧装置，选择大（小）带轮直径、材料、结构尺寸和加工要求等。

设计计算时需注意以下问题：

（1）检查带轮尺寸与传动装置外廓尺寸的相互关系。例如，小带轮外圆半径与电动机的中心高是否相称，小带轮轴孔直径和长度与电动机轴径和长度是否相称，大带轮外圆直径是否过大而与箱体底座干涉等。

（2）设计参数应保证带传动良好的工作性能。例如，满足带速 $5\ \mathrm{m/s} \leqslant v \leqslant 25\ \mathrm{m/s}$、小带轮包角 $\alpha_1 \geqslant 120^\circ$、一般带根数 $z \leqslant 4 \sim 5$ 等方面的要求。

（3）带轮参数确定后，由带轮直径和滑动率计算实际传动比和从动轮的转速，并以此修正减速器等闭式传动所要求的传动比和输入转矩。

二、链传动

设计链传动所需要的已知条件为传递功率、载荷特性和工作情况，主动链轮和从动链轮的转速（或传动比），外廓尺寸、传动布置方式的要求及润滑条件等。

设计计算的主要内容是选择传动链类型及链条的型号(链节距)、排数和链节数,确定传动中心距、链轮齿数、链轮材料和结构尺寸,考虑润滑方式、张紧装置和维护要求等。

链传动设计计算时需注意与带传动设计计算类似的问题:

(1)检查链轮尺寸与传动装置外廓尺寸的相互关系。例如,链轮轴孔直径和长度与减速器或工作机轴径和长度是否协调等。

(2)设计参数应尽量保证链传动有较好的工作性能。例如,采用单排链传动计算出的链节距较大时,应改选双排链或多排链,大、小链轮的齿数最好选择奇数,链节数最好取偶数等。

(3)链轮齿数确定后,应计算实际传动比和从动轮的转速,并考虑是否修正减速器等闭式传动所要求的传动比和输入转矩。

三、开式齿轮传动

设计开式齿轮传动的已知条件为所需传递的功率(或转矩)、主动轮转速和传动比、工作条件和尺寸限制等。

设计计算的主要内容是选择齿轮材料及热处理方式,确定齿轮传动的参数(中心距、齿数、模数、齿宽等),设计齿轮的结构及其他几何尺寸。

设计计算时需注意以下几点:

(1)开式齿轮传动的主要失效形式是磨损,一般只需进行轮齿弯曲强度计算。应将强度计算求得的模数加大10% ~20%,用以补偿磨损的存在,不必进行接触疲劳强度校核。

(2)开式齿轮传动一般用于低速级,为使支承结构简单,常采用直齿齿轮。由于暴露在空气中,灰尘大,润滑条件差,选用材料时要注意耐磨性能和大小齿轮材料的配对。大齿轮材料应考虑其毛坯尺寸和制造方法。

(3)开式齿轮一般在轴的悬臂端,支承刚度小,故齿宽系数应取得小些,以减轻轮齿载荷集中。选取小齿轮齿数时,应尽量取得少一些,使模数适当加大,以提高抗弯曲和抗磨损的能力。

(4)检查齿轮尺寸与传动装置和工作机是否相称,按大、小齿轮的齿数计算实际传动比和从动轮的转速,并考虑是否修正减速器所要求的传动比和输入转矩。

四、滚动轴承

(一)滚动轴承的选择

首先应综合考虑轴承所受载荷的大小、方向和性质,转速高低,轴承装置的结构、装配条件和经济性等因素,选择轴承类型,然后根据轴的初步结构设计选择尺寸。轴承的内径尺寸可根据轴颈直径选定,有关滚动轴承尺寸选择的具体方法和步骤可参考《机械设计基础》教材。

(二)滚动轴承组合设计

为了保证滚动轴承正常工作,除正确选择轴承类型和尺寸外,还必须合理地从结构上考虑轴承组合设计,包括正确选择轴承组合方式,轴承的安装、固定、调整和拆卸,选择轴承的配合,轴承的润滑和密封等。一根轴上宜取同一规格的轴承,使轴承孔可一次镗出,保证加工精度。

（三）滚动轴承寿命计算

在轴的结构设计最终完成后，应进行轴承寿命计算。轴承的寿命最好与减速器寿命大致相同，或按减速器工作寿命的1/2取值，滚动轴承寿命计算参考《机械设计基础》教材。

（四）滚动轴承润滑

滚动轴承润滑一般可采取油润滑或脂润滑，在考虑轴承润滑问题时应注意以下几点：

（1）对于齿轮减速器，通常利用浸入箱座油池内的齿轮旋转将稀油直接溅入轴承内，或将溅至箱盖内壁上的稀油沿坡口流到箱座剖分面上的输油沟，然后沿输油沟流入轴承。油沟尺寸一般取深5 mm，宽8～10 mm，可由铸造或机加工获得。此时，轴承端盖结构上要开出导油槽。

（2）当齿轮圆周速度 $v \leqslant 2$ m/s 时，飞溅的油量不够，此时宜用润滑脂润滑轴承。润滑脂可在定期检修减速器时涂入，或在轴承座上开注油孔定期注入。为防止箱体内润滑油进入轴承引起润滑脂变稀流失，应在轴承的内侧设置挡油板（盘）。此时轴承端盖结构上不需开导油槽。

（3）对于蜗杆减速器，可根据蜗杆蜗轮的布置采用相应的轴承润滑方式。当蜗杆下置或侧置时，用于支承蜗杆轴的轴承可直接浸入箱座油池内，为了减小轴承搅油引起的功率损耗和使密封装置简单，一般要求油面高度不超过处于最低位置的滚动体中心高度。用于支承蜗轮轴的轴承可采用润滑脂润滑，也可用刮板将润滑油由蜗轮轮缘侧面刮下，沿箱座剖分面上的输油沟流入轴承。当蜗杆上置时，支承蜗杆轴及蜗轮轴的轴承均可采用润滑脂润滑。支承蜗轮轴的轴承也可采用刮板导油装置用润滑油润滑。

（4）采用油润滑的轴承端盖结构与脂润滑的轴承端盖结构不同。油润滑时端盖上要开设导油槽，以方便油流入轴承。脂润滑时不需要开设导油槽。

五、键连接

键和联轴器可按标准选择，其结构尺寸与轴的结构设计有关，键与联轴器选择与轴的初步结构设计同时进行。

键是对轴上零件、齿轮、蜗轮及联轴器的轴向固定，一般采用普通平键附加过盈配合连接。

平键的剖面尺寸（键宽 $b \times$ 键高 h）按轴径 d 由标准中查取，键长 L 由轮毂长度 L' 决定，一般取 $L = L' - (5 \sim 10)$ mm，且 $L \leqslant (1.6 \sim 1.8)d$，再根据键的标准长度系列取定。

静连接的键连接应满足挤压强度条件和剪切强度条件，因此要取键连接中最弱材料的许用挤压应力 $[\sigma_p]$ 和键的许用剪应力 $[\tau]$ 对其强度进行校核。对动连接的键连接而言，要校核其工作压力（参考有关教材）。

挤压强度条件
$$\sigma_p = \frac{2T \times 10^3}{kld} \leqslant [\sigma_p] \quad (\text{MPa})$$

剪切强度条件
$$\tau = \frac{2\,000T}{dbl} \leqslant [\tau] \quad (\text{MPa})$$

式中 T——传递的转矩，N·m；

d——轴的直径，mm；

k——键的工作高度，mm；

b——键的宽度，mm；

l——键的工作长度，mm。

六、联轴器的选择

首先应根据工作条件和使用要求选择联轴器类型（如减速器输入轴可选用 TL 型弹性套柱销联轴器，减速器输出轴可选用 HL 型弹性柱销联轴器），然后根据联轴器所传递的转矩（用计算转矩）、被连接轴的转速和直径确定其结构尺寸，并按标准最终选定联轴器型号。

第二节　减速器内部的传动零件设计计算

常用做减速器、变速器等闭式传动内部的传动零件主要有圆柱齿轮传动、圆锥齿轮传动和蜗杆传动。

一、圆柱齿轮传动

设计圆柱齿轮传动时的已知条件和设计内容与开式齿轮传动相同。

设计计算时，应注意以下几个问题：

（1）齿轮材料及热处理方法的选择，要考虑齿轮毛坯的制造方法。当齿轮的齿顶圆直径 $d_a \leqslant 400 \sim 500$ mm 时，一般采用锻造毛坯；当 $d_a > 400 \sim 500$ mm 时，因受锻造设备能力的限制，多采用铸造毛坯；当小齿轮齿根圆直径与轴的直径相差不大时，应将齿轮和轴做成一体，选择材料时要兼顾齿轮及轴的一致性要求；同一减速器内各级大小齿轮的材料最好对应相同，以减少材料牌号和简化工艺要求。

（2）齿轮传动的几何参数和尺寸有严格的要求，应分别进行标准化、圆整或计算其精确值。例如，模数必须标准化，中心距和齿宽尽量圆整，啮合尺寸（节圆、齿顶圆及齿根圆直径、螺旋角、变位系数等）必须计算精确值。计算时要求对长度尺寸精确到小数点后 2～3 位（单位为 mm），角度精确到秒（″），中心距应尽量圆整成尾数为 0 或 5。对于直齿轮传动，可以调整模数 m 和齿数 z，或采用角变位来实现；对于斜齿轮传动，可调整螺旋角 β 来实现。

（3）齿轮的结构尺寸最好为整数，以便于制造和测量。如轮毂直径和长度、轮辐厚度和孔径、轮缘长度和内径等，按设计资料给定的经验公式计算后，都应尽量进行圆整。

二、圆锥齿轮传动

除参看圆柱齿轮传动设计应注意的问题外，还应注意：

（1）直齿圆锥齿轮传动的锥距 R、分度圆直径 d（大端）等几何尺寸，均应以大端模数来计算，且算至小数点后 3 位，不得圆整。

（2）两轴交角为 90°时，分度圆锥角 δ_1 和 δ_2 可以由齿数比 $u = z_2/z_1$ 算出，其中小齿轮的齿数 z_1 可取 17～25，u 值的计算应达到小数点后第四位，δ 值的计算应精确到秒（″）。

（3）大、小锥齿轮的齿宽应相等，按齿宽系数 $\Psi_d = b/R$ 计算出的数值应圆整。

三、蜗杆传动

设计蜗杆传动时的已知设计条件与圆柱齿轮传动相同。

设计计算的主要内容为选择蜗杆和蜗轮的材料及热处理方式，确定蜗杆传动的参数（蜗杆分度圆直径、中心距、模数、蜗杆头数及导程角、蜗轮螺旋角、蜗轮齿数和齿宽等），设计蜗杆和蜗轮的结构及其他几何尺寸。

设计计算时应注意以下问题：

（1）蜗杆副的材料选择与滑动速度有关，一般是在初估滑动速度的基础上选择材料。蜗杆副的滑动速度 V_s 可由下式估计

$$v_s = 5.2 \times 10^{-4} n_1 \sqrt[3]{T_2}$$

式中 v_s——滑动速度，m/s；

n_1——蜗杆转速，r/min；

T_2——蜗轮轴转矩，N·m。

待蜗杆传动尺寸确定后，校核滑动速度和传动效率，若与初估值有较大出入，则应重新修正计算，其中包括检查材料选择是否恰当。

（2）为便于加工，蜗杆和蜗轮的螺旋线方向应尽量取为右旋。

（3）模数 m 和蜗杆分度圆直径 d_1 要符合标准规定。在确定 m、d_1、z_2 后，计算中心距应尽量圆整成尾数为 0 或 5（mm），为此，常需要将蜗杆传动做成变位传动（只对蜗轮进行变位，蜗杆不变）。

（4）蜗杆分度圆圆周速度 $v \leqslant 4 \sim 5$ m/s 时，一般将蜗杆下置；$v > 4 \sim 5$ m/s 时，则蜗杆上置。

（5）蜗杆强度和刚度验算、蜗杆传动热平衡计算，应在画出装配底图、确定蜗杆支点距离和箱体轮廓尺寸后进行。

第三节 传动零件的设计实例

一、普通 V 带轮设计实例

（一）普通 V 带轮设计的要求

普通 V 带轮设计要求质量小，结构工艺性好，无过大的铸造内应力；质量分布均匀，转速高时要经过动平衡；轮槽工作面要精细加工（表面粗糙度一般应为 3.2），以减小带的磨损；各槽的尺寸和角度应保持一定的精度，以使载荷分布较为均匀。

（二）普通 V 带轮的材料

普通 V 带轮的材料主要采用铸铁，常用材料的牌号为 HT150 或 HT200。转速较高时宜采用铸钢（或用钢板冲压后焊接而成），小功率时可用铸铝或塑料。

（三）普通 V 带轮的结构形式

铸铁制 V 带轮的典型结构形式有三种。

（1）实心式。如图 4-1（a）所示，带轮基准直径小于 $3d$（d 为轴的直径）时选用。

（2）腹板式。如图 4-1（b）所示，带轮基准直径小于 300 ~ 350 mm 时选用。

（3）轮辐式。如图 4-1（c）所示，带轮基准直径大于 300 ~ 350 mm 时选用。

（四）普通 V 带轮的参数设计

下面以实例讲解普通 V 带轮的参数设计。

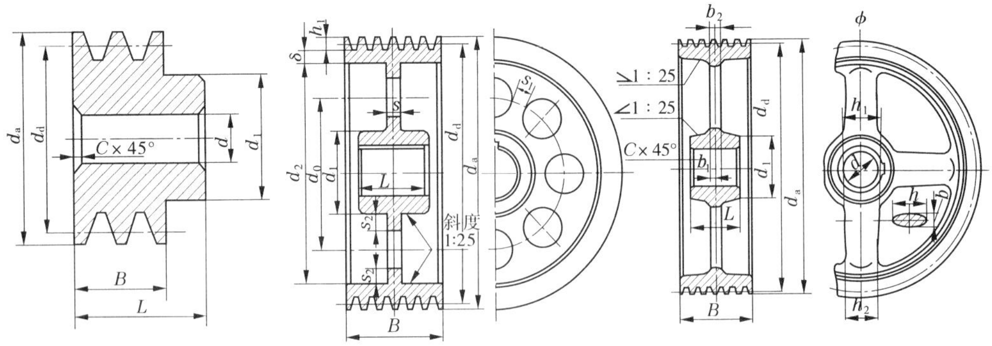

(a)实心式　　(b)腹板式　　(c)轮辐式

图 4-1　V 带轮的结构形式

【例 4-1】　设计一带式输送机中的普通 V 带传动。原动机为三相异步电动机，其额定功率 $P=4$ kW，满载转速 $n_1=1\ 440$ r/min，从动轮转速 $n_2=450$ r/min，一班制工作，载荷变动较小，要求中心距 $a\leqslant 500$ mm。

解　(1)计算设计功率 P_d。

查机械设计手册可得 $K_A=1.1$，故

$$P_d = K_A P = 1.1\times 4 = 4.4(\text{kW})$$

(2)选择带型。

根据 $P_d=4.4$ kW，$n_1=1\ 440$ r/min，查普通 V 带选型图可初步选用 A 型普通 V 带。

(3)选取带轮基准直径 d_{d1} 和 d_{d2}。

查机械设计手册取 $d_{d1}=100$ mm，则

$$d_{d2} = id_{d1}(1-\varepsilon) = \frac{n_1}{n_2}d_{d1}(1-\varepsilon) = \frac{1\ 440}{450}\times 100\times(1-0.02) = 313.6(\text{mm})$$

查机械设计手册可知，取直径系列值 $d_{d2}=315$ mm。

(4)验算带速 v。

$$v = \frac{\pi d_{d1} n_1}{60\times 1\ 000} = \frac{\pi\times 100\times 1\ 440}{60\times 1\ 000} = 7.54(\text{m/s})$$

在 5 ~ 25 m/s 范围内，带速合适。

(5)确定中心距 a 和带的基准长度 L_d。

初选中心距 $a_0=450$ mm，符合 $0.7(d_{d1}+d_{d2})<a_0<2(d_{d1}+d_{d2})$。

$$L_{d0} = 2a_0 + \frac{\pi}{2}(d_{d1}+d_{d2}) + \frac{(d_{d2}-d_{d1})^2}{4a_0}$$

$$= 2\times 450 + \frac{3.14}{2}\times(100+315) + \frac{(315-100)^2}{4\times 450} = 1\ 577.2(\text{mm})$$

查机械设计手册可知，A 型带选用基准长度 $L_d=1\ 600$ mm，然后计算实际中心距

$$a = a_0 + \frac{L_d - L_{d0}}{2} = 450 + \frac{1\ 600 - 1\ 577.2}{2} = 461.4(\text{mm})$$

取 $a=460$ mm。

(6)小带轮包角 α_1。

$$\alpha_1 = 180° - \frac{d_{d1} - d_{d2}}{a} \times 57.3° = 180° - \frac{315 - 100}{460} \times 57.3° \approx 153.22° > 120°$$

故包角合适。

(7)确定带的根数 z。

因 $d_{d1} = 100$ mm，则

$$i = \frac{d_{d2}}{d_{d1}(1-\varepsilon)} = \frac{315}{100 \times (1 - 0.02)} \approx 3.21$$

查机械设计手册可知，$P_0 = 1.31$ kW，$\Delta P_0 = 0.1$ kW。

因 $\alpha_1 = 153.22°$，查机械设计手册可知 $K_a = 0.926$。

因 $L_d = 1\,600$ mm，查机械设计手册可知 $K_L = 0.99$，则

$$z \geqslant \frac{P_d}{[p]} = \frac{P_d}{(P_0 + \Delta P_0)K_a K_L} = \frac{4.4}{(1.31 + 0.1) \times 0.926 \times 0.99} = 3.40(\text{根})$$

取 $z = 4$ 根。

(8)确定初拉力 F_0。

单根普通 V 带的初拉力

$$F_0 = 500 \times \frac{(2.5 - K_a)P_d}{K_a z v} + qv^2 = 500 \times \frac{(2.5 - 0.926) \times 4.4}{0.926 \times 4 \times 7.54} + 0.1 \times 7.54^2 = 129.7(\text{N})$$

(9)计算压轴力 F_Q。

$$F_Q = 2zF_0 \sin\frac{\alpha_1}{2} = 2 \times 4 \times 129.7 \times \sin\frac{153.22°}{2} = 1\,009.4(\text{N})$$

第五章　减速器的结构设计及其他设计

第一节　减速器各部位结构、尺寸及功用

减速器主要由传动零件(齿轮或蜗轮蜗杆)、轴及轴承、箱体和附件组成。但是减速器种类不同,其结构形式也不相同。

如图 5-1 所示为二级圆柱齿轮减速器立体结构图,减速器箱体采用剖分式结构,由箱座 1 和箱盖 9 组成,其剖分面在各轴中心线所在的平面内,轴承、齿轮等轴上零件可在箱体外安装在轴上后,再放入箱座轴承孔内,然后合上箱盖,因而装拆方便。箱座与箱盖由定位销 11 确定其相对位置,并用螺栓连接紧固。箱盖凸缘上两端各有一螺纹孔,用于拧入启箱螺钉 5。箱盖上有窥视孔,平时用视孔盖盖上。视孔盖或箱盖上设有通气器,能使箱体内受热膨胀的气体自由逸出。箱座上设有油标尺 4,用于检查油面高度。在箱座底部有放油螺塞 2,用来排放箱体内的油污,其头部支点面上边有封油垫圈,以防止漏油。吊环螺钉 10 用于起吊箱盖,箱座上铸出的吊钩 3 用于起吊整台减速器。箱体上的轴承盖 12 用于固定轴承,调整轴承游隙并承受轴向力。在输入、输出端的轴承盖孔内放有密封装置,防止杂物进入及

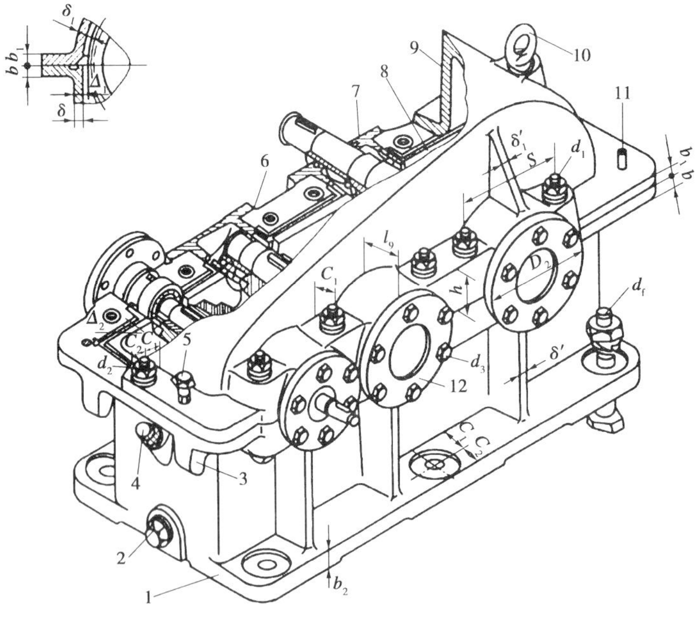

1—箱座;2—放油螺塞;3—吊钩;4—油标尺;5—启箱螺钉;6—调整垫片;
7—密封装置;8—输油沟;9—箱盖;10—吊环螺钉;11—定位销;12—轴承盖

图 5-1　二级圆柱齿轮减速器立体结构图

润滑剂外漏。

图 5-1 的齿轮采用浸油润滑，轴承采用飞溅润滑，为此在箱座的剖分面上做出输油沟 8。输油沟将齿轮运转时飞溅到箱盖上的油汇集起来，导入轴承室。

一、齿轮、轴、轴承的功用

减速器中的小齿轮与高速轴采用齿轮轴结构，大齿轮与低速轴分别制造，齿轮在轴上的周向固定采用过盈配合附加平键连接。轴上零件的轴向定位与固定采用轴环、轴肩、轴套和轴承盖等加以实现。齿轮的润滑采用浸油润滑。两根轴的支承均采用圆锥滚子轴承，这种轴承组合适用于承受较大径向载荷和轴向载荷复合作用的情况；当轴向载荷不大时，可采用深沟球轴承。用凸缘式轴承盖轴向固定轴承时，应在轴承盖凸缘与箱体轴承座端面间加调整垫片，轴承的轴向游隙是通过调整垫片调整轴承盖轴向位置来保证的，轴的热胀量也在调整轴承盖轴向游隙时一并考虑。轴承利用齿轮旋转时溅起的稀油进行润滑，箱座油池中的润滑油被齿轮飞溅到箱盖的内壁上，沿内壁坡口流进箱座剖分面上的输油沟，再经轴承盖上的导油槽流入轴承。当浸油齿轮的圆周速度 $v \leq 2$ m/s 时，应该采用润滑脂润滑轴承，为避免可能溅起的稀油冲掉润滑脂，可在轴承内侧加装挡油盘。为防止在轴外伸段处箱内润滑油流失以及外部灰沙、异物进入箱内，在轴承透盖和外伸轴之间装有密封件。

二、减速器箱体的功用

减速器箱体的作用在于支持旋转轴和轴上零件，并为轴上传动零件提供一封闭的工作空间，保证传动件的啮合精度。箱体也可以作油箱使用，以保证传动零件良好润滑及密封，处于良好的工作状况；同时，防止外界灰沙、异物侵入以及箱体内润滑油逸出。箱体是减速器中结构和受力最复杂的零件，应具有足够的强度和刚度。箱体质量约占减速器总质量的 50%。因此，箱体结构对减速器的工作性能、加工工艺、材料消耗、质量及成本等有很大影响，设计时必须全面考虑。

第二节　减速器箱体结构及其尺寸

减速器箱体常用灰铸铁制造。灰铸铁具有良好的铸造性能和减振性能，易获得美观外形，适宜于批量生产。对于重载或受冲击载荷的减速器，也可采用铸钢箱体。

卧式减速器箱体常沿轴心线所在平面剖分成箱座和箱盖两部分，这样有利于箱体制造和便于轴系零件的装拆。箱盖和箱座用螺栓连接成一体；轴承座的连接螺栓应尽量靠近轴承孔，而轴承座旁的凸台应具有足够的承托面，并保证旋紧螺母时所需要的扳手空间。为减少箱体上的机加工面积，应使加工面与非加工面分别处于不同表面。箱体上安装轴承盖、窥视孔盖、通气器、油标尺、放油螺塞，与地基结合处应设计凸台，而螺栓头和螺母支承面加工时应锪出鱼眼坑。为保证箱体具有足够的刚度，在轴承孔附近加支承肋。同一轴线上两轴承孔的直径、精度和表面粗糙度应尽量一致，便于一次走刀加工。同一侧的各轴承座端面最好位于同一平面内，两侧轴承座端面应相对于箱体中心平面对称，以便于加工和检验。

圆柱齿轮减速器的铸造箱体结构如图 5-2 所示，圆柱蜗杆减速器铸造箱体结构如图 5-3 所示。

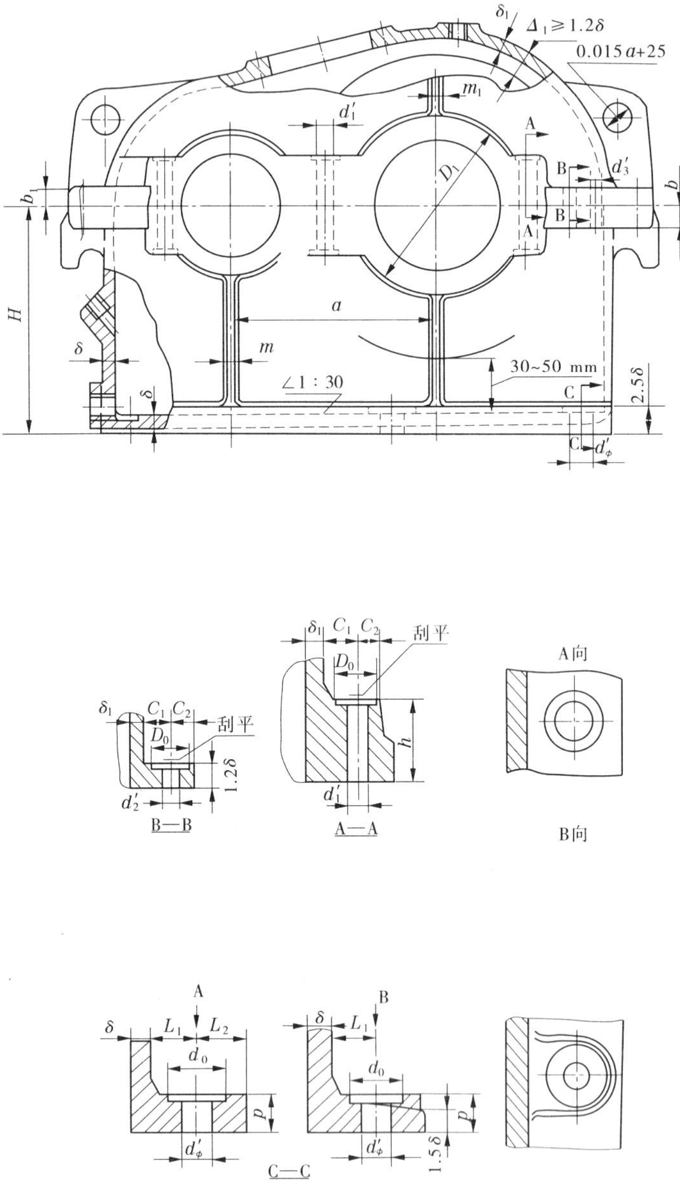

图 5-2　圆柱齿轮减速器的铸造箱体结构

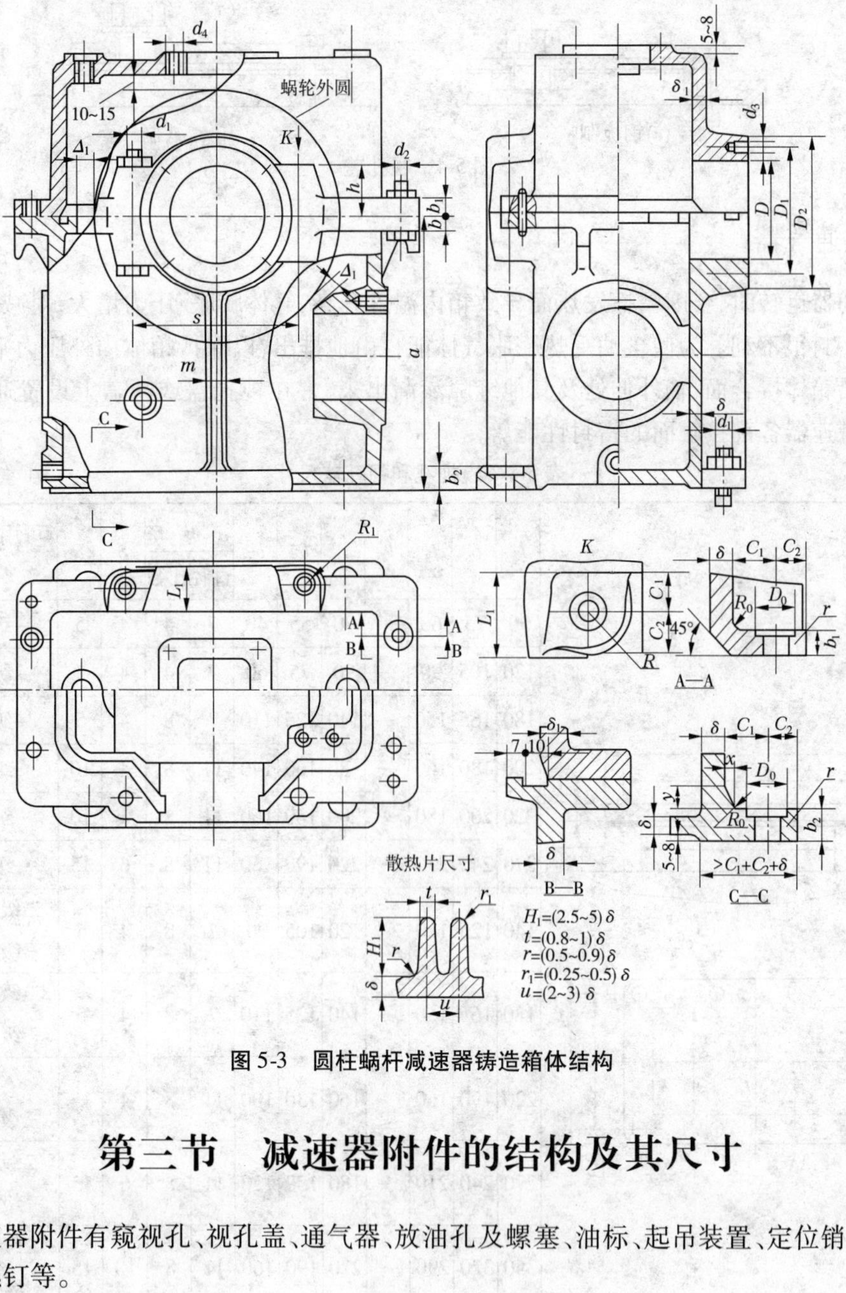

图 5-3 圆柱蜗杆减速器铸造箱体结构

第三节 减速器附件的结构及其尺寸

减速器附件有窥视孔、视孔盖、通气器、放油孔及螺塞、油标、起吊装置、定位销、轴承盖及启盖螺钉等。

一、窥视孔和视孔盖

为便于检查传动件的啮合情况、润滑状态、接触斑点和齿侧间隙，并为了向箱体内注入润滑油，应在传动件啮合区的上方设置窥视孔。窥视孔尺寸应足够大，以便检查操作。

视孔盖用螺钉紧固在窥视孔上，与盖板接触的箱盖顶面应加工出凸台，一般高出 3 ~ 5 mm，其下垫有密封垫，以防润滑油漏出或污物进入箱体内。方形视孔盖的长度应大于或等于 90 mm，宽度大于或等于 50 mm，视孔盖可用钢板、铸铁等制成，其结构形式如图 5-4 所示。窥视孔和视孔盖尺寸如表 5-1 所示。

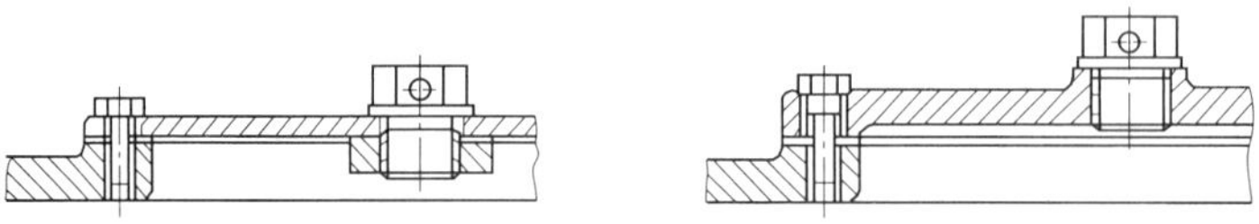

(a)钢板制　　　　(b)铸铁制

图 5-4　视孔盖

二、通气器

减速器运转时,会因摩擦发热而导致箱内温度升高、气体膨胀、压力增大,对减速器各接触面的密封很不利。为使含油受热膨胀气体能自由地排出,以保持箱体内外压力平衡,防止润滑油沿箱体接合面、轴外伸处及其他缝隙渗漏出来,常在视孔盖或箱盖上设置通气器,从而保证减速器各部接触面的密封性能。

表 5-1　窥视孔和视孔盖尺寸　　（单位:mm）

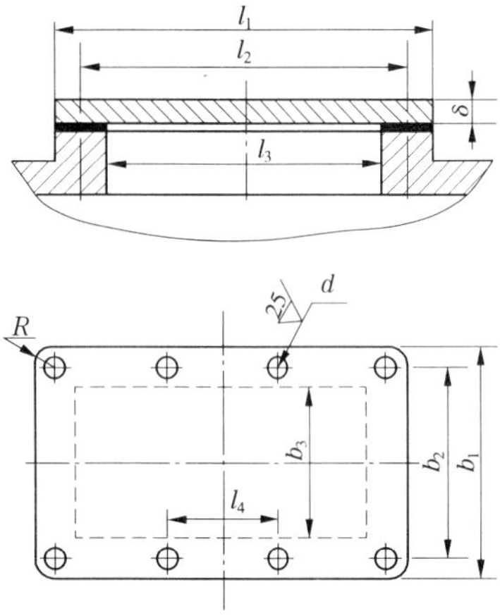

l_1	l_2	l_3	l_4	b_1	b_2	b_3	d 直径	d 孔数	δ	R	可用的减速器中心距
90	75	60	—	70	55	40	7	4	4	5	一级 $a \leqslant 150$
120	105	90	—	90	75	60	7	4	4	5	一级 $a \leqslant 250$
180	165	150	—	140	125	110	7	8	4	5	一级 $a \leqslant 350$
200	180	160	—	180	160	140	11	8	4	10	一级 $a \leqslant 450$
220	200	180	—	200	180	160	11	8	4	10	一级 $a \leqslant 500$
270	240	210	—	220	190	160	11	8	6	15	一级 $a \leqslant 700$
140	125	110	—	120	105	90	7	8	4	5	二级 $a_\Sigma \leqslant 250$ 三级 $a_\Sigma \leqslant 350$
180	165	150	—	140	125	110	7	8	4	5	二级 $a_\Sigma \leqslant 425$ 三级 $a_\Sigma \leqslant 500$
220	190	160	—	160	130	100	11	8	4	15	二级 $a_\Sigma \leqslant 500$ 三级 $a_\Sigma \leqslant 650$
270	240	210	—	180	150	120	11	8	6	15	二级 $a_\Sigma \leqslant 650$ 三级 $a_\Sigma \leqslant 825$
350	320	290	—	220	190	160	11	8	10	15	二级 $a_\Sigma \leqslant 850$ 三级 $a_\Sigma \leqslant 1\ 000$
420	390	350	130	260	230	200	13	10	10	15	二级 $a_\Sigma \leqslant 1\ 110$ 三级 $a_\Sigma \leqslant 1\ 250$
500	460	420	150	300	260	220	13	10	10	20	二级 $a_\Sigma \leqslant 1\ 150$ 三级 $a_\Sigma \leqslant 1\ 650$

通气器的结构形式很多,常见的有通气塞、通气罩和通气帽等。通气塞的防尘和通气能力较小,适用于发热少和环境清洁的小减速器中。通气罩和通气帽通气能力大,其尺寸也较

大,常设有金属滤网,可防止停机后灰尘随空气进入箱内,故适用于较重要的减速器中。

通气塞、通气罩、通气帽的结构及尺寸分别如表 5-2 ~ 表 5-4 所示。

表 5-2 通气塞及提手式通气器的结构及尺寸 （单位:mm）

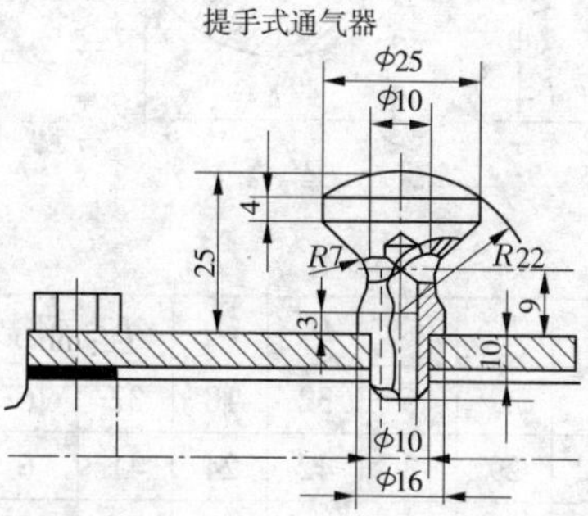

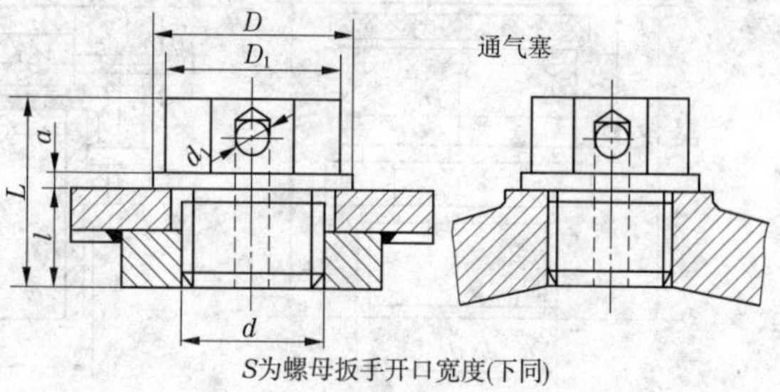

d	D	D_1	S	L	l	a	d_1
M12 × 1.25	18	16.5	14	19	10	2	4
M16 × 1.5	22	19.5	17	23	12	2	5
M20 × 1.5	30	25.4	22	28	15	4	6
M22 × 1.5	32	25.4	22	29	15	4	7
M27 × 1.5	38	31.2	27	34	18	4	8
M30 × 2	42	36.9	32	36	18	4	8

表 5-3 通气罩的结构及尺寸 （单位:mm）

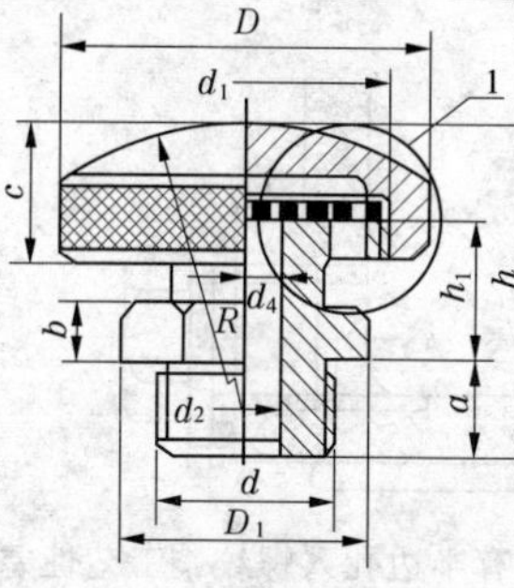

A型

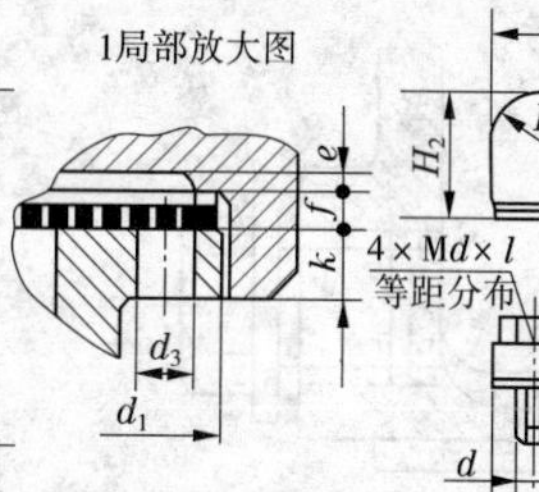

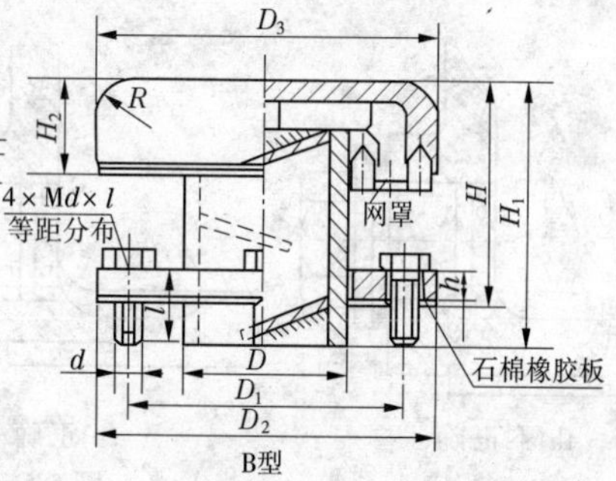

B型

A 型

$D \times l$	$d_1 \times l$	d_2	d_3	d_4	D	h	a	b	c	h_1	R	D_1	S	k	e	f
M18 × 1.5	M33 × 1.5	8	3	16	40	40	12	7	16	18	40	25.4	22	6	2	2
M27 × 1.5	M48 × 1.5	12	4.5	24	60	54	15	10	22	24	60	36.9	32	7	2	2
M36 × 1.5	M64 × 1.5	16	6	30	80	70	20	13	28	32	80	53.1	41	10	3	3

B 型

序号	D	D_1	D_2	D_3	H	H_1	H_2	R	h	$d \times l$
1	60	100	125	125	77	95	35	20	6	M10 × 25
2	114	200	250	260	165	195	70	40	10	M20 × 50

注: S 为螺母扳手开口宽度。

表 5-4　通气帽的结构及尺寸　（单位：mm）

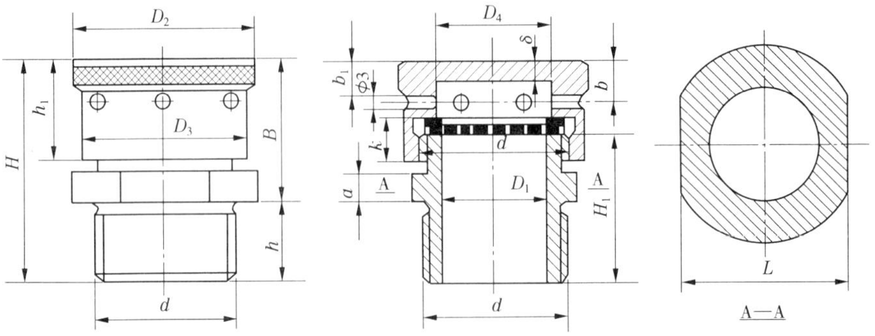

$d \times l$	D_1	B	h	H	D_2	H_1	a	δ	k	b	h_1	b_1	D_3	D_4	L	孔数
M27×1.5	15	≈30	15	≈45	36	32	6	4	10	8	22	6	32	18	32	6
M36×2	20	≈40	20	≈60	48	42	8	4	12	11	29	8	42	24	41	6
M48×3	30	≈45	25	≈70	62	52	10	5	15	13	32	10	56	36	55	8

三、放油孔及螺塞

为了换油及清洗箱体时将污油排放干净，应在油池最低位置处设置放油孔。通常设置一个，必要时在两端各设一个，放油孔应避免与其他机件相靠近，以便放油。平时放油孔用螺塞及封油垫圈密封，放油孔的位置如图 5-5 所示。

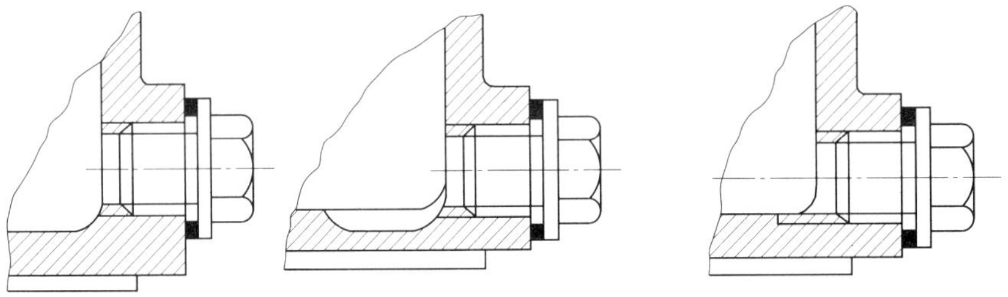

(a)不正确　　(b)正确　　(c)正确(有半边孔入螺纹，工艺性差)

图 5-5　放油孔的位置

螺塞有圆柱螺塞和圆锥螺塞两种。圆锥螺塞能形成密封连接，不需附加密封；圆柱螺塞必须配置封油垫圈。螺塞直径为箱座壁厚的 2～3 倍。为了安装螺塞，箱体放油孔外侧应有 3～5 mm 的凸起部分，以利于加工。

四、油标

油标用于指示减速器内的油面高度，以保证箱体内有适当的油量。常用油标有圆形油标、管状油标、长形油标、油标尺等多种结构形式。其中，带有螺纹的油标尺结构简单，在减速器中应用较多。油标上有两条刻线，分别表示最高油面和最低油面的位置。检查油面高度时拔出油标，以油标上油痕判断油面高度。若需在不停车的情况下随时检查油面的高度，可选带隔离套的油标尺，以免因油搅动而影响检查结果。圆形油标、管状油标、长形油标都为直接观察式，可随时观察油面高度，可在箱座较低无法安装油标尺或减速器较高容易观察时采用，其尺寸均有国标可查，故选用方便，常用于较为重要的减速器中。

五、起吊装置

为便于拆卸和搬运减速器，应在箱体上设置起吊装置。常见的起吊装置有吊环螺钉、吊耳、吊耳环和吊钩。吊环螺钉用于起吊箱盖，为标准件，按起吊质量选用。

吊耳、吊耳环用于起吊箱盖，直接在箱盖上铸出，不需在箱盖上进行机械加工，但其铸造工艺较螺孔座复杂。

吊钩用于吊运整台减速器，直接在箱座两端的凸缘下铸出。

吊耳、吊耳环及吊钩尺寸如表 5-5 所示。

表 5-5　吊耳、吊耳环及吊钩尺寸　　（单位：mm）

吊耳（起吊箱盖用）	吊耳环（起吊箱盖用）	吊钩（起吊整机用）
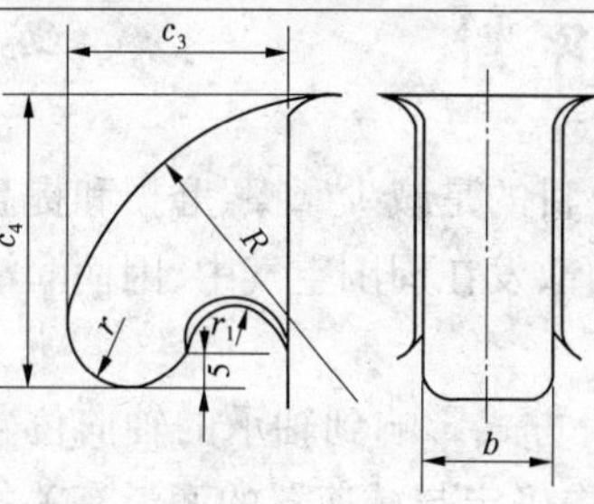	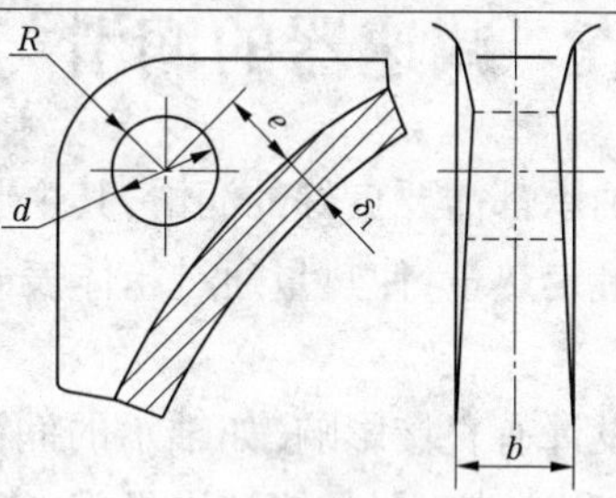	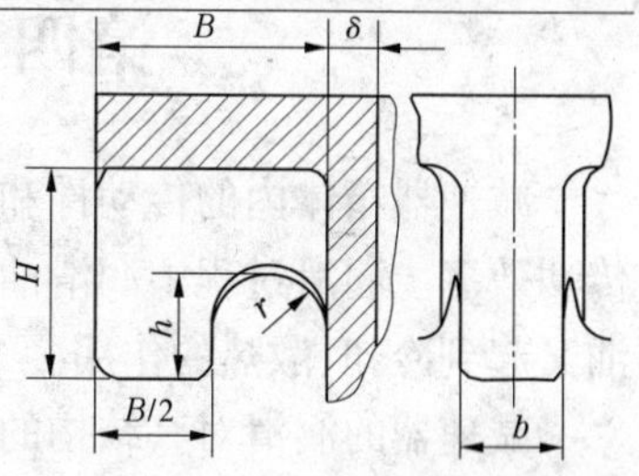
$c_3=(4\sim5)\delta_1$ $c_4=(1.3\sim1.55)c_3$ $b=(1.8\sim2.5)\delta_1$ $R=c_4$ $r_1\approx0.2c_3$ $r\approx0.25c_3$ δ_1 为箱盖壁厚	$d=b$ $b=(1.8\sim2.5)\delta_1$ $R=(1\sim1.2)d$ $e\approx(0.8\sim1)d$	$B=c_1+c_2$ $H=0.8B$ $h=0.5H$ $r\approx0.25B$ $b=(1.8\sim2.5)\delta$ c_1、c_2 为螺栓中心至箱壁、凸缘边缘的距离

六、定位销

定位销用于保证轴承座孔的镗孔精度，并保证减速器每次装拆后轴承座的上、下两半孔始终保持加工时的位置精度。定位销的距离应较远，且尽量对角布置，以提高定位精度。确定定位销位置时应考虑到钻、铰孔的方便，且不应妨碍邻近连接螺栓的装拆。

定位销有圆柱销和圆锥销两种。圆锥销可多次装置而不影响定位精度。一般定位销的直径 $d=(0.7\sim0.8)d_2$（d_2 为箱体凸缘连接螺栓直径），其长度应大于箱体上、下凸缘的总厚度。

七、轴承盖

轴承盖用于对轴系零件进行轴向固定和承受轴向载荷，同时起密封作用。其结构形式有凸缘式和嵌入式两种。每种形式按是否有通孔又分为透盖和闷盖。凸缘式轴承盖密封性较好,调整轴承间隙方便,应用广泛。嵌入式不用螺钉连接,结构简单,尺寸较小,安装后箱体外表面比较平整、美观,外伸轴的伸出长度短,有利于提高轴的强度和刚度,但不易调整轴承间隙,且轴承座孔上需开环形槽,加工费时,常用于要求质量轻的机器中。为方便轴承的固定和装拆,调整整个轴系的轴向位置,或在同一轴线上的轴承外径不相等时仍保证轴承座孔的直径相等,便于镗孔及保证加工精度,可采用轴承套杯。

八、启盖螺钉

为了防止润滑油从箱体剖分面处外漏,常在箱盖和箱座的剖分面上涂上水玻璃或密封胶,在拆卸时因黏结较紧而不易分开。为此,常在箱盖或箱座上设置 1 ~ 2 个启盖螺钉,其位置宜与连接螺栓共线,以便钻孔。启盖螺钉直径与箱体凸缘连接螺栓直径相同,螺纹长度应大于箱盖凸缘厚度;螺钉端部制成圆柱形或半圆形,以免损伤剖分面或端部螺纹。

第四节　减速器的润滑与密封

减速器箱体内的传动件和轴承都需要良好的润滑,其主要目的是减少摩擦、磨损和提高传功效率。润滑过程中润滑油带走热量,使热量通过箱体表面散发在周围空气中,因而润滑油又起到冷却、散热的作用。

减速器的润滑对其结构的设计有直接影响,如轴承的润滑方式影响到轴承的轴向位置和阶梯轴的轴向尺寸。因此,在设计减速器具体结构之前,应先确定与减速器的润滑有关的问题。

一、传动件的润滑

减速器的齿轮和蜗杆传动,除少数低速小型减速器采用脂润滑外,绝大多数减速器的传动件都采用油润滑,其主要润滑方式为浸油润滑。对于高速传动,则采用喷油润滑。

(一)润滑剂

除极个别情况外,减速器中传动件绝大多数都用润滑油润滑。油的黏度可按表 5-6 和表 5-7 进行选择。黏度选定后可查附表确定油或脂的牌号。

表 5-6　齿轮传动推荐用的润滑油运动黏度 ν(50 ℃)　　(单位:mm^2/s)

<table>
<tr><th rowspan="2">齿轮材料</th><th>强度极限</th><th colspan="7">圆周速度 v(m/s)</th></tr>
<tr><th>σ_b(MPa)</th><th><0.5</th><th>0.5 ~ 1</th><th>1 ~ 2.5</th><th>2.5 ~ 5</th><th>5 ~ 12.5</th><th>12.5 ~ 25</th><th>>25</th></tr>
<tr><td>铸铁、青铜</td><td>—</td><td>180
(23)</td><td>120
(15)</td><td>85</td><td>60</td><td>45</td><td>34</td><td>—</td></tr>
<tr><td rowspan="3">钢</td><td>450 ~ 1 000</td><td>270
(34)</td><td>180
(23)</td><td>120
(15)</td><td>85</td><td>60</td><td>45</td><td>34</td></tr>
<tr><td>1 000 ~ 1 250</td><td>270
(34)</td><td>270
(34)</td><td>180
(23)</td><td>120
(15)</td><td>85</td><td>60</td><td>45</td></tr>
<tr><td>1 250 ~ 1 600</td><td rowspan="2">450
(53)</td><td rowspan="2">270
(34)</td><td rowspan="2">270
(34)</td><td rowspan="2">180
(23)</td><td rowspan="2">120
(15)</td><td rowspan="2">85</td><td rowspan="2">60</td></tr>
<tr><td colspan="2">渗碳或表面淬火钢</td></tr>
</table>

注:1. 多级减速器的润滑油黏度应按各级黏度的平均值选取。

2. 括号内的数值为 100 ℃的运动黏度。

表 5-7　蜗杆传动推荐用的润滑油运动黏度 ν(50 ℃)

滑动速度 v(m/s)	<1	<2.5	<5	5~10	10~15	15~25	>25
工作条件	重载	重载	中载	—	—	—	—
运动黏度 ν(50 ℃)(mm^2/s)	450 (55)	300 (35)	180 (20)	120 (12)	80	60	45

注:括号内的数值为 100 ℃的运动黏度。

(二)润滑方式

1. 浸油润滑

浸油润滑是将传动件的一部分浸入油池中,当传动件转动时,黏在上面的油会被带到啮合区进行润滑(如图 5-6 所示)。同时,油池中的油也被甩上箱壁,借以散热。这种润滑方式适用于齿轮圆周速度 $v \leqslant 150$ m/s,蜗杆圆周速度 $v \leqslant 10$ m/s 的场合。

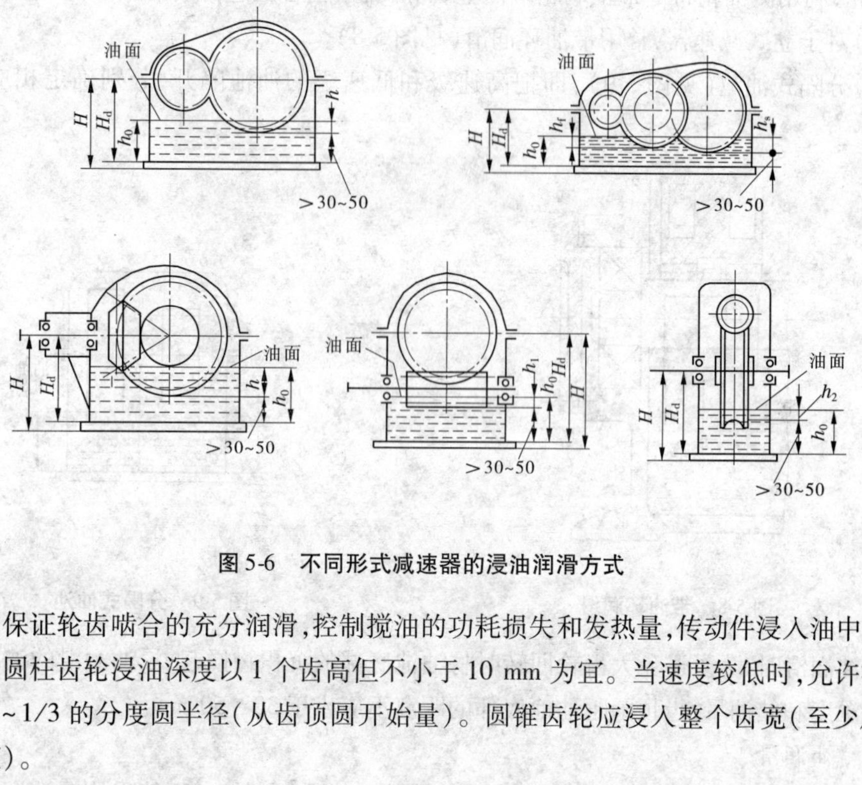

图 5-6　不同形式减速器的浸油润滑方式

为了保证轮齿啮合的充分润滑,控制搅油的功耗损失和发热量,传动件浸入油中的深度要合适。圆柱齿轮浸油深度以 1 个齿高但不小于 10 mm 为宜。当速度较低时,允许浸油深度达 1/6~1/3 的分度圆半径(从齿顶圆开始量)。圆锥齿轮应浸入整个齿宽(至少应浸入半个齿宽)。

在多级齿轮传动中,当高速级大齿轮浸油深度合适时,可能低速级大齿轮浸油过深。此时,高、低速级大齿轮浸油深度不能满足要求,则可采用以下润滑方法:

(1)对于高速级大齿轮可采用带油轮来润滑,利用带油轮将油带入高速级齿轮啮合区进行润滑(见图 5-7);带油轮常用塑料制成,宽度为齿轮宽度的 1/3~1/2,浸油深度为 0.7 个齿高,但不小于 10 mm。

蜗轮减速器的传动件采用浸油润滑时,当蜗杆圆周速度 5 m/s < v < 10 m/s 时,建议采用上置式蜗杆结构,将蜗轮浸入油池中,其浸油深度与圆柱齿轮相同;当蜗杆圆周速度 $v \leqslant 5$

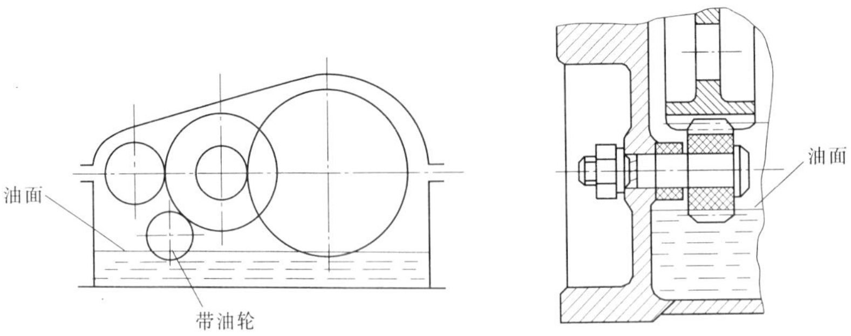

图 5-7　采用带油轮的浸油润滑

m/s 时，建议采用下置式蜗杆结构，将蜗杆浸入油池中，其浸油深度为 0.75 ~ 1 个齿高，但油面不应超过滚动轴承最低滚动体的中心线，以免轴承因搅油损耗大而降低效率。当油面达到滚动轴承最低滚动体的中心线而蜗杆尚未浸入油中或浸油深度不够时，可在蜗杆轴上安装溅油轮，利用溅油轮将油带至蜗轮端面上，而后流入啮合区进行润滑。

(2) 对于立式减速器，常用带油环润滑（见图 5-8）。

(3) 分隔式油池（见图 5-9），即把高速级和低速级的油池隔开，分别确定相应的油面高度。

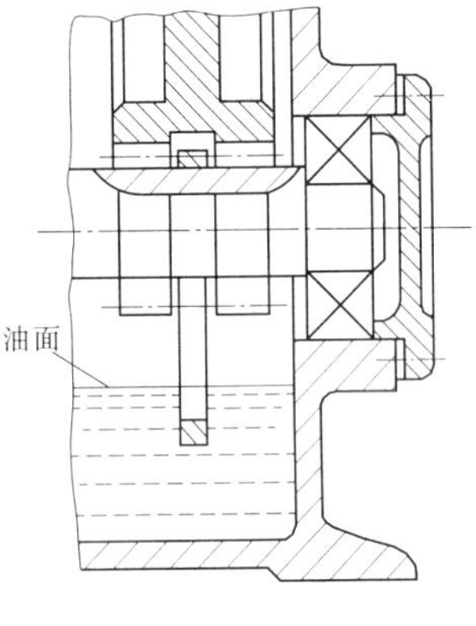

图 5-8　带油环润滑

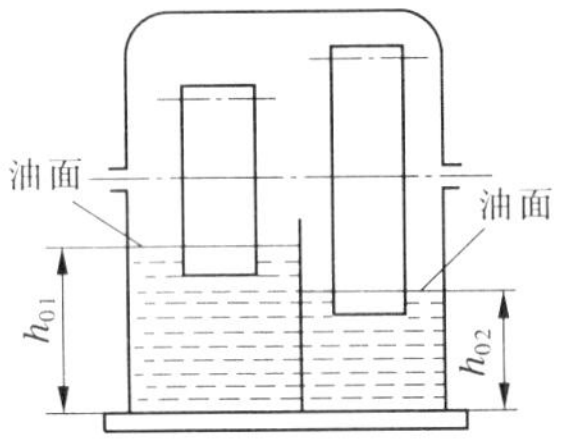

图 5-9　分隔式油池

浸油润滑时，为了避免大齿轮回转时将油池底部的沉积物搅起，浸油润滑的油池应保持一定的深度和储油量，齿顶圆距油池底部的距离不应小于 30 ~ 50 mm。

2. 喷油润滑

当齿轮圆周速度 $v \geq 12$ m/s 或蜗杆圆周速度 $v \geq 10$ m/s 时，就不能采用浸油润滑。这是因为黏在轮齿上的油会被离心力甩掉而达不到啮合区，而且油被搅动过度，会起泡沫或氧化，且搅油损耗大，使油温升高，降低润滑油的性能；圆周速度高还容易搅起油池底部的杂质。此时，宜采用喷油润滑，即用油泵（压力为 0.05 ~ 0.3 MPa）将润滑油从喷嘴直接喷到啮合区进行润滑（见图 5-10）。

喷油润滑也常用于速度不高但工作繁重的重型减速器，或需要借润滑油进行冷却的重要减速器。

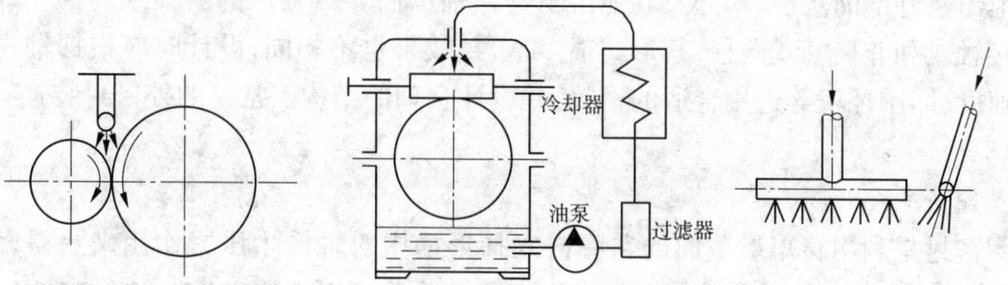

(a)齿轮传动喷油润滑　　(b)蜗杆传动喷油润滑　　(c)齿宽较大时的喷油润滑

图 5-10　喷油润滑

二、滚动轴承的润滑

减速器中滚动轴承的润滑可采用油润滑或脂润滑。

(一)飞溅润滑

减速器只要有一个浸入油池的齿轮的圆周速度 $v \geq 1.5 \sim 2$ m/s,即可采用飞溅润滑来润滑轴承。传动件旋转时飞溅出的油一部分直接溅入轴承,一部分先溅到箱壁上,然后顺着箱盖的内壁流入箱座的输油沟中,沿输油沟经轴承盖上的缺口进入轴承。

(二)刮油润滑

下置式蜗杆即使圆周速度 $v \geq 2$ m/s,但由于蜗杆位置太低,且与蜗轮轴在空间上成垂直方向布置,飞溅的油也难以进入蜗轮的轴承室,导致溅油效果很低。为了保证轴承的用油量,此时,蜗轮轴的轴承可采用刮油润滑。当蜗轮转动时,利用装在箱体内的刮油板,将轮缘侧面上的油刮下,油沿输油沟流向轴承;或将刮下的油直接导入轴承。

(三)油浴润滑

下置式蜗杆的轴承,由于轴承位置较低,可以利用箱内油池中的润滑油直接浸浴轴承进行润滑,但油面不应高于轴承最低滚动体的中心线,以免搅油损失过大引起轴承发热,降低润滑效率。

三、减速器密封

减速器润滑的主要目的是减少摩擦与磨损,而密封的目的是防止外部灰尘、水分等进入轴承,也阻止润滑剂的流失。

(一)机体与机盖间的密封

为了保证机盖与机座连接处的密封可靠,应使连接处凸缘有足够的宽度,连接表面应精刨,其表面粗糙度 $R_a \leq 6.3$ mm。也可在机座凸缘上铣出回油沟,使渗入连接面的油重新流回箱底。此外,凸缘连接螺栓之间的间距一般为 150 ~ 200 mm,且匀称布置,以保证剖分面的密封性。

(二)滚动轴承的密封

滚动轴承密封方法的选择与润滑的种类、工作环境、温度、密封表面的圆周速度等有关。滚动轴承的密封分为外密封和内密封两种。

1. 外密封

外密封装置安装在减速器外伸轴伸出端的轴承外侧,用于使轴承与箱体外部隔离,以防润滑剂泄出及外部的灰尘、水分及其他污物进入轴承而导致轴承的磨损或腐蚀。外密封装置分为接触式和非接触式两种，其形式很多，密封效果也不相同，设计时应根据轴密封表面的圆周速度、周围环境等选用合适的密封，并设计合理的结构。常见的外密封装置有以下几种形式。

1）毡圈密封

毡圈密封是利用将矩形截面的毡圈嵌入梯形槽中对轴产生压紧作用来获得密封效果的。毡圈密封结构简单，但磨损快，密封效果差。它主要用于脂润滑和接触面速度不超过5 m/s的稀油润滑的场合。

2）橡胶圈密封

橡胶圈密封利用密封圈唇形结构部分的弹性和弹簧圈的箍紧力使唇形部分紧贴在轴表面，起到密封作用。

橡胶圈密封性能好，工作可靠，寿命长，可用于接触面速度不超过 7 m/s 的场合。设计时，应使密封唇方向朝向密封的部位。为了封油，密封唇应对着轴承；为了防止外界灰尘、杂质侵入，密封唇应背向轴承；双向密封时，可使用两个橡胶圈反向安装（见图 5-11）。

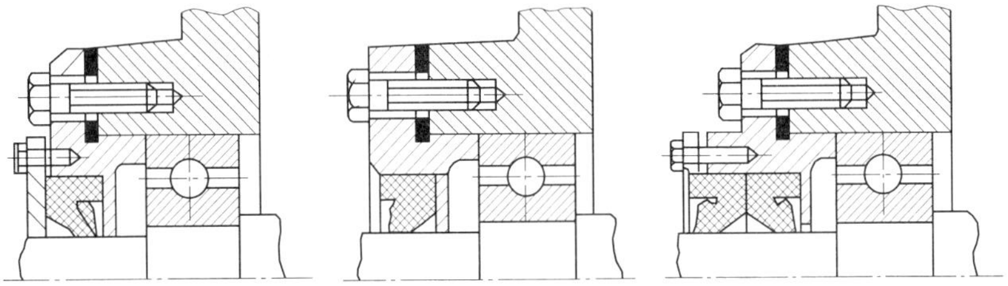
(a)封油　　(b)防尘　　(c)双向密封

图 5-11　橡胶圈密封

3）油沟密封

油沟密封利用轴与轴承盖孔之间的环槽和微小间隙来实现密封。环槽中填入润滑脂，密封效果会更好。油沟密封结构简单，密封效果较差，适用于脂润滑及较清洁的场合。

4）迷宫密封

迷宫密封利用固定在轴上的转动元件与轴承盖间构成的曲折而狭窄的缝隙来实现密封。缝隙中填入润滑脂，可以提高密封效果。

迷宫密封效果好，密封件不磨损，可用于脂润滑和油润滑的场合，一般不受轴表面圆周速度的限制。

2. 内密封

内密封装置安装在轴承内侧，按其作用分为封油环和挡油环两种。

当轴承采用脂润滑时，应在箱体轴承座内侧安装封油环。封油环可将轴承与箱体内部隔开，以防止轴承内的油脂向箱体内泄漏及箱体内的润滑油溅入轴承而稀释和带走油脂。当轴承采用油润滑，而小齿轮（尤其是斜齿轮）的直径小于轴承座孔直径时，为防止轮齿啮合过程中的油（是刚啮合过的热油，常有磨屑等杂物存在）过多进入轴承，须在小齿轮与轴承之间安装挡油环，挡油环有冲压件和机加工件两种。前者适用于成批生产，后者适用于单件或小批生产。

（三）箱体的密封

减速器中需要密封的部位除轴承外，一般还有箱体接合面和放油孔接合面等。

箱体与箱座接合面的密封常用涂水玻璃或密封胶的方法来实现。因此，对接触面的几何精度和表面粗糙度都有一定要求。为了提高接合面的密封性，可在接合面上开回油沟，使渗入接合面之间的油重新流回箱体内部。放油孔接合面处可采用封油垫圈来加强密封效果。

第六章 减速器的装配图技术设计

装配图是表达各零部件结构形状、相互位置与尺寸的图样，也是表达设计人员构思的特殊语言，它是绘制零部件工作图及机器组装、调试、维护的主要依据。所以，在设计装配工作图时，要综合考虑工作条件、强度、刚度、加工工艺等方面的要求。设计内容既多又复杂，有些地方还不能一次确定，所以采用边计算、边绘图、边修改的“三边”设计方法。

第一节 减速器的装配图技术设计目的和要求

一、减速器的装配图技术设计目的

装配图技术设计是机械设计中的重要环节，一张完整的装配图既正确地反映了机器零部件间的相对位置、工作原理、装配关系，也是绘制零件工作图及装配、调试和维护机器必需的技术文件依据。

二、减速器的装配图技术设计要求

装配图的设计牵涉的问题比较多，过程复杂，既有结构设计，又有校核计算，因此通常采用边绘图、边计算、边修改的方法逐步完成。

在绘制装配图之前，应先查阅有关的技术资料，参观或装拆实际减速器，了解各零部件的功能，做到对设计内容心中有数。此外，还要根据任务书上的技术数据，选择或计算出有关零部件的结构和主要尺寸。具体内容参见前面的章节。

要最终完成好装配图，作草图是一个很重要的步骤，因为在设计过程中，为使零件得到合理的结构和表达，零件和零件之间有协调的相互关系，有些尺寸和图纸需要进行多次修正、修改。

在草图阶段，用细线绘制轴承结构及箱体内外大致结构；校核轴、键和联轴器的强度及滚动轴承的寿命；进行轴承、箱体及其附件的结构设计，边设计、边修改，以期得到最合理的结构尺寸。

装配图要符合机械制图国家标准的要求，选择合适的表达方式。在认真检查分析草图的基础上进行绘制。草图完成后应检查并修改、加深图线。标注尺寸和配合，写出减速器特性、技术要求、零件序号、明细表和标题栏。

绘图时，优先采用1:1的比例，以加强真实感。一般采用A0或A1图纸绘制装配图样。根据设计中计算与绘图交叉进行的持点，装配图的设计分为三个阶段，分别是设计准备阶段、草图设计阶段、装配工作图设计阶段，下面将逐一介绍。

第二节　装配图设计的第一阶段——设计准备

在绘制装配草图之前，应仔细阅读有关资料；认真读懂几张典型的减速器装配图纸，参观有关陈列展览，拆装减速器实物；比较、研究各种结构方案特点，弄懂各零部件的功用和相互关系，做到对所设计的内容心中有数。具体的准备工作有以下几方面。

一、必要的感性与理性知识

(1)做好减速器装拆试验，观看减速器的结构及加工工艺录像。仔细了解减速器各零部件的相互关系、位置及作用，初步了解减速器加工工艺过程。

(2)认真阅读前面的内容和相关资料，至少要读懂一些典型减速器装配工作图。

二、有关设计数据的准备

(1)确定各类传动零件的主要尺寸，如齿轮传动主要尺寸、中心距及齿轮的分度圆直径、齿顶圆直径、轮缘宽度、轮毂长度等。

(2)按已选出的电动机型号查出其安装尺寸，如轴伸直径 D、轴伸长度 E 及中心高 H 等。

(3)选择联轴器。按工作情况、转速高低、转矩大小及两轴对中情况选定联轴器的类型，确定联轴器轴孔直径和长度，或链轮、带轮轴孔直径和长度。

连接电动机和减速器高速轴的联轴器，为了减小启动转矩，应具有较小的转动惯量和良好的减振性能，多采用弹性联轴器，如弹性套柱销联轴器和尼龙柱销联轴器等。减速机的低速轴和工作机轴相连的联轴器，由于转速较低，传递转矩较大，如果安装同心度能保证(如有公共的底座)，可采用刚性固定式联轴器，如凸缘联轴器；如果安装同心度不能保证，就应采用有良好补偿位移偏差性能的刚性可移式联轴器，如金属滑块联轴器等。

(4)初定各轴最小直径。因轴的跨距还未确定，先按轴所受的转矩初步计算轴的最小直径。计算公式为

$$d_{\min} \geqslant C\sqrt[3]{\frac{P}{n}} \tag{6-1}$$

式中　P——轴传递的功率，kW；

n——轴的转速，r/min；

C——由许用应力确定的系数，详见《机械设计基础》有关内容。

当该直径处有键槽时，则应将计算值加大 3% ~4%，并且要考虑有关零件的相互关系，才能最后圆整确定轴的最小直径。

高速轴伸出端通过联轴器与电动机轴相连时，还应考虑电动机轴伸直径和联轴器的型号所允许的轴径范围是否都能满足要求，这个直径必须大于或等于最小初算直径，可以与电动机轴径相等或不相等，但必须在联轴器允许的最大直径和最小直径范围内。具体确定方法详见例 6-1。

与工作机相连接的减速器低速轴的最小直径可按初算直径考虑键槽的影响放大 3% ~4% 圆整确定。

如果是二级齿轮减速器，中间轴的最小直径处将安装滚动轴承，可根据最小初算直径圆

整确定，但不应小于高速轴安装轴承处的直径。

【例 6-1】 某带式运输机用的减速器高速轴轴伸通过联轴器与电动机轴相连接。已选定电动机型号为 Y132M1－6。其传递功率为 $P=4$ kW，转速为 960 r/min。查电动机手册得电动机轴径为 $d=38$ mm。试确定该减速器高速轴的最小直径（即该轴的外伸段轴径），并选择适用的联轴器。

解 ①按转矩法初定该轴最小直径 d_{min}。

$$d_{min} \geqslant C\sqrt[3]{\frac{P}{n}} = 100\sqrt[3]{\frac{4}{960}} = 16.1(\text{mm})$$

由于该段轴上有一键槽，所以将计算值加大 3%，则 d_{min} 应为 16.6 mm。

②选择联轴器。

$$T = 9\ 550\frac{P}{n} = 9\ 550 \times \frac{4}{960} = 39.8(\text{N}\cdot\text{m})$$

根据传动装置的工作条件拟选用 HL 型弹性柱销联轴器。

其转矩为

$$T_c = KT = 1.5 \times 39.8 = 59.7(\text{N}\cdot\text{m})$$

式中 T——联轴器所传递的名义转矩，N·m；

K——工作情况系数，查《机械设计基础》教材有关表格得工作机为带式运输机时，$K=1.25\sim1.5$，本例题取 $K=1.5$。

根据 $T_c=59.7$ N·m，查机械设计手册 HL 型联轴器中 HL1 型联轴器就能满足传递转矩的要求（$T_n=160$ N·m $>T_c$）。但其轴孔直径范围为 $d=12\sim22$ mm，满足不了电动机的轴径要求。因此，最后确定选 HL3 型联轴器（$T_n=630$ N·m $>T_c$，$[n]=5\ 000$ r/min $>n$）。其轴孔直径 $d=30\sim42$ mm，可满足电动机的轴径要求。

③确定减速器高速轴轴伸处的直径为 $d_{min}=30$ mm。

(5)确定滚动轴承的类型，具体型号先不确定。一般直齿圆柱齿轮传动和斜齿圆柱齿轮传动可采用深沟球轴承（60000 类），若轴向力较大，可采用角接触轴承（70000 类或 30000 类）等。

(6)根据轴上零件的受力情况、固定和定位的要求，初步确定轴的阶梯段，具体尺寸暂不定。在一般情况下，减速器的高速轴、低速轴有 6～8 段，中间轴有 5～6 段。

(7)确定滚动轴承的润滑和密封方式。当减速器内的浸油传动零件（如齿轮）的圆周速度 $v \geqslant 2$ m/s 时，采用齿轮转动时飞溅出来的润滑油来润滑轴承是最简单的；当浸油传动零件的圆周速度 $v<2$ m/s 时，油池中的润滑油飞溅不起来，可采用润滑脂润滑轴承。然后，可根据轴承的润滑方式和机器的工作环境是清洁或是多尘，选定轴承的密封方式。

(8)确定轴承端盖的结构形式。轴承端盖用以固定轴承、调整轴承间隙并承受轴向力。轴承端盖的结构形式有凸缘式和嵌入式两种。

凸缘式轴承端盖装配结构如图 6-1 所示，用螺钉与机体轴承座连接，调整轴承间隙比较方便，密封性能也好，用得较多。这种端盖多用铸铁铸造，设计时要很好地考虑铸造工艺。

嵌入式轴承端盖装配结构如图 6-2 所示，其结构简单，机体外表面比较光滑，能减少零件总数和减轻机体总质量。但其密封性能较差,调整轴承间隙比较麻烦,需要打开机盖,放置调整垫片,只适用于深沟球轴承和大批量生产。如用角接触球轴承,应在嵌入式端盖上增设调整螺钉结构,以便于调整轴承间隙,如图6-2(c)所示。

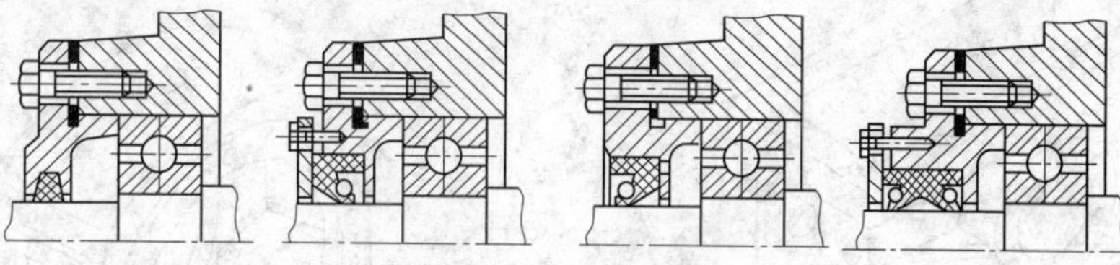

图6-1　凸缘式轴承端盖装配结构

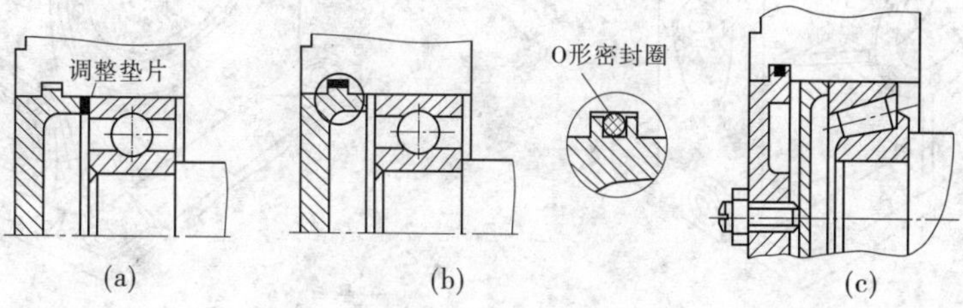

图6-2　嵌入式轴承端盖装配结构

三、机体结构方案的确定

减速器机体用以支承和固定轴系零件,是保证传动零件的啮合精度、良好润滑及密封的重要零件。因此,机体结构对减速器的工作性能、加工工艺、材料消耗及制造成本等有很大影响,设计时必须全面考虑。

根据工作情况确定减速器机体的结构。一般用途的减速器机体采用铸铁制造,对受较大冲击载荷的重型减速器机体可采用铸钢制造,单件生产的减速器可采用钢板焊接而成,其质量为铸造机体的1/2~3/4,机体壁厚为铸造机体的0.3~0.8倍。

机体可以做成剖分式和整体式两种结构。通常,齿轮减速器机体都采用沿齿轮轴线水平剖分式的结构。剖分式机体多取通过传动件轴线的平面为剖分面,一般为水平剖分面。对蜗杆减速器也可采用整体式机体的结构。整体式机体加工量少、质量轻,但装配比较麻烦。如图6-3、图6-4所示为整体式机体。

按照现代工业美学的要求,近年来,方箱式机体方案逐渐获得采用,如图6-3所示。方箱式机体外表面几何形状简单,加强筋藏在机体里面,地脚座不伸出机体外表面,起吊减速器的吊耳与机体铸成一体,机体内储油空间增大,但质量稍有增加,铸造造型较复杂,内部清砂涂漆也较困难。

四、选择图样比例和视图布置

(一)选择比例尺

上述各项准备工作完成后,即可着手草图的设计工作。为了加强真实感,培养图上判断尺寸的能力,应用A0号或A1号图纸幅面,优先采用1∶1的比例绘制。

(二)选择视图

一般情况下,为充分完整表达各零件结构形状和尺寸位置,应绘制三个视图,必要时再加一些局部视图和剖视图。根据表达需要，还可采用局部放大图。

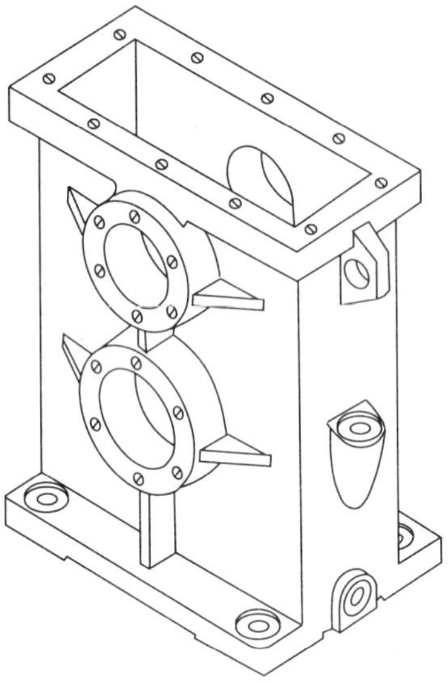

图 6-3　整体式铸造机体结构(一)

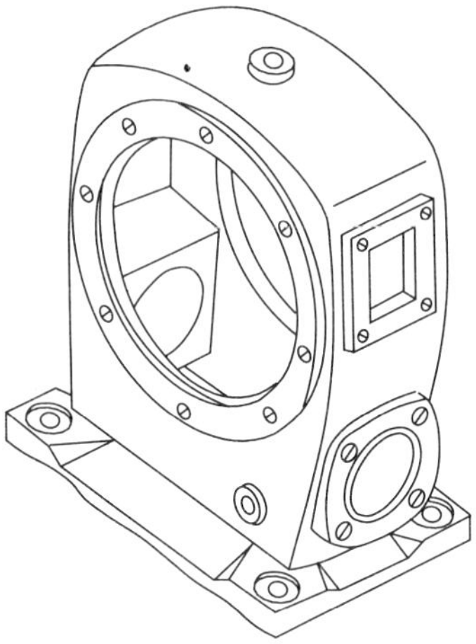

图 6-4　整体式铸造机体结构(二)

(三)合理布置图面

参考类似的减速器结构和大小计算减速器的轮廓尺寸(三个视图的尺寸)，从而确定绘制图纸所需的空间，同时考虑标题栏、明细表、技术特性、技术要求，做到图面的合理布置。表 6-1 提供的数据作为图 6-5 视图布置的参考，以免布置不当而视图画不下。

表 6-1　视图大小估算

项目	A	B	C
一级齿轮减速器	$3a$	$2a$	$2a$
二级齿轮减速器	$4a$	$2a$	$2a$
一级蜗杆减速器	$2a$	$3a$	$2a$

注: a 为传动中心距。当采用二级传动时，a 为低速级中心距。

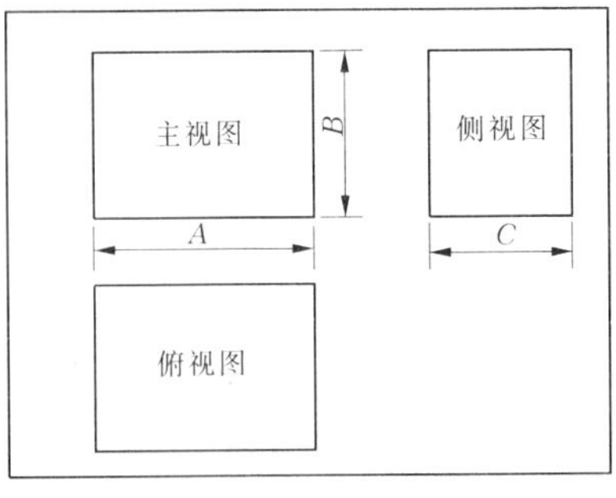

图 6-5　视图布局参考

第三节　装配图设计的第二阶段——草图设计

在传动装置总体方案设计、运动学计算和传动零件设计计算等工作完成以后，即可着手减速器的图纸的设计工作。

装配图是表达各零件结构形状及相互尺寸关系的图纸，也是机器组装、调试、维护等的技术依据。所以，一般机械设计图纸总是从装配图设计开始的。按装配图确定所有零件的位置、结构和尺寸，再以此为依据分别绘制加工零件的工作图。因此，装配图的设计是整个设计工作的重要阶段。在这个阶段必须综合地考虑零件的强度、刚度、制造工艺、装配、调整和润滑等各方面的要求。

在设计过程中，不可避免地要做大量反复的修改工作，以获取最合理的结构和表达最完整的图纸。因此，装配图的设计总是先绘制装配草图。在装配草图上观察最初确定的运动参数，各传动件的结构尺寸是否协调，是否会互相干涉；在草图上确定轴的结构、跨距、受力点位置，并验算轴、轴承和键连接的强度是否足够，之后最终确定所有零部件结构尺寸，为装配工作图、零件工作图的设计打下基础。虽说为装配草图，其实一点也不能草率。要用绘图仪器，按一定的比例尺，按步骤绘制，不允许用徒手等不正确的方法随便勾画。

装配草图的设计，一般按以下步骤进行：

(1)草图设计的第一阶段。

(2)轴、轴承及键连接的强度校核计算。

(3)草图设计的第二阶段。

(4)草图设计的第三阶段。

(5)装配草图的检查。

一、草图设计的第一阶段

草图设计第一阶段的任务是通过绘图设计轴的结构尺寸及选出轴承型号，确定轴承的支点和轴上传动零件的力作用点的位置，定出跨距和力作用点间的距离，为轴和键连接的强度计算提供力学模型，为滚动轴承的寿命计算提供数据。

现以圆柱齿轮减速器为例，说明草图设计的第一阶段的设计步骤。

(1)绘制开始，可参考上节中表 6-1 和图 6-5 提供的尺寸估计减速器的轮廓尺寸的大小，在三个视图位置上将视图的中心线画出。

对于齿轮减速器的设计，先在俯视图上进行；而对于蜗杆减速器的设计，则要在主视图和左视图上同时进行。

(2)画四条线。

①画齿轮的轮廓尺寸线：分度圆、齿顶圆和齿宽。齿轮的细节结构暂不画出。通常，圆柱小齿轮比大齿轮齿宽要宽 5 ~ 10 mm。中间轴上两齿轮轴向间距取 $\Delta_1 = 8 \sim 12$ mm。

②画机体内壁线：机体内壁线距离小齿轮端面的距离为 $\Delta_2 \geqslant \delta$($\delta$ 为机壁厚度)，大齿轮齿顶圆与机体内壁的距离为 $\Delta_1 = 1.2\delta$。小齿轮齿顶圆一侧的内壁线先不画。

③画机体外壁线：用虚线画出上述三个方向的外壁线。

④画轴承座的外端面线：轴承座外端面线的绘制决定了轴承座的宽度。它的宽度取决于机壁厚度 δ、轴承旁连接螺栓的扳手空间 c_1 和 c_2 的尺寸及区分加工面与非加工面的尺寸

8 ~ 12 mm。

轴承座宽度为 $l_2 = \delta + c_1 + c_2 + (8 \sim 12)$

式中,δ 值见表 5-1,c_1、c_2 的最小值见表 6-2。

表 6-2 连接螺栓扳手空间 $c_{1\min}$、$c_{2\min}$ 值和沉头座直径 (单位:mm)

螺栓直径	M8	M10	M12	M16	M20	M24	M30
$c_{1\min}$	13	16	18	22	26	34	40
$c_{2\min}$	11	14	16	20	24	28	34
沉头座直径	20	24	26	32	40	48	60

(3)如采用凸缘式轴承端盖,在轴承座外端面线以外画出轴承端盖凸缘的厚度 e 的位置。凸缘距离轴承座外端面应留有 1 ~2 mm 的调整垫片厚度的尺寸。e 的大小由轴承端盖连接螺钉直径 d_3 确定;$e = 1.2d_3$,应圆整。

(4)确定轴承在轴承座孔中的位置,轴承在轴承座孔中的位置与轴承润滑方式有关。

当采用机体内润滑油润滑时,轴承外圈端面至机体内壁的距离为 3 ~5 mm,如图 6-6(a)所示;当采用润滑脂润滑时,因要留出挡油板的位置,则轴承外圈端面至机体内壁的距离为 10 ~15 mm,如图 6-6(b)所示。

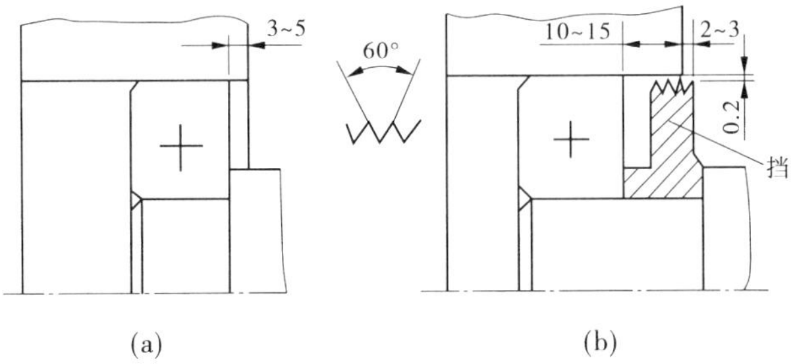

图 6-6 轴承距内壁的距离

(1) ~(4)步绘好后的图形如图 6-7 ~图 6-10 所示。

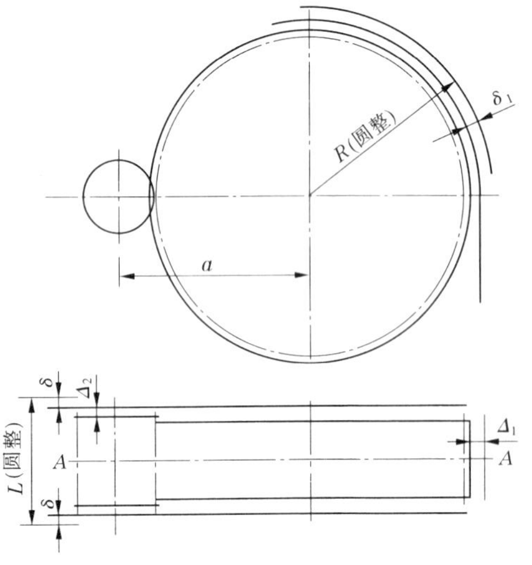

图 6-7 一级圆柱齿轮减速器传动件、轴承座端面及箱壁位置

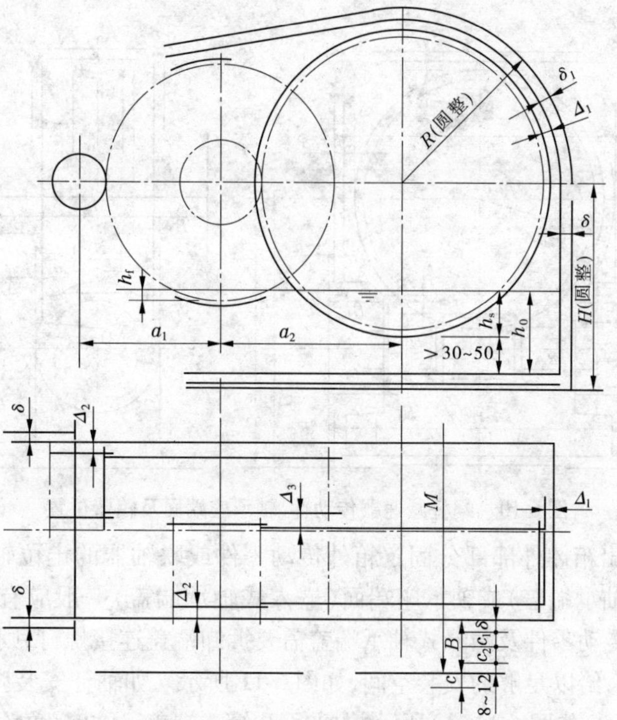

图 6-8　二级圆柱齿轮减速器传动件、轴承座端面及箱壁位置

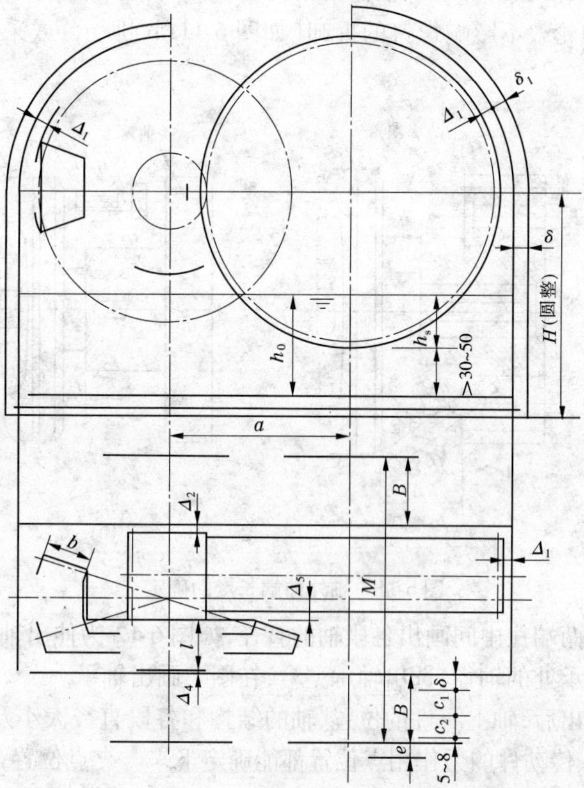

图 6-9　圆锥齿轮减速器传动件、轴承座端面及箱壁位置

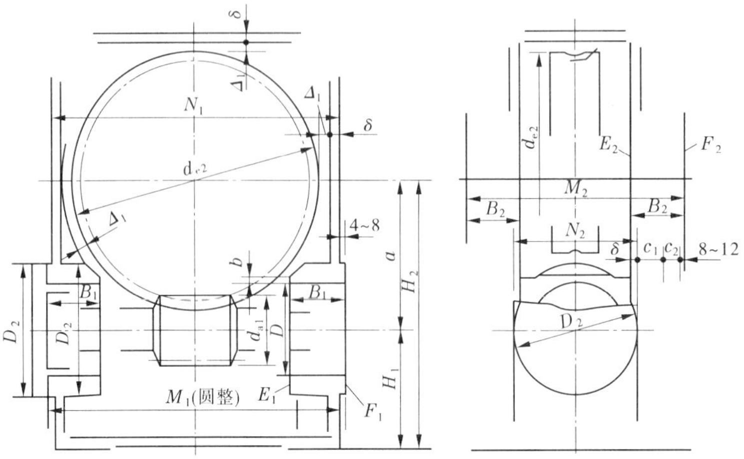

图 6-10　蜗杆减速器传动件、轴承座端面及箱壁位置

(5)画出轴伸出箱体外部部分固定箱外传动零件或联轴器的定位轴肩的位置:轴肩至轴承端盖(凸缘式轴承端盖)或轴承座端面(嵌入式轴承端盖)一般应有 $L \geqslant 10 \sim 15$ mm 的距离。如联轴器、传动零件及凸缘式轴承端盖需要拆卸端盖连接螺钉,则 L 的大小应考虑这些零件的结构要求,给以足够的安装空间,如图 6-11 所示。如轴伸安装弹性套柱销联轴器,则要求有装配尺寸 A,如图 6-11(a)所示;如采用凸缘式端盖,L 的长度必须考虑拆卸端盖螺钉所需的足够长度,以便在不拆卸联轴器的情况下,可以打开减速器的机盖,如图 6-11(b)所示。如外接零件的轮毂不影响螺钉的拆卸(如图 6-11(b)所示)或采用嵌入式端盖,则 L 可取小些。

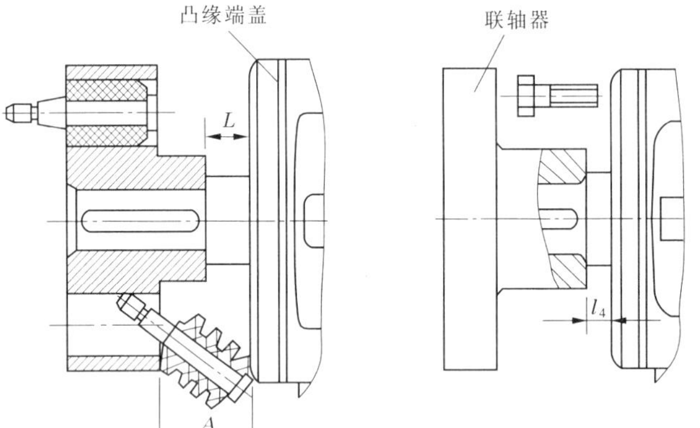

图 6-11　轴外伸端长度的确定

(6)依次从轴的两端往中间画出各段轴的直径,如图 6-12 为伸出轴结构。

(7)根据安装轴承处的轴径,选出轴承型号,在图上画出轴承。

(8)以上线条画出后,轴上零件的位置、轴的结构和各段直径大小及各段长度都基本确定。这时,支点位置、传动件的力作用点位置都能确定下来。支点位置一般可取轴承宽度的中点,对角接触轴承按轴承手册中给出的尺寸 a 确定。传动件的力作用点位置取轮缘宽度的中点。然后用比例尺量出各点间的距离 A、B、C(如图 6-13 和图 6-14 所示),圆整为整数。

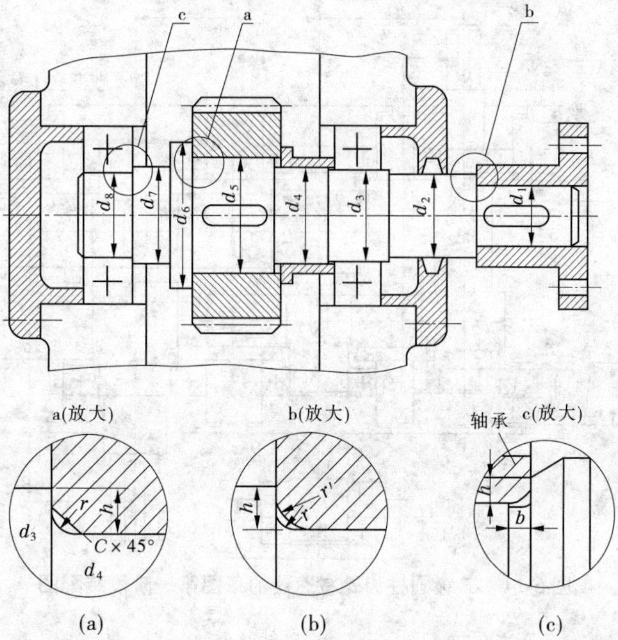

图 6-12　伸出轴结构

为使轮毂定位可靠,轴与轮毂配合段的长度应比轮毂长度稍短 2 ~ 3 mm。

至此,草图第一阶段的设计任务基本完成。完成后的图形如图 6-13 ~ 图 6-16 所示。

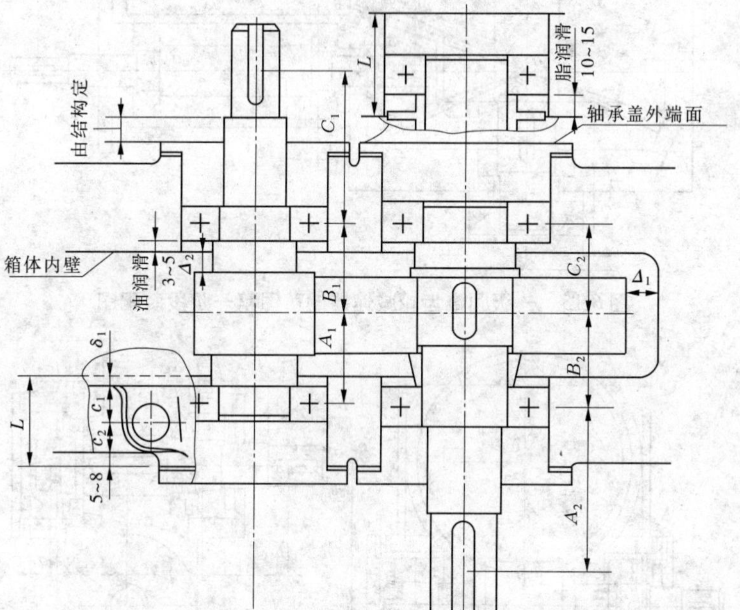

图 6-13　一级圆柱齿轮减速器的草图第一阶段装配图

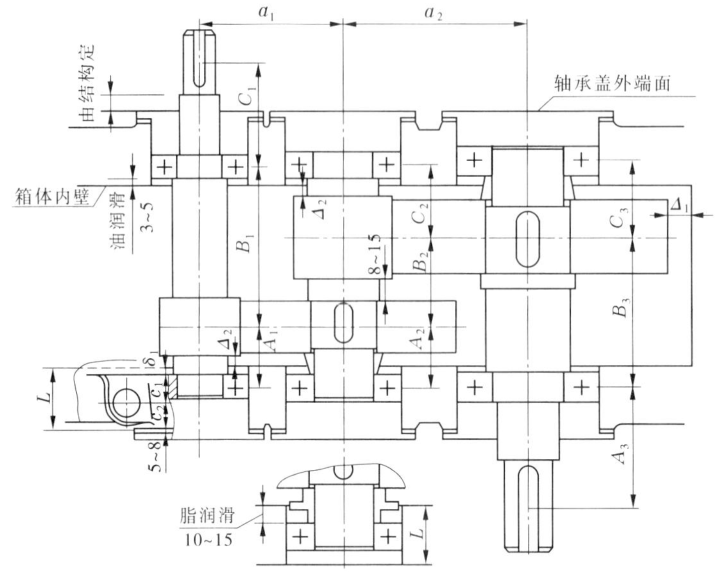

图 6-14　二级圆柱齿轮减速器的草图第一阶段装配图

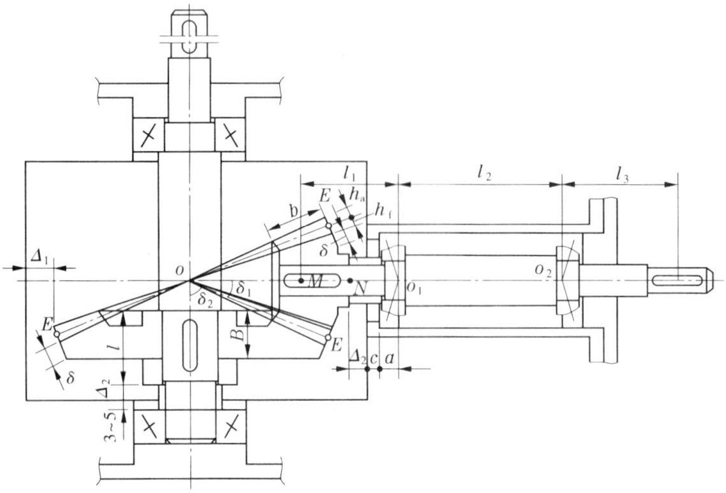

图 6-15　一级圆锥齿轮减速器的草图第一阶段装配图

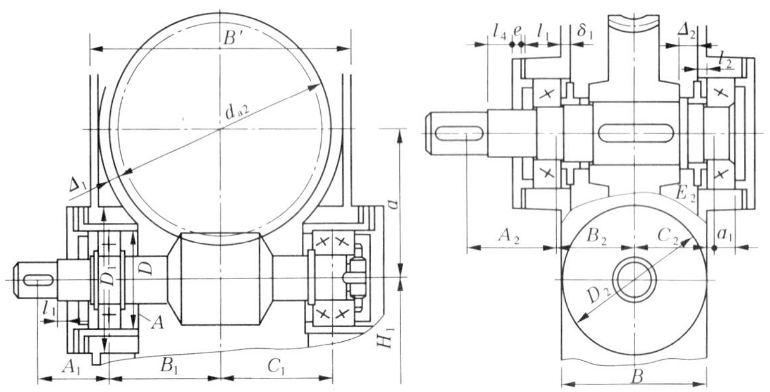

图 6-16　一级蜗杆减速器的草图第一阶段装配图

二、轴、轴承及键连接的强度校核计算

草图第一阶段完成后，确定了轴的初步结构、支点位置和距离及传动零件的力作用点位置，即可着手对轴、键连接的强度及轴承的额定寿命进行校核计算。计算步骤如下：

(1)首先定出力学模型，然后求出支反力，画出弯矩图、扭矩图，再计算绘制出当量弯矩图。

(2)轴的校核计算。根据轴的结构尺寸、应力集中的大小和力矩图判定一个或几个危险截面。用合成弯矩法或安全系数法对轴进行疲劳强度校核计算。

校核结果若强度不够，应加大轴径，对轴的结构尺寸进行修改。若强度足够，且计算应力或安全系数与许用值相差不大，则以轴结构设计时确定的尺寸为准不再修改。若强度富裕过多，可待轴承寿命及键连接的强度校核后，再综合考虑是否修改轴的结构。

(3)对轴承进行额定寿命计算。

(4)对键连接进行挤压强度的校核计算。一根轴上若有两处键连接，且传递扭矩相同，可只校核尺寸较小、受力较大的键连接。若强度合格，另一个键连接的尺寸可以与它一样，以简化工艺。

三、草图设计的第二阶段

装配草图设计第二阶段的主要工作内容是设计传动零件、轴上其他零件及与轴承支点结构有关零件的具体结构。简单地说，就是要完成轴系部件结构设计。

这一阶段的工作：对于齿轮减速器，仍在俯视图上进行；对于蜗杆减速器，仍在主视图和左视图上进行。

其设计步骤和注意事项如下所述。

(一)传动零件的结构设计

1. 齿轮

齿轮的结构形状与所采用的材料、毛坯尺寸大小及制造工艺方法有关。尺寸较小的齿轮可与轴连成一体成为齿轮轴。当齿根圆直径 d_f 小于轴径 d 时，必须用滚齿法加工齿轮。当齿根圆直径 d_f 大于轴径 d，并且 $x \geqslant 2.5\ m_n$(m_n 为模数)时，齿轮可与轴分开制造，这时轮齿也可用插齿法加工。图 6-17 即为实心式齿轮结构。应尽量采用轴与齿轮分开的方案，以使结构和工艺简化，降低制造成本。

对直径较大的齿轮(齿顶圆直径 $d_a = 400\ \text{mm} \sim 500\ \text{mm}$)，常用锻造毛坯，制成腹板式结构，如图 6-18 所示。当生产批量较大时，宜采用铸造毛坯结构，如图 6-18(b)所示；当生产批量较小时，宜采用自由锻毛坯结构，如图 6-18(a)所示。

大型的齿轮多用铸造或焊接带有轮辐的结构，轮辐的断面有各种形状。单件或小批量生产时宜采用焊接齿轮结构。

2. 蜗杆

蜗杆在大多数情况下都做成蜗杆轴。蜗杆螺旋齿的加工可采用车制或铣制两种方法。车制蜗杆轴上必须有退刀槽。铣制蜗杆轴可获得较大的轴刚度。

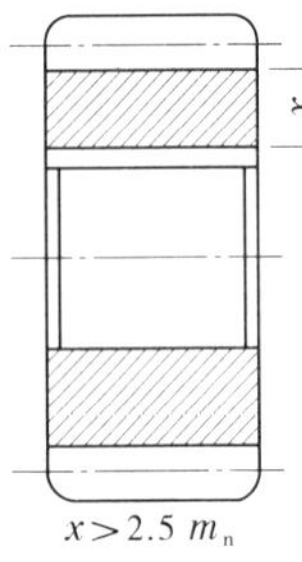

图 6-17　实心式齿轮结构

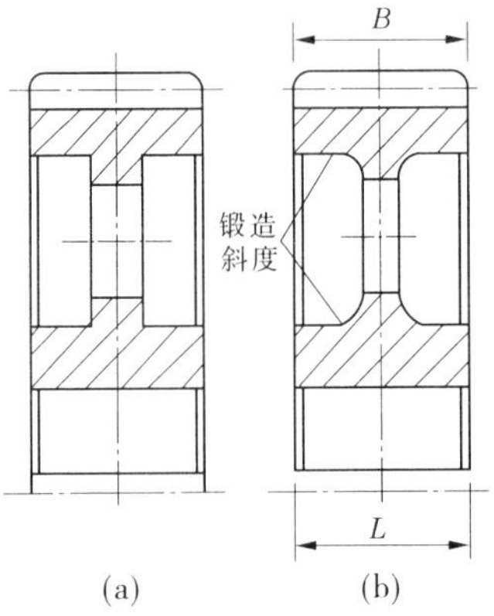

图 6-18　腹板式齿轮结构

3. 蜗轮

蜗轮的结构形式取决于蜗轮的尺寸大小和材料的选择。在课程设计中常采用齿圈压配式结构。齿圈与轮毂用过盈配合 H_7/r_6 或 H_7/s_6，并沿配合面圆周加装 4～6 个骑缝螺钉，以增强连接的可靠性。为便于钻孔，应将螺纹孔中心线向材料较硬的轮毂一边偏移 2～3 mm。

（二）轴承端盖的结构设计

有关轴承端盖的结构和尺寸关系参考相关内容。

（三）轴承的润滑和密封结构的设计

轴承的润滑和密封是保证轴承正常运行的重要结构措施。

轴承的润滑和密封结构及尺寸关系参照第五章的有关内容。

草图设计第二阶段完成的情况如图 6-19～图 6-22 所示。

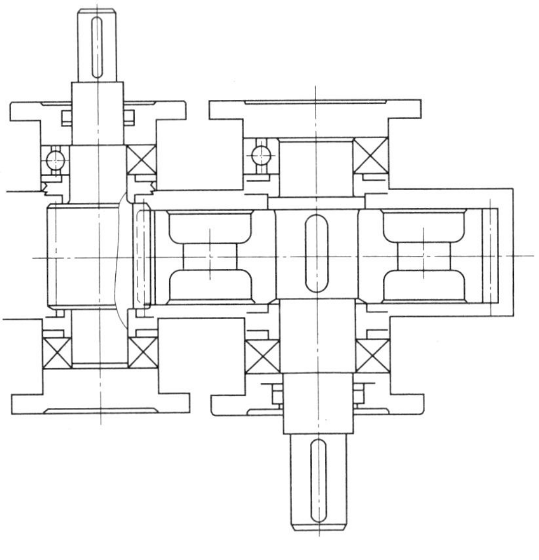

图 6-19　一级圆柱齿轮减速器草图第二阶段完成后的俯视图

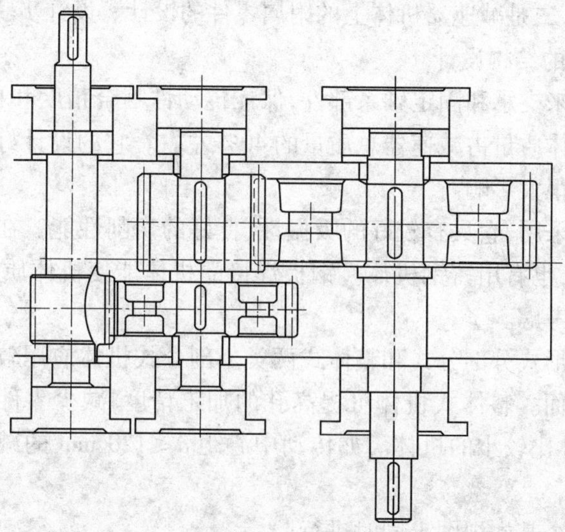

图 6-20　二级圆柱齿轮减速器草图第二阶段完成后的俯视图

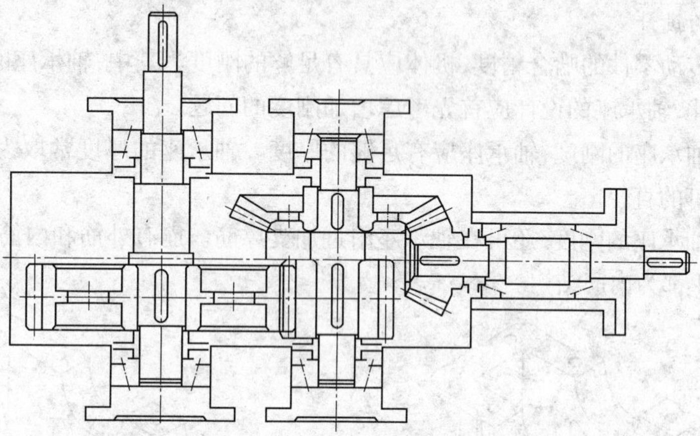

图 6-21　圆锥－圆柱齿轮减速器草图第二阶段完成后的俯视图

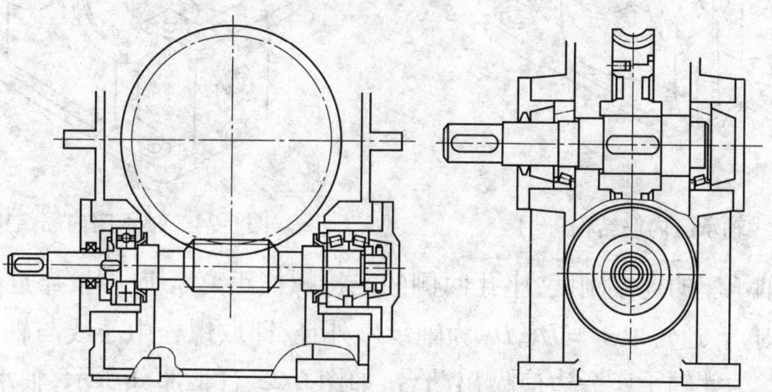

图 6-22　一级蜗杆减速器草图第二阶段完成后的主视图和左视图

四、草图设计的第三阶段

草图设计的第三阶段是草图设计的最后阶段。这一阶段设计内容有两个方面：一是减速器机体的结构设计，二是减速器机体上的附属零件的设计。设计步骤如下所述。

（一）减速器机体的结构设计

减速器机体是用来支承和固定轴系部件，保证传动件啮合精度和良好润滑及轴系可靠密封的重要零件。机体质量占减速器总质量的40%左右。它的设计好坏对传动质量、加工工艺和制造成本都有很大影响。

铸铁机体被广泛采用，它具有较好的吸振性、良好的切削性能。在重型机械中，为了提高机体的强度和刚度，也有用铸钢机体。钢板焊接的机体能使机体质量减轻30%，单件和小批量生产时应优先考虑。

减速器机体结构形式分剖分式和整体式两类。剖分式机体应用较多，其剖分面多取通过传动件轴线的水平面。整体式机体可提高孔的加工精度，减少零件的数量，但装配较复杂，只宜用于结构尺寸比较小的机体。如传动中心距 $a \leqslant 120$ mm 的减速器机体，可考虑采用整体式机构。

机体设计应在三个基本视图上同时进行。

现以水平剖分式机体为例，说明机体结构设计的步骤和要点。

1. 轴承座的设计

为了保证传动零件的啮合精度，机体应具有足够的刚度。其中，轴承座刚度的好坏有明显的效果。因此，轴承座的设计应首先考虑增加刚度的问题。

为了增加轴承座的刚度，轴承座应有足够的厚度。轴承座的厚度常取为 $2.5d_3$，d_3 为轴承盖的连接螺钉的直径。

为了增加轴承座的刚度，还可在轴承座附近加支撑筋。筋有外筋和内筋两种结构形式。图6-23、图6-24都为内筋结构。

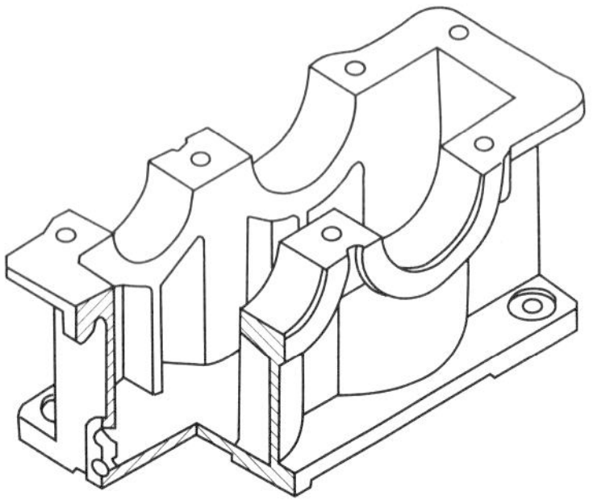

图6-23　轴承座内筋结构（一）

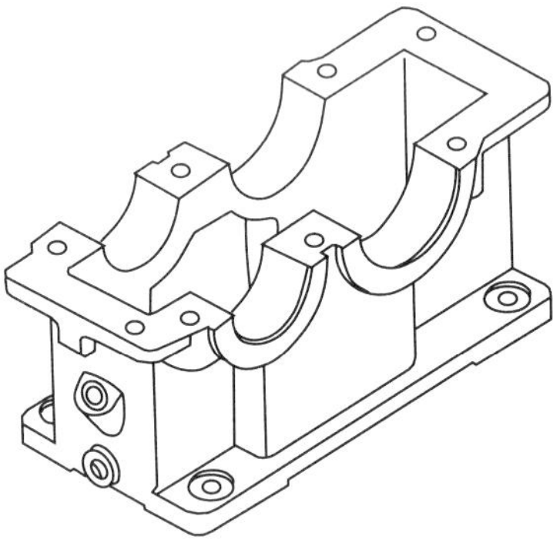

图6-24　轴承座内筋结构（二）

为了提高轴承座的连接刚度，座孔两侧的连接螺栓距离 s_1 应尽量靠近（以不与端盖螺钉孔干涉为原则）。通常取 $s_1 = D_2$，D_2 为轴承座外径，即取螺栓中心线与轴承座外径 D_2 的圆相切的位置。为此轴承座旁边应做出凸台，如图6-25右半部分所示，轴承旁凸台的高度及大小要保证安装轴承旁连接螺栓时有足够的扳手空间 c_1 和 c_2。因此，凸台的高度可以根据 c_1 的大小用作图法确定，如图6-26所示。图6-25左半部分的结构是没有设计凸台的形式，s'的距离较 s 大了许多，轴承座的连接刚度小。设计凸台结构时，应在三个基本视图上同时进行，其投影关系如图6-26所示。

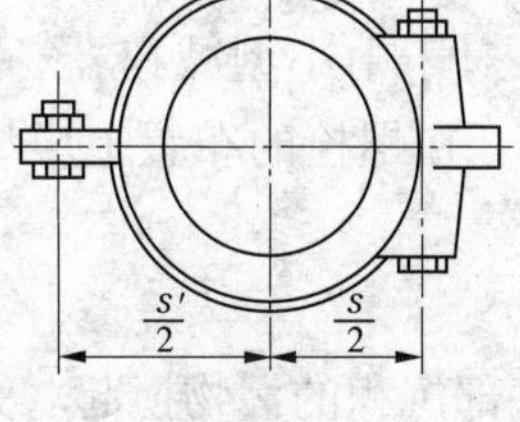

图 6-25　轴承座旁结构

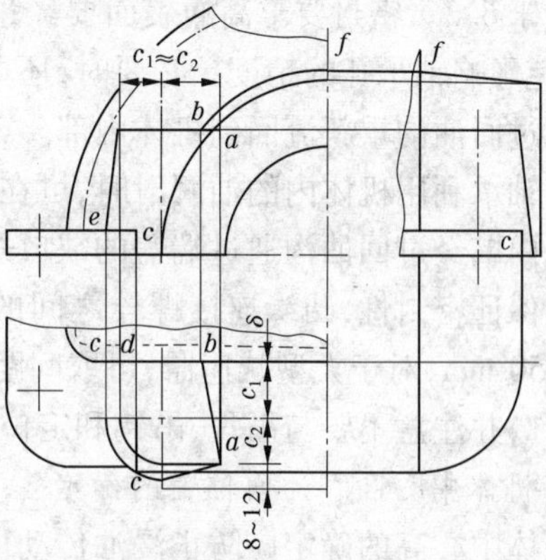

图 6-26　轴承座旁凸台投影关系

当凸台位置在机壁外侧时,凸台可设计成如图 6-27 所示的结构。当机体同一侧面有多个大小不等的轴承座时,除保证扳手空间 c_1 和 c_2 外,轴承旁凸台的高度应尽量取相同的高度,以使轴承旁连接螺栓的长度都一样,减少螺栓的品种。

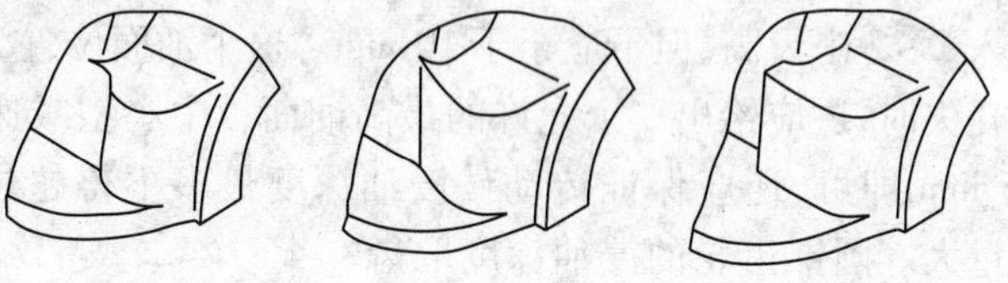

(a)　　(b)　　(c)

图 6-27　轴承座旁凸台在机壁外侧位置的结构

2. 机体的结构设计

机体的结构设计除轴承座部分外,其他部分的设计也不容忽视。现将设计要求阐明如下。

1)机盖大齿轮一端外轮廓半径的确定

计算公式如下

$$外轮廓半径 = 大齿轮齿顶圆半径 + \Delta_1 + \delta$$

式中　Δ_1——大齿轮齿顶圆至机体内壁的距离,一般取 $\Delta_1 = 1.2\delta = 10 \sim 15$ mm;

δ——机盖的壁厚,由表 5-1 给出。

所取轮廓半径在数值上应适当圆整。

2)机盖小齿轮一端外轮廓半径的确定

这一端的外轮廓圆弧半径不能像大齿轮一端那样用公式计算确定。因为小齿轮直径较小,按上述公式计算会使机体的内壁不能超出轴承座孔。一般,这个圆弧半径的选取应使得外轮廓圆弧线在轴承旁凸台边线的附近。

3)机盖和机座连接凸缘的设计及连接螺栓和输(回)油沟的布置

为了保证机体的刚度,机盖和机座的连接凸缘应有一定的厚度。一般取凸缘厚度为机体壁厚的 1.5 倍,即 $b = 1.5\delta$。为了保证机盖和机座连接处的密封性能,连接凸缘应有足够的宽度。宽度一般取 $B \geqslant (2 \sim 2.2)d_2$,对于外伸凸缘,常取 $B \geqslant \delta + c_1 + c_2$。其中 δ 为机体壁厚,c_1、c_2 为凸缘连接螺栓的扳手空间,可查表 6-2。凸缘的连接表面应精刨,其表面粗糙度应不大于6.3。密封要求高的表面要经过刮研。装配时可涂层密封胶，但不允许放任何垫片，以免影响轴承孔的精度。必要时，还可在凸缘上铣出回油沟，使渗入凸缘的连接隙面上的油通过回油沟重新流回到机体内部。

当轴承利用机体内的油润滑时，可在剖分面的连接凸缘上做出回油沟，使飞溅的润滑油沿机盖内壁经过回油沟通过端盖的缺口进入轴承。

为保证密封性，凸缘连接螺栓之间的距离不宜过大。对于中小型减速器，一般间距为100~150 mm；对于大型减速器，可取间距为150~200 mm。在螺栓的布置上应尽量做到均匀、对称，并注意不要与吊耳、吊钩和定位销等相干涉。

4）机体中心高和油面位置的确定

机体中心高的确定应防止浸油传动件回转时将油池底部沉积的污物搅起。大齿轮的齿顶圆到油池底面的距离应不小于30~50 mm。如果中心高H值与相连电动机的中心高相接近，最好就取电动机的中心高作为减速器的中心高，以使所设计的安装减速器和电动机的平台机架不需要再局部垫起，简化平台机架的结构。如果这两个中心高的数值相差甚远，就不能兼顾了。下置式蜗杆减速器的中心高常取(0.8~1)a，a为传动中心距，目的是使机体油池有足够的储油量。

圆柱齿轮应浸入1~2个齿高，但不应小于10 mm。这个油面位置为最低油面。当考虑使用中油不断蒸发耗失时，还应给出一个允许的最高油面。中小型减速器的最高油面比最低油面高出10~15 mm即可，还应保证传动件浸油深度最多不得超过齿轮半径的1/4~1/3，以免搅油损失过大。圆锥齿轮的浸油深度取齿宽的1/2作为最低油面位置，浸油也不应小于10 mm。对于下置式蜗杆，浸油深度取一个齿高作为最低油面，但不应超过滚动轴承最低滚动体中心，以免影响轴承密封和增加搅油损失。若超过滚动轴承最低滚动体中心，最低油面应以滚动体中心为准，在蜗杆轴上加设溅油盘装置，如图6-28所示。

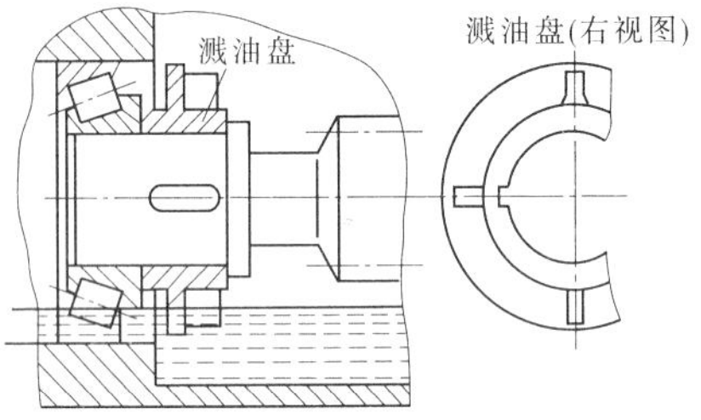

图6-28　溅油盘装置

按上面原则确定出机体中心高后，应该验算一下油池容积的储油量是否满足传递功率所需要的油量。油池容积V应大于或等于传动的需油量V_0。单级减速器每传递1 kW功率需油量为0.35~0.7 dm^3，多级减速器按级数成比例增加。需油量的小值用于低黏度油，大值用于高黏度油。油池容积越大，则油的性能维持得越久，因而润滑条件越好。如$V < V_0$，则应适当增大H。

5）机座底凸缘的设计和地脚螺栓孔的布置

机座底凸缘承受很大的倾覆力矩，应很好地固定在机架或地基上。因此，所设计的地脚座凸缘应有足够的强度和刚度。

为了增加机座底凸缘的刚度，常取凸缘的厚度$p = 2.5\delta$，δ为机座的壁厚。而凸缘的宽度按地脚螺栓直径d_f，由扳手空间c_1和c_2的大小确定，如图6-29所示。其中，宽度B应超过机座的内壁以增加结构的刚度，图6-29(c)因底座凸缘过窄，为不正确设计结构。

为了增加地脚螺栓的连接刚度，地脚螺栓孔的间隔距离不应太大，一般距离为150~200 mm。地脚螺栓的数量通常取4~8个。

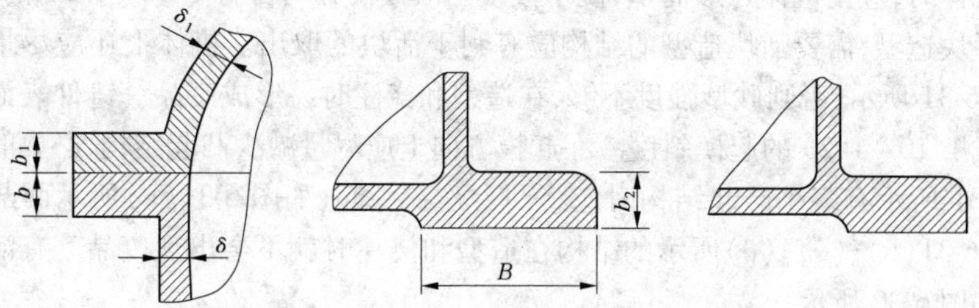

(a)　(b)　(c)

图 6-29　机座底凸缘的设计

6）机体结构要有良好的工艺性

机体结构工艺性的好坏，对提高加工精度和装配质量，提高劳动生产率及便于检修维护等方面有明显的影响，设计时应特别注意。

（1）铸造工艺的要求。

铸造机体的设计应考虑铸造工艺的要求，力求形状简单，壁厚均匀，过渡平缓，金属不要局部积聚。不宜采用形成锐角的倾斜肋和壁，如图 6-30 所示。

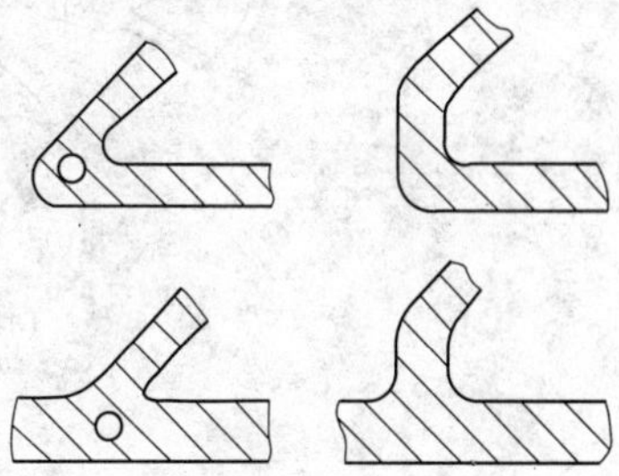

(a)不正确　(b)正确

图 6-30　箱壁铸造工艺结构

考虑到液态金属的流动性，铸件壁厚不可太薄，以免浇铸不足，其壁厚最小值列于表 6-3 中，砂型铸造圆角半径可取 $R \geqslant 5$ mm。

为了避免因冷却不均而造成的内应力裂纹或缩孔，机体各部分壁厚应均匀。当由较厚部分过渡到较薄部分时，应采用平缓的过渡结构。具体尺寸见表 6-4。

表 6-3　铸件壁厚最小值（砂型铸造）　（单位：mm）

材料	小型铸件 ≤200×200	中型铸件 （200×200）~（500×500）	大型铸件 >500×500
灰口铸铁	3~5	8~10	12~15
可锻铸铁	2.5~4	6~8	
球墨铸铁	>6	12	
铸钢	>8	10~12	15~20
铝	3	4	

表 6-4　铸件过渡部分尺寸　（单位：mm）

	铸件壁厚 h	x	y	R
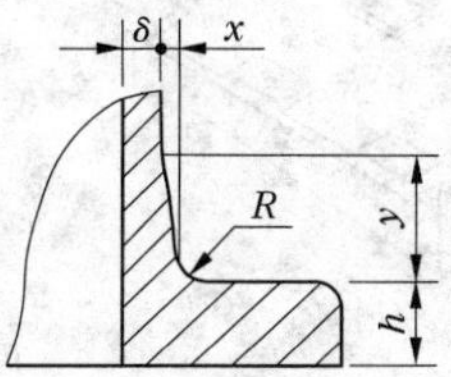	10~15	3	15	5
	15~20	4	20	5
	20~25	5	25	5

设计机体时,应使机体外形简单,便于拔模。沿拔模方向可有 1∶10 ~ 1∶20 的拔模斜度。尽量避免活块造型,需要活块造型的结构应有利于活块的取出。机体上还应尽量避免出现狭缝,如图 6-31 所示,否则砂型强度不够,在造型和浇注时易形成废品。铸件表面沿起模方向应设计成 1∶10 ~ 1∶20 的起模斜度。在起模方向上应尽量减少凸起结构,必要时可设置活块,如图 6-31 所示有多个凸起结构时应将凸台连在一起,如图 6-31(a)所示两凸台距离 m 太小,如图 6-31(b)、(c)、(d)所示的结构在造型和浇注时就不会出现废品。有活块模型的拔模过程如图 6-32 所示。

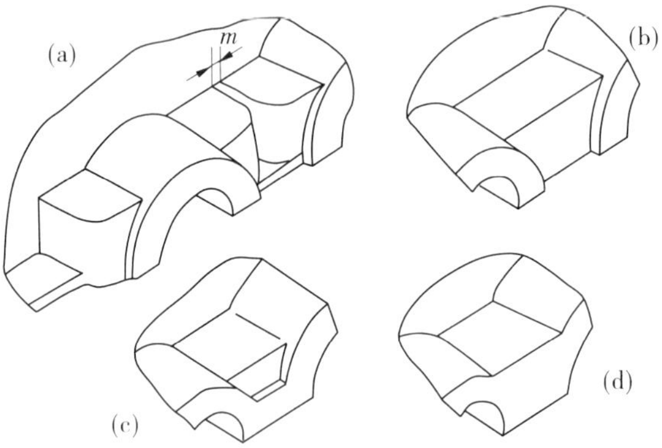

(a)不好　　(b)(c)(d)好

图 6-31　设计避免出现狭缝

整体木模不能取出　　铸件　　分体木模　　取出主体留下活块　　取出活块

图 6-32　有活块模型的起模过程

(2)机械加工的要求。

机体结构形状的设计应尽可能减少机械加工的面积,以提高劳动生产率和减少刀具的磨损。在图 6-33 所示的机座底面结构中,图 6-33(b)、(c)为较好的结构,图 6-33(a)为不合理的结构。

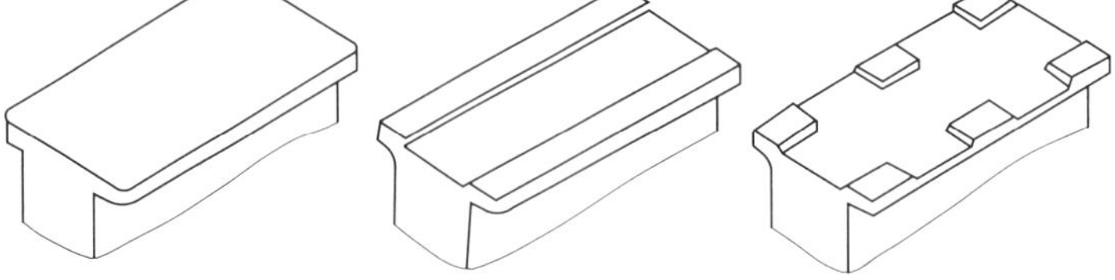

(a)不好　　(b)好　　(c)好

图 6-33　机座底面结构

为了保证加工精度并缩短加工工时,应尽量减少在机械加工时工件和刀具的调整次数。例如,同一轴心线上的两轴承座孔直径应尽量一致,以便于镗孔和保证镗孔精度。又如,同一方向的平面应尽量一次调整加工。所以,各轴承座端面都应在同一平面上。机体的任何一处加工面与非加工面必须严格分开,例如,机盖的轴承座端面需要进行加工,因而应当凸出。

螺栓连接的支承面均应做出凸台或沉头座并应当进行机械加工,经常采用圆柱铣刀铣平台或锪平成沉头座结构。如图 6-34(a)所示为用圆柱铣刀锪平沉头座,图 6-34(b)所示为圆柱铣刀铣平台,图 6-34(c)、(d)所示为圆柱铣刀不能从下方进行加工时的方法。

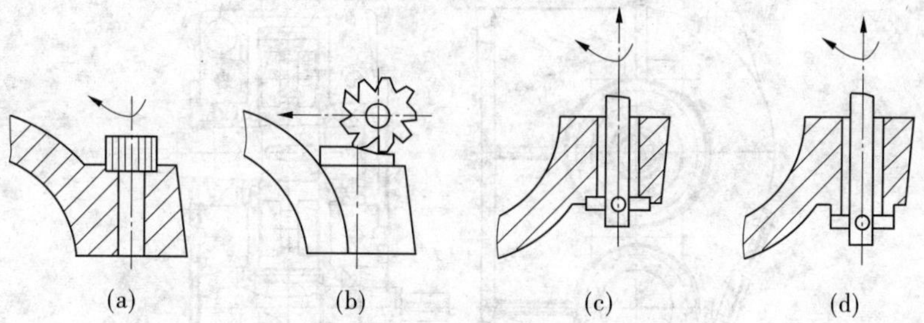

图 6-34　凸台及沉头座的加工方法

7)有关方箱式机体结构的介绍

目前,为了提高机体的刚性,方箱式机体日益得到广泛应用。如图 6-35 所示为方箱式机体结构的几种常见形式。这种结构采用内肋来增加轴承座刚度,采用了便于拆装的双头螺柱或内六角螺钉的连接结构,不用底凸缘面,将底座下部四角凹进一块,放置地脚螺栓,使机体结构更加紧凑,而外表显得平整,造型更加美观、新颖。

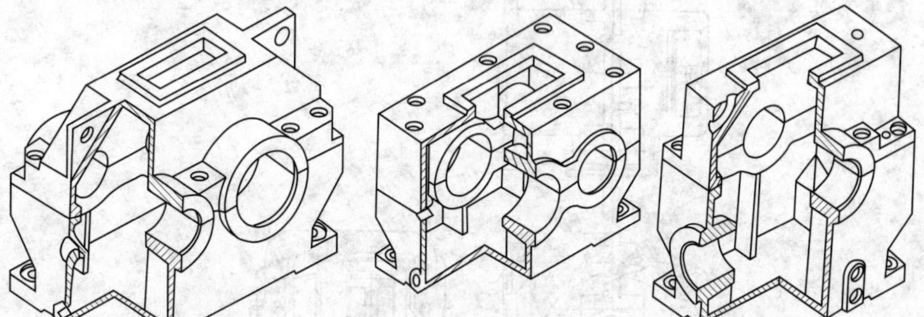

图 6-35　方箱式机体结构

(二)减速器机体上的附属零件设计

为了保证减速器的正常工作,还应考虑到怎样才能便于观察、检查箱内传动件的工作情况,怎样才能便于润滑油的注入、润滑油的排放及箱内油面高度的检查,怎样才能便于机体、机盖的开启和精确的定位,怎样才能便于吊装、搬运减速器等问题。因此,在减速器上还要设计一系列辅助零部件,称为减速器附件。这些附件的作用、结构形式、布局等在第五章已经讲过,这里不再重述。

减速器附件设计工作完成后,装配草图的设计工作也就基本完成了。

图 6-36 ~ 图 6-39 为最终装配草图的完成图。

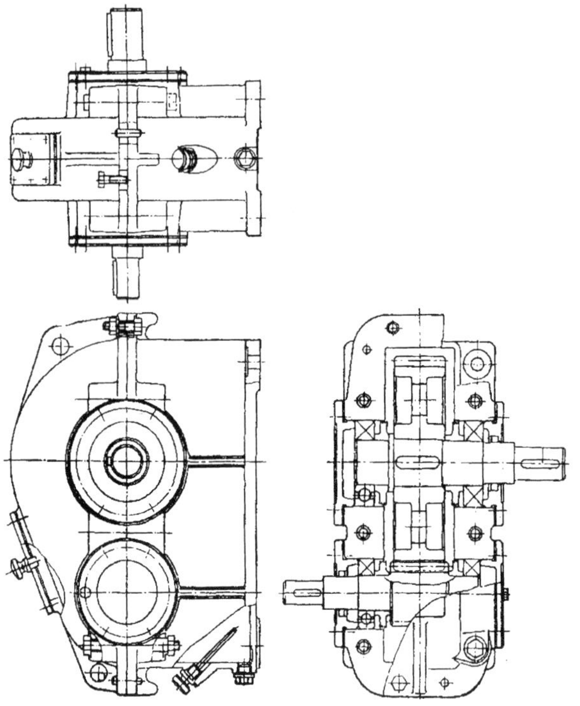

图 6-36　一级圆柱齿轮减速器装配完成草图

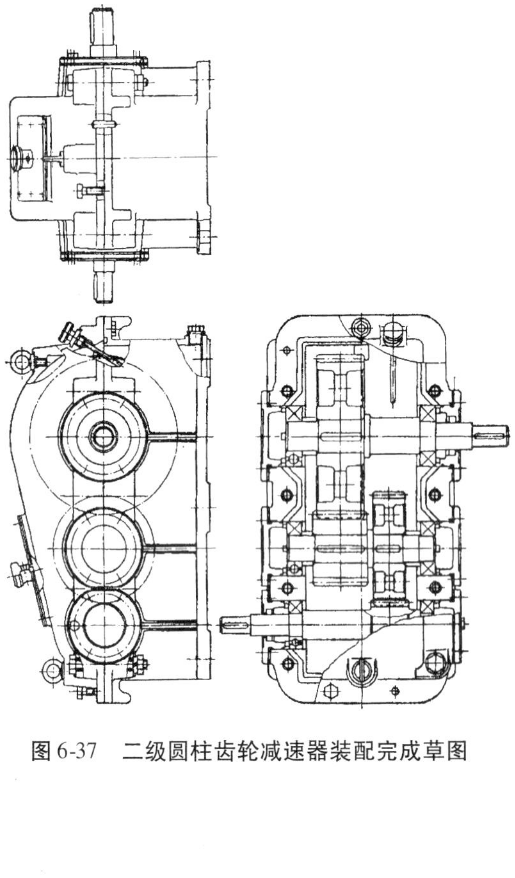

图 6-37　二级圆柱齿轮减速器装配完成草图

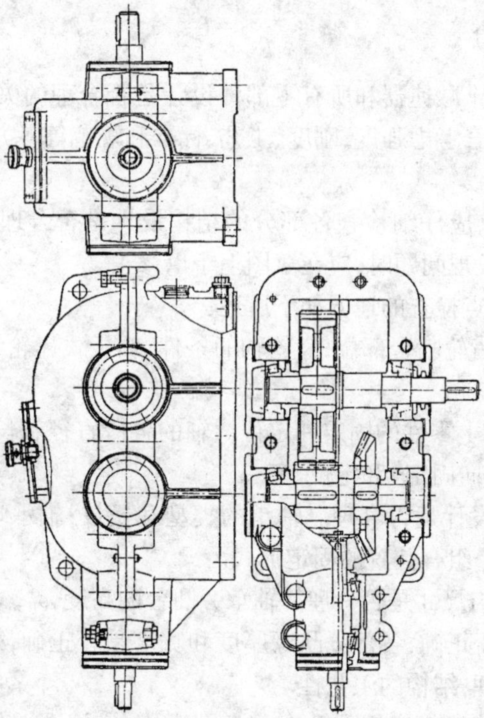

图 6-38　圆锥－圆柱齿轮减速器装配完成草图

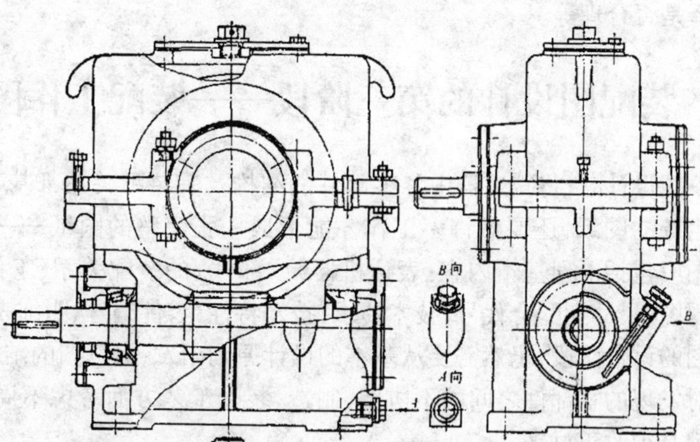

图 6-39　一级蜗杆减速器装配完成草图

五、装配草图的检查

装配草图的设计是整个减速器和所有零部件设计是否合理的关键。设计时,应把主要精力放到结构设计上。综合考虑强度、刚度、工艺、标准和规范等各方面的问题,解决好各方面的矛盾。

草图设计基本完成后,应仔细检查各部分的结构设计是否合理,审查视图表达是否完整,投影关系是否合理。发现问题时,应在草图上予以修正。

在结构设计方面应重点检查的地方如下所述:

(1)齿轮结构。配对齿轮啮合部位,齿轮轴的条件,辐板式齿轮结构尺寸及与生产批量的关系。

(2)轴的结构尺寸、轴上零件的固定和定位。轴的各段直径和长度是否合理,轴上各零件是否固定(周向固定、轴向固定)和定位。

(3)轴承组合结构的设计是否合理。轴承的类型和摆放,轴承端盖的结构,密封结构,挡油板的结构和位置,整个组合装置的固定形式。

(4)机体各部分结构与尺寸是否合理。轴承旁凸台的高度,c_1、c_2 是否保证,三视图投影关系是否正确,中心高是否正确,各部分凸缘厚度和宽度是否正确,螺栓、定位销、起盖螺钉和吊耳、吊钩布置是否合理,结构的工艺性。

(5)附件的设计是否合理。窥视孔凸台与尺寸大小,窥视孔盖的结构,吊环螺钉、吊耳和吊钩的结构与位置,油面指示器的位置和结构,放油孔凸台的位置,定位销的尺寸和布局,通气器的结构选择是否合理等。

第四节　装配图设计的第三阶段——装配工作图设计

减速器装配草图设计时,将减速器中各零部件的结构及其装配关系都基本确定了。但作为正式使用于生产的图纸,还要做许多工作才能形成一张完整的图纸——装配工作图。一张完整的装配图应包括下列基本内容:表达机器(或部件)的装配关系、工作原理和零件主要结构的一组视图,尺寸和配合代号,技术要求,技术特性,零件编号、明细表及标题栏。

在装配工作图的设计阶段,仍然需要从基本的设计原则出发,对草图的结构设计进行认真的分析检查。对发现的零部件之间的不协调,制造、装配工艺方面考虑不周之处,在装配工作图的设计中都必须改正过来。

下面对这几个问题分别进行说明。

一、装配工作图中视图的绘制

装配工作图的视图应该符合国家机械制图标准的规定,以两个或三个视图为主,以必要剖面或局部视图为辅。要尽量把减速器的工作原理和主要装配关系集中表达在一个基本视图上。对于齿轮减速器,应尽量集中在俯视图上;对于蜗杆减速器,可取主视图为基本视图。装配工作图的各视图应当能完整、清晰地表示各零件的结构形状和尺寸,尽量避免采用虚线。必须表达的内部结构和局部结构可以采用局部剖视图,局部剖视图必须表达清楚,必要时可局部移出放大比例。

画剖视图时，相连接的零件的剖面线方向或剖面线的间距应不同，以便区别。对于剖面厚度尺寸较小（≤ 2 mm）的零件，如垫片，其剖面线允许采用涂黑表示。应该特别注意的是，同一零件在各视图上，其剖面线的方向和间距应一致。

根据机械制图国家标准规定，在装配工作图上，某些结构可以采用省略画法、简化画法和示意画法。例如，相同类型、规格、尺寸的螺栓连接，可以只画出一个，其他用中心线表示，但所画的一个必须在各视图上表达完整。又例如，螺栓、螺钉、螺母等可以用简化画法，滚动轴承可以用简化画法或示意画法。但一张图纸上采用的画法风格应一致。

装配图打完底稿后，最好先不要加深，因设计零件工作图时可能还要修改装配图中的某些局部结构或尺寸。待零件工作图设计完成，对装配图进行必要的修改后再加深完成装配工作图的设计。

二、装配工作图的尺寸标注

由于装配工作图是装配、安装及包装减速器时所依据的图样，因此在装配图上应标注出以下四类尺寸：

（1）特性尺寸。表明减速器性能、规格和特征的尺寸为减速器的特性尺寸，如传动零件的中心距及其偏差等。

（2）配合尺寸。减速器中主要零件的配合处都应标出基本尺寸、配合性质和公差等级。

配合性质和公差等级的选择对减速器的工作性能、加工工艺及制造成本等都有很大影响，它们也是选择装配方法的依据，应根据有关资料认真确定。

（3）安装尺寸。减速器在安装时，要与基础、机架或机械设备的某部分相连接。同时，减速器还要与电动机或其他传动部分相连接。这就需要在减速器的装配工作图上标注出与这些相关零件有关系的尺寸——安装尺寸。

减速器装配工作图上的安装尺寸主要有：机体底座的尺寸，地脚螺栓孔的直径、间距、定位尺寸（地脚螺栓孔至高速轴中心线的水平距离），伸出轴端的直径和配合长度以及轴外伸端面与减速器某基准轴线的距离、外伸端的中心高等。

（4）外形尺寸。是表示减速器大小的尺寸，以供考虑所需空间大小及工作范围、车间布置及包箱运输时参考，如减速器的总长、总宽和总高的尺寸均属于外形尺寸。

标注尺寸时，应使尺寸线布置整齐、清晰，并尽可能集中标注在反映主要结构关系的视图上。多数尺寸应注在视图图形的外边，数字要书写得工整、清楚。

三、装配工作图上零件序号、明细栏和标题栏的编写

为了便于了解减速器的结构和组成，便于装配减速器和做好生产准备工作，必须对装配图上每个不同零部件进行编号，同时，编制出相应的明细栏和标题栏。

（一）零件序号的编注

零件序号的编注应符合国家机械制图标准的有关规定，避免出现遗漏和重复。编号应尽量按顺序整齐排列。凡是形状、尺寸及材料完全相同的零件，应编为一个序号。编号的指引线用细实线引到视图的外面，指引线之间不得相交，通过剖面时也不应与剖面线平行，但允许指引线折弯一次。对于装配关系明显的零件组，如螺栓、螺母及垫圈这样的零件组，可共用一条指引线，但应分别予以编号。有些独立的部件，如组合式蜗轮、滚动轴承、通气器和

油标等，虽然是由几个零件所组成的，也只编一个序号。序号应安排在视图外边，可沿水平方向或垂直方向顺序排列整齐。序号的字体要求书写工整，字高要比尺寸数字高度大 1 ~ 2 号（如尺寸数字高 5 mm，序号数字则应高 7 mm 或 10 mm）。

（二）明细栏

明细栏是装配图上所有零部件的详细目录。明细栏应注明各零部件的序号、名称、数量、材料及标准规格等内容。填写明细栏的过程也是最后确定各零部件的材料和选定标准件的过程，应尽量减少材料和标准件的品种与规格。

明细栏应紧接在标题栏之上，自下而上按序号顺序填写。各标准件均需按规定标记书写，写明零件名称、材料、主要尺寸及标准代号。材料应标注具体的牌号。齿轮等零件应注出主要参数，如模数 m、齿数 z 和螺旋角 β 等。

（三）标题栏

标题栏是表明装配图的名称、绘图比例、件数、质量和图号的表格，也是设计者和单位及各种责任者签字的地方。

标题栏应布置在图纸的右下角，紧贴图框线。标题栏的格式已由《技术制图与机械制图》（GB 10609.1—2008）作了规定。由于尺寸较大，内容较多，所以在机械设计基础课程设计时推荐采用简化的明细栏和标题栏，其格式如图 6-40 所示。

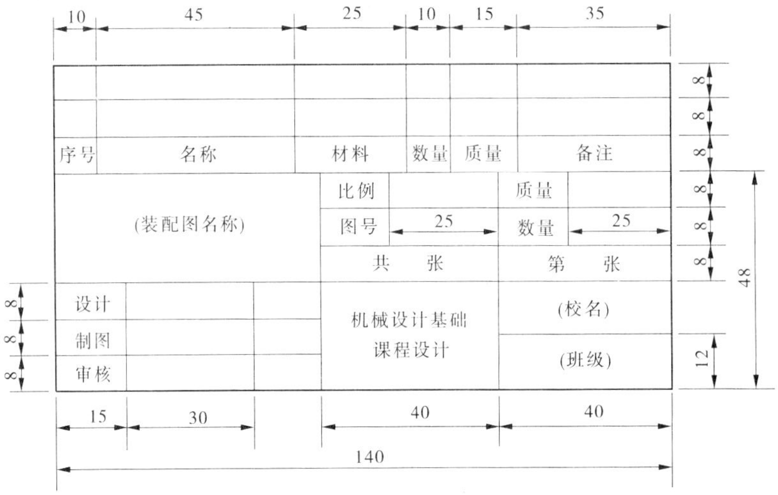

图 6-40　简化的明细栏和标题栏的格式

四、编制减速器的技术特性表

为表明设计的减速器的各项运动参数、动力参数及传动件的主要几何参数，在减速器的装配图上还要以表格形式将这些参数列出。下面给出两级圆柱斜齿轮减速器的技术特性的示范表（见表 6-5），供设计者参考。

五、编写减速器的技术要求

装配图上都要标明一些在视图上无法表达的关于装配、调整、检验、维护等方面的设计要求，以保证减速器的各种性能。这些设计要求就是技术要求。

技术要求通常包括下面几方面的内容。

表 6-5　减速器的技术特性示范表

输入功率 (kW)	输入转速 (r/min)	效率 (%)	总传动比 i	传动特性				
				传动级	m	z	β	精度等级
				高速级				
				低速级				

(一)对零件的要求

在装配之前,应按图纸要求检验零件的配合尺寸,合格的零件才能装配。所有零件在装配前要用煤油或汽油清洗,机体内不许有任何杂物存在,机体内壁应涂上防侵蚀的涂料。

(二)对润滑剂的要求

润滑剂起到减小摩擦、降低磨损和散热冷却的作用,对传动性能有很大影响,所以在技术要求中应标明传动件和轴承所用润滑剂的牌号、用量、补充和更换的时间。

选择润滑剂应考虑传动类型、载荷性质及运转速度等因素。一般对重载、高速、频繁启动、反复运转等情况,由于形成油膜条件差、温升高,应选用黏度高、油性和极压性好的润滑油。对轻载、间歇工作的传动件可取黏度较低的润滑油。

当传动件与轴承采用同一润滑剂时,应优先满足传动件的要求,适当兼顾轴承的要求。

对多级传动,由于高速级和低速级对润滑油黏度的要求不同,选用时可取其平均值。

一般齿轮减速器常用 40 号 ~70 号机械油。对中、重型齿轮减速器,可用汽缸油、28 号轧钢机油、齿轮油(HL－20、HL－30)及工业齿轮油、极压齿轮油。对蜗杆减速器可用机械油、汽缸油、齿轮油及复合型润滑油。

传动件和轴承所用润滑剂的具体选择方法可参阅教材或课程设计手册有关部分。换油时间取决于油中杂质的多少及氧化与污染的程度,一般为半年左右更换一次。当轴承采用润滑脂润滑时,轴承空隙内润滑脂的填入量与速度有关,若轴承转速 $n<1\ 500$ r/min,润滑脂填入量不得超过轴承空隙体积的 2/3;若轴承转速 $n>1\ 500$ r/min,则不得超过轴承空隙体积的 1/3 ~1/2。润滑脂用量过多会使阻力增大,温升提高,影响润滑效果。

(三)对密封的要求

在试运转过程中,所有连接面及轴伸密封处都不允许漏油。剖分面允许涂以密封胶或水玻璃,但不允许使用任何垫片。轴伸处密封应涂上润滑脂,对橡胶唇形密封圈应注意按图纸所示方向安装。

(四)对安装调整的要求

在减速器进行装配时,滚动轴承必须保证有一定的轴向游隙。应在技术要求中提出游隙的大小。因为游隙的大小将影响轴承的正常工作。游隙过大会使滚动体受载不均,轴系窜动;游隙过小会妨碍轴系因发热而伸长增加轴承阻力,严重时会将轴承卡死。当轴承支点跨度大、运转温升高时,应取较大的游隙,或用一端固定、一端游动的支承结构。

当两端固定的轴承结构中采用不可调间隙的轴承(如深沟球轴承)时,可在端盖与轴承外圈端面间留有适当的轴向间隙 Δ,Δ 一般取 0.25 ~0.4 mm,如图 6-41 所示,以允许轴的热伸长,间隙的大小可以用垫片调整。该图还给出了用调整垫片调整轴向间隙 Δ 的方法。先用端盖将轴承顶紧到轴只能勉强转动,这时轴承轴向间隙基本消除,而端盖与轴承座端面之间有间隙 δ,δ 值由塞尺量得,再用厚度为 δ + Δ 的调整垫片置于端盖与轴承座之间,拧紧端盖螺钉,即可得到需要的间隙。调整垫片可采用一组厚度不同的软钢(通常用 08F 钢)薄片组成,其总厚度为 1.2 ~2 mm。

对间隙可调的轴承,如角接触轴承,应仔细调整其游隙。这种游隙一般较小,以保证轴承刚性和减少噪声、振动。当运转温升小于 20 ~30 ℃时,游隙 Δ 的推荐值请查本书参考资料相关部分内容。

轴承的轴向间隙还可以采用圆螺母中调节螺钉结构形式进行调整,如图 6-42 所示。调整时先把螺母或螺钉拧紧至基本消除轴向间隙,然后退转螺母或螺钉至需要的轴向间隙,再用锁紧螺母(背帽)锁紧即可。这种结构中端盖与轴承座之间的垫片不起调整作用,只起密封作用。

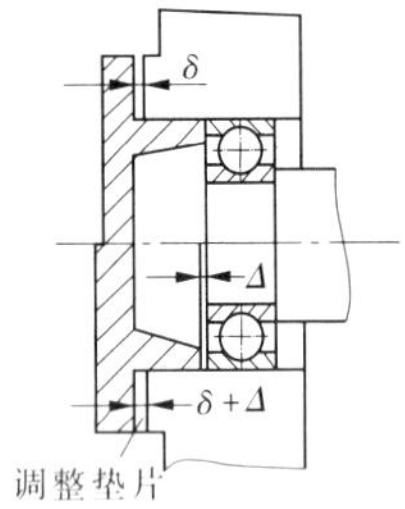

图 6-41　轴向间隙 Δ

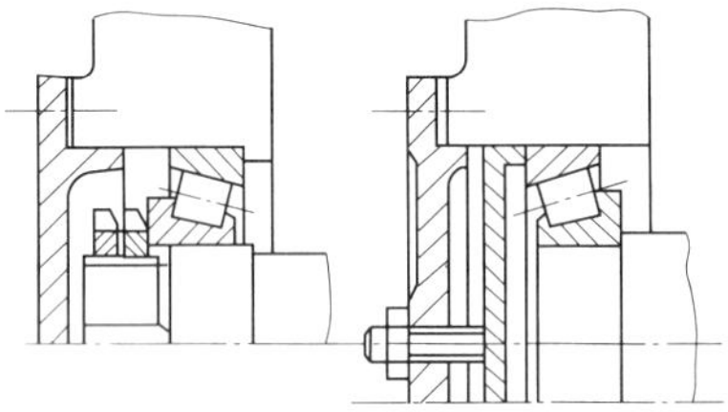

图 6-42　调节螺钉调整的轴向间隙 Δ

在安装齿轮或蜗杆蜗轮后,必须保证需要的侧隙及齿面接触斑点,所以在技术要求中必须提出这方面的具体数值,供安装后检验用。侧隙和接触斑点的数值由传动精度确定,可从相关的表中查取。

传动侧隙的检查可以用塞尺或铅片塞进相互啮合的两齿间,然后测量塞尺厚度或铅片变形后的厚度。

接触斑点的检查是在主动轮齿面上涂色,当主动轮转动 2 ~3 周后,观察从动轮齿面的着色情况,由此分析接触区的位置及接触面积的大小。

当传动侧隙及接触斑点不符合要求时,可对齿面进行刮研、跑合或调整传动件的啮合位置。对于圆锥齿轮减速器,可通过垫片大小调整圆锥齿轮的位置,使两圆锥齿轮的锥顶重合。对于蜗杆减速器,可调整蜗轮轴承的垫片(一端加垫片,一端减垫片),使蜗轮的中间平面与蜗杆轴心线重台。

对于多级传动,当各级的侧隙和接触斑点要求不同时,应分别在技术要求中标明。

(五)对试验的要求

减速器装配好后,在出厂前应对减速器进行试验,试验的规范和要求达到的指标应在技术要求中给出。

试验分空载试验和负载试验两个阶段。一般情况下,做空载试验要求正反转各 1 h,要求运转平稳,噪声小,连接固定处不得松动;负载试验时按 25%、50%、75%、100%、125% 逐级加载,各运转 1 ~2 h,油池温升不得超过 35 ~40 ℃,轴承温升不得超过 40 ~50 ℃等。

(六)对包装、运输和外观的要求

对外伸轴及其零件需涂油包装严密,机体表面应涂漆,运输和装卸不可倒置等特殊要求应在技术要求中标明。

六、装配工作图的检查

绘制好装配工作图之后,应仔细检查图纸的设计质量,力求提供一张能用于生产的合格图纸。

主要检查以下几个方面的内容。

(一)视图

检查视图是否清楚表达减速器的工作原理和装配关系,投影关系是否正确,视图是否足够,是否符合机械制图国家标准。

(二)零部件结构

检查各零部件结构是否有错误,特别注意检查传动件、轴、轴承组合和机体的结构是否有重大错误,检查减速器的装拆、调整、维修和润滑是否可行和方便。

(三)尺寸

检查尺寸标注是否正确,尺寸是否符合标准系列,尺寸是否需要圆整,重要零件的位置、尺寸是否符合设计计算的要求,是否与零件工作图一致,相关零件尺寸是否协调,配合和公差等级的选择是否适当和合理等。

(四)技术特性表

检查表内各项数据和单位是否正确。

(五)技术要求

检查所提各项要求是否合理。

(六)序号、明细栏和标题栏

检查序号与明细栏是否相符,序号有无遗漏或重复,明细栏和标题栏内各项内容填写是否正确。

(七)文字和数字

文字和数字均应按机械制图国家标准规定的格式与字体书写,保证清晰和工整,应保持图面的整洁美观。

(八)图纸幅面与图框线应符合机械制图国家标准的规定

图纸仔细检查并修改后,再进行描粗和加深,完成后签上设计者的姓名和完成日期,再请设计指导教师审查、签字。

七、典型减速器装配图

减速器类型很多,下面给出简单减速器的装配工作图。

(1)一级圆柱齿轮减速器装配工作图如图 6-43 所示。

(2)一级圆柱齿轮减速器装配结构图如图 6-44 所示。

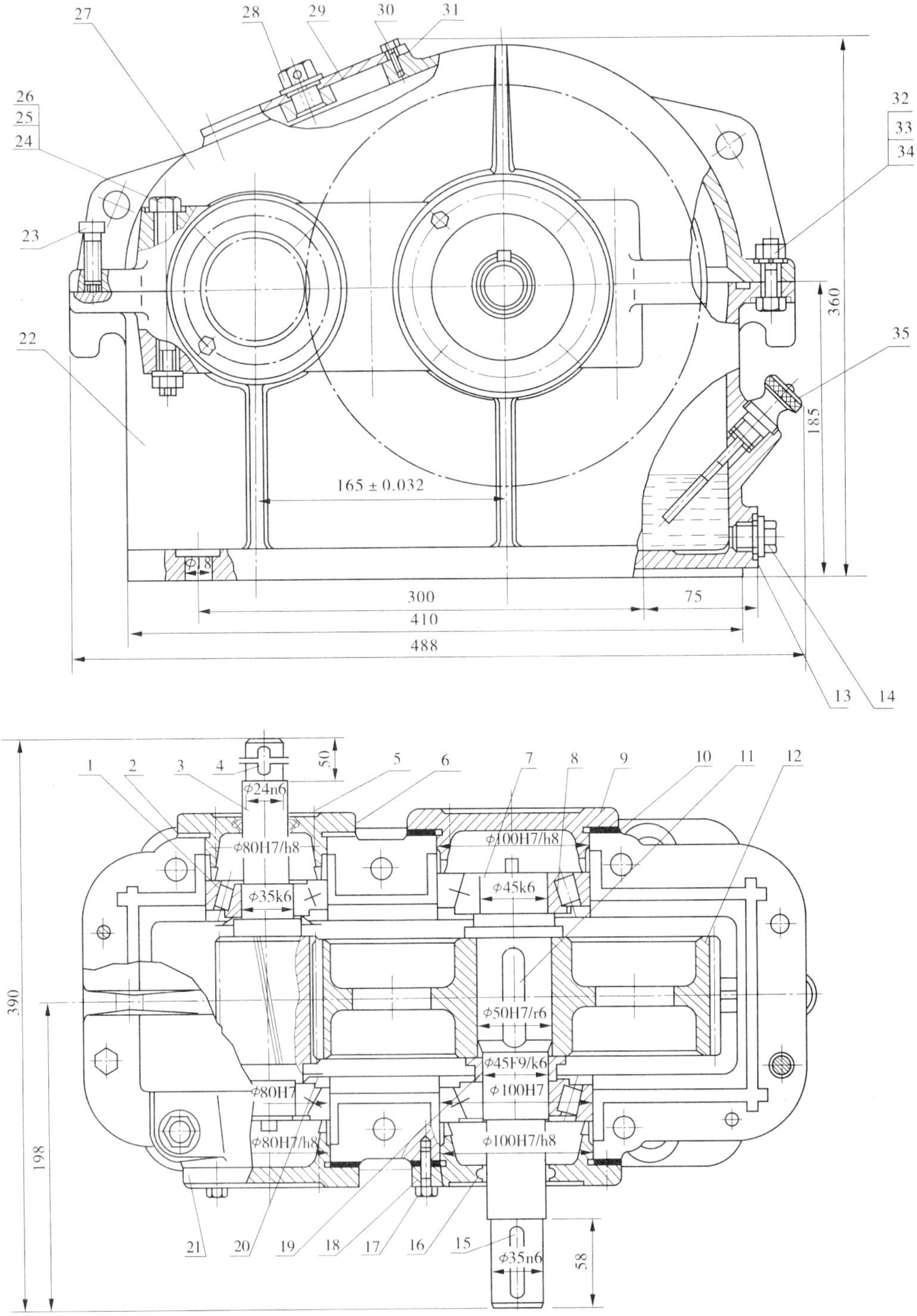

图 6-43　一级圆柱齿轮减速器装配工作图

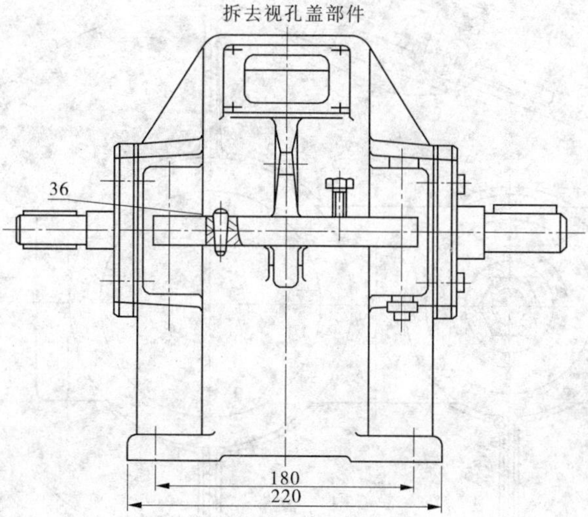

技术特性

输入功率(kW)	输入转速(r/min)	转动比 i	效率 η	传动特性				
				β	m_n	齿数		精度等级
3.42	720	4.15	0.95	12°14′19″	2.5	z_1	25	8GJ GB/T 10095—1988
						z_2	104	8HK GB/T 10095—1988

技术要求

1. 装配前，所有零件需用煤油清洗，滚动轴承用汽油清洗，箱内不许有任何杂物，内壁用耐油油漆涂刷两次
2. 齿轮啮合侧隙用铅丝检验，其侧隙值不小于 0.16 mm
3. 检验齿面接触斑点，按齿高不小于 45%，按齿长不小于 60%
4. 滚动轴承 30207、30209 的轴向调整游隙均为 0.05～0.1 mm
5. 箱内加注 L－AN150 全损耗系统用油（GB/T 443—1989）至规定油面高度
6. 剖分面允许涂密封胶或水玻璃，但不允许使用任何填料，剖分面、各接触面及密封处均不得漏油
7. 减速器外表面涂灰色油漆
8. 按试验规范进行，并符合规范要求

序号	名称	数量	材料	标准及规格	备注
36	圆锥销	2	35	销 GB/T 117—2000－A8－30	
35	油标尺	1	0235－A		组合件
34	弹簧垫圈	2	65 Mn	垫圈 GB/T 93—1987－10	
33	螺母	2	0235－A	螺母 GB/T 93—1987－M10	
32	螺栓	2	Q235－A	螺栓 GB/T 5782—2000－M10	
31	垫片	1	橡胶		
30	螺钉	4	Q235－A	螺钉 GB/T 6170—2000－M6×16	
29	视孔盖	1	Q235－A		
28	通气塞	1	Q235－A		
27	箱盖	1	HT200		
26	弹簧垫圈	6	65Mn	垫圈 GB/T 93—1987－12	
25	螺母	6	Q235－A	螺母 GB/T 6176—2006－M12	
24	螺栓	6	Q235－A	螺栓 GB/T 5782—2000－M12×120	
23	启盖螺钉	1	Q235－A	螺栓 GB/T 5783—2000－M10×35	
22	箱座	1	HT200		
21	轴承端盖	1	HT200		
20	挡油环	2	Q235－A		冲压件
19	轴套	1	45		
18	轴承端盖	1	HT200		
17	螺钉	16	Q235－A	螺栓 GB/T 5783—2000－M8×25	
16	毡圈	1	半圈羊毛毡	毡圈 42 JB 145—1979	
15	键	1	45	键 10×50 GB/T 1096—1979	
14	油塞	1	Q235－A	M16×1.5	
13	封油垫	1	石棉橡胶纸		
12	齿轮	1	45	$m_n=2.5, z=104$	
11	键	1	45	键 14×63 GB/T 1096—1979	
10	调整垫片	2 组	08F		
9	轴承端盖	1	HT200		
8	圆锥滚子轴承	2		滚动轴承 30209 GB/T 297—1994	
7	轴	1	45		
6	轴承滑盖	1	HT200		
5	毡圈	1	半圈羊毛毡	毡圈 32 JB 145—1979	
4	键	1	45	键 8×45 GB/T 1096—1999	
3	齿轮轴	1	45	$m_n=2.5, z=25$	
2	调整垫片	2 组	08F		
1	圆锥滚子轴承	2		承功轴承 30207 GB/T 297—1994	

一级圆柱齿轮减速器		比例	图号	质量	共 张
					第 张
设计		机械设计		（校名）	
绘图					
审核		课程设计		（班名）	

续图 6-43

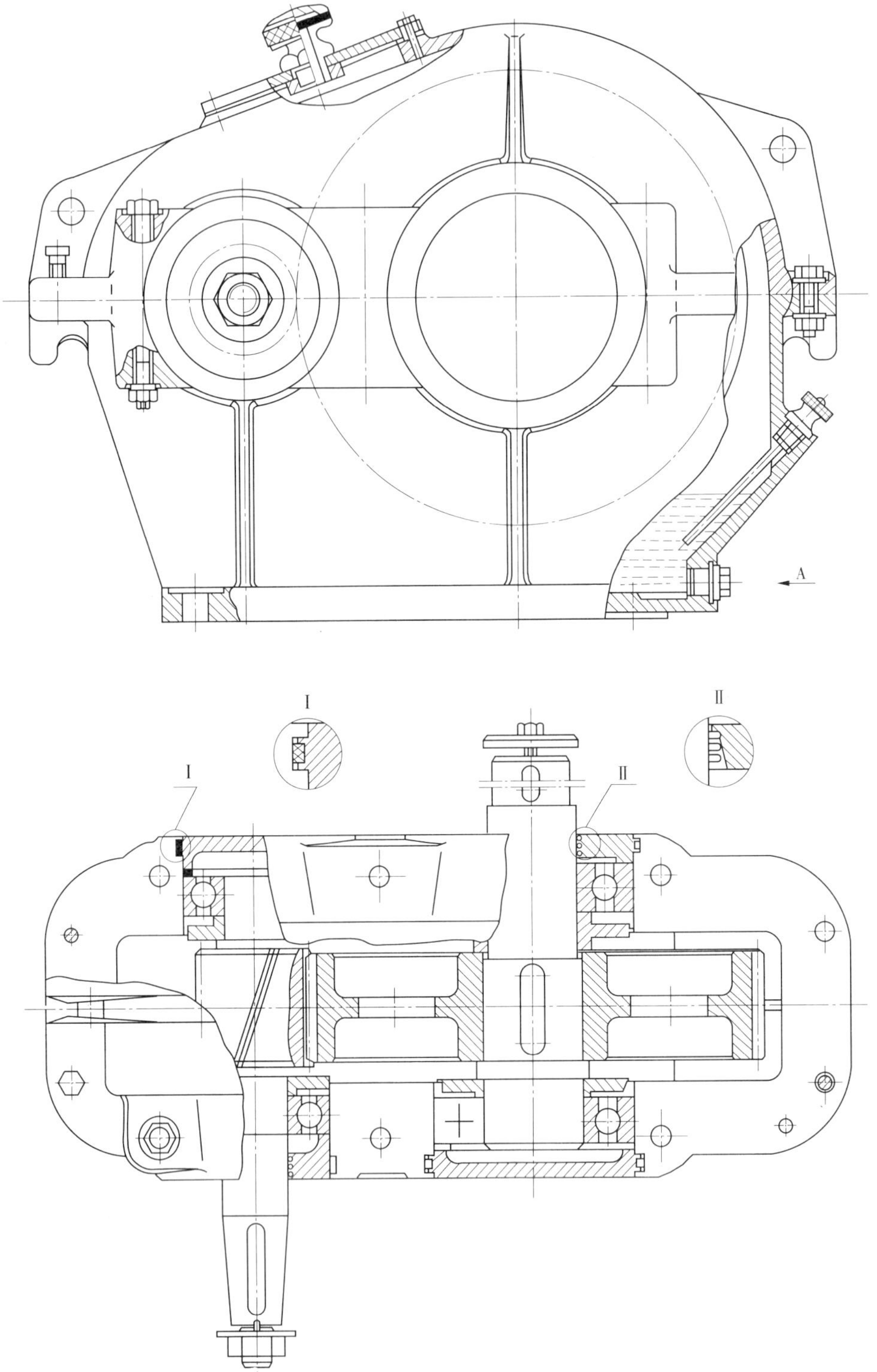

图 6-44　一级圆柱齿轮减速器装配结构图

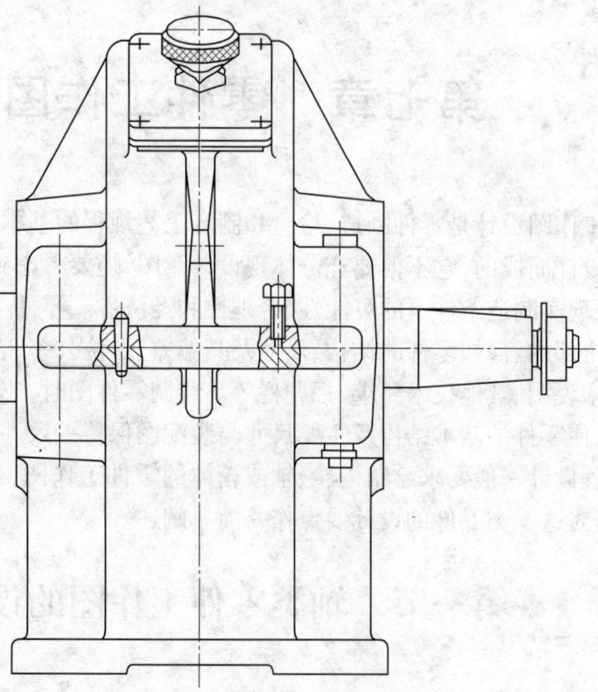

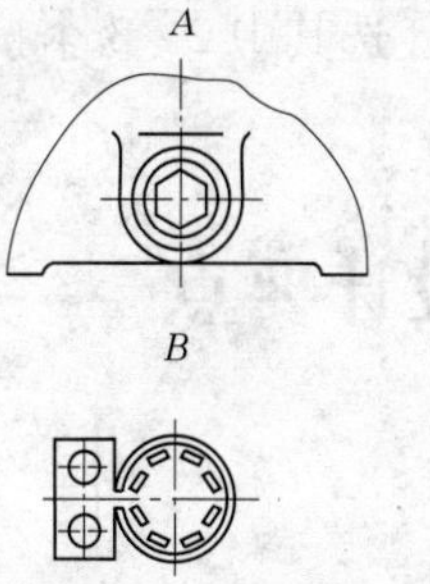

轴承部件结构方案

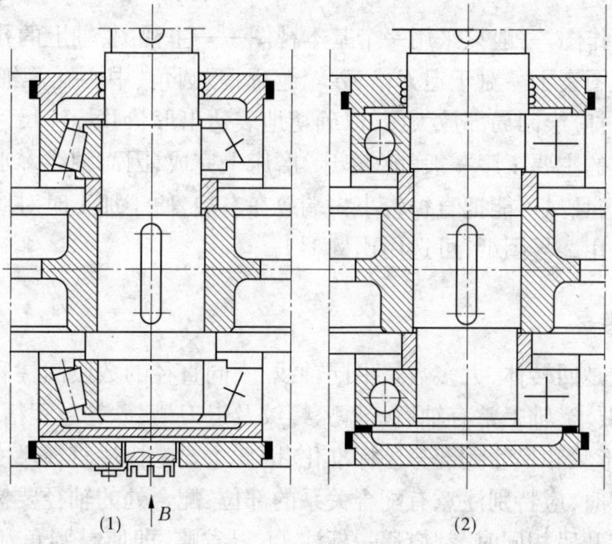

结构特点

本图为一级斜齿圆柱齿轮减速器结构图。因轴向力不大，故选用深沟球轴承。由于齿轮的圆周速度不高，故轴承采用脂润滑。选用嵌入式轴承端盖，结构简单，可减小轴向尺寸和质量，嵌入式轴承盖与轴承座孔嵌合处有 O 形橡胶密封圈。

外伸轴与轴承盖之间采用油沟式密封，并制有回油沟，可防止漏油。箱座侧面设计成倾斜式，不但减轻了质量，而且也减小了底部尺寸。高速轴外伸端采用圆锥形结构，目的是便于轴端上零部件的装拆。

轴承部件结构方案(1)采用了螺钉调节方式(并设计有螺纹防松装置)，可在不启开箱盖条件下方便地调节圆锥滚子轴承的游隙，轴承部件结构方案(2)系轴上零件必须从一端装入的情况，此结构要求齿轮与轴的配合偏紧一些。这两种方案轴承的润滑都采用飞溅润滑方式。

续图 6-44

第七章　零件工作图设计

零件工作图设计是零件制造、检验和制定工艺规程的基本技术文件，是在装配图的基础上拆绘和设计而成的，它不但要充分体现设计意图，还要考虑到工厂内部制造的加工工艺性要求，保证现实制造条件下的可能性、合理性和经济性。零件工作图应包括制造和检验零件时所需的全部内容，如零件的结构、尺寸及其偏差、形位公差、表面粗糙度、材料、热处理和热处理的技术说明、其他技术要求、标题栏等。绘制零件图时，应注意其内容的准确性、完整性与合理性，使零件的基本结构及主要尺寸与装配图保持一致。

本课程设计一般要求绘制齿轮、轴或箱体的零件工作图，任选其中 2 ~ 3 个按合适比例绘制，这里对这三类零件的设计要点作一简单阐述。

第一节　轴类零件工作图的设计要点

一、视图设计

轴类零件的工作图，一般只采用一个基本视图——主视图，轴上的孔、键槽等结构，常采用局部剖视或断面图表示。对于退刀槽、砂轮越程槽、圆角、中心孔等细小结构或不易表达清楚的部位，必要时应绘制局部放大图，以确切地表达出形状并标注尺寸。

轴类零件加工的主要工序一般都在车床、磨床上完成，因而轴线多水平放置作为主视图的投射方向和位置，且尽可能把直径较小一端放在右边，便于加工时对照实物。

绘图时一般采用 2 号图纸，可选用比例 1∶1。

二、尺寸标注

轴类零件一般是回转体，大多数是由同轴线、不同直径的数段圆柱和圆锥构成。根据设计、安装和加工的要求，轴上常有轴肩、键槽、螺纹及退刀槽、砂轮越程槽、圆角、倒角、中心孔等结构，而它们的形状和尺寸大部分已标准化，因此主要是标注直径尺寸和轴向长度尺寸。

标注直径尺寸时，应特别注意有配合关系的部位，配合处的轴径要标出尺寸偏差。当各轴段直径和偏差有几段相同时，都应逐一标注，不得省略，即使是圆角和倒角等细小部位的结构尺寸也应标注无遗，或者在技术要求中专门说明。

标注长度尺寸时，既要满足零件尺寸的精度要求，又要符合机械加工的工艺过程，须对零件进行结构分析和工艺分析，选择合理的标注形式，以免给机械加工造成困难或者给操作者带来不便。一般选择回转体轴线作为径向尺寸基准，而轴向尺寸基准常选重要端面、接触面（轴肩）或加工面等，要注意考虑基准面的合理性及尺寸链的优化，应根据加工工艺性选择定位基准面，避免出现封闭的尺寸链，重要尺寸要直接标注。

为使轴类零件的尺寸标注具有合理性，应注意下面具体事项：

（1）图 7-1 所示为主、辅基准利用。

(2)图 7-2 和图 7-3 所示为轴的加工顺序简图和考虑加工顺序时轴的尺寸标注。
(3)图 7-4 所示为按加工方法分列尺寸等。

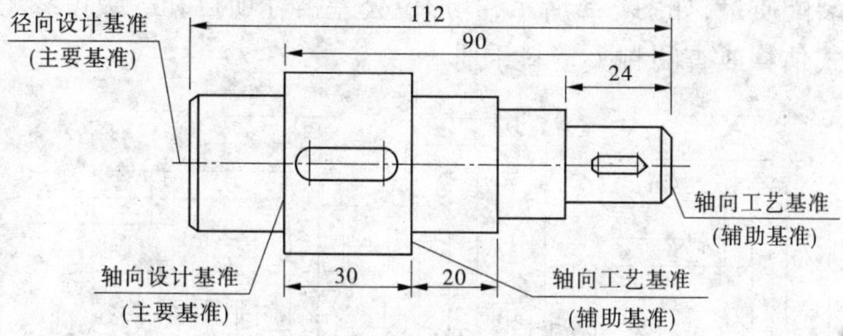

图 7-1　轴的尺寸标注实例(主、辅基准利用)

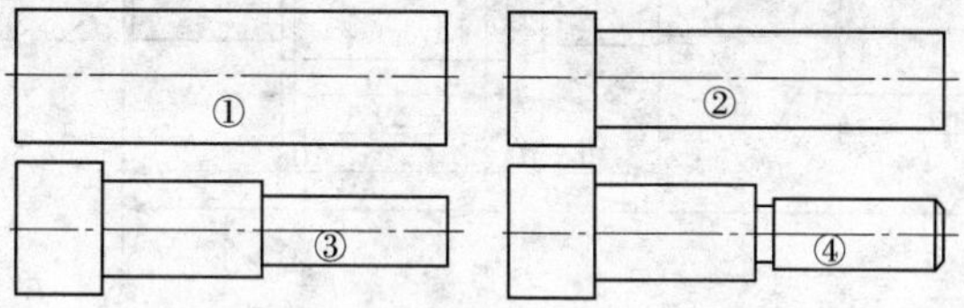

图 7-2　轴的加工顺序简图

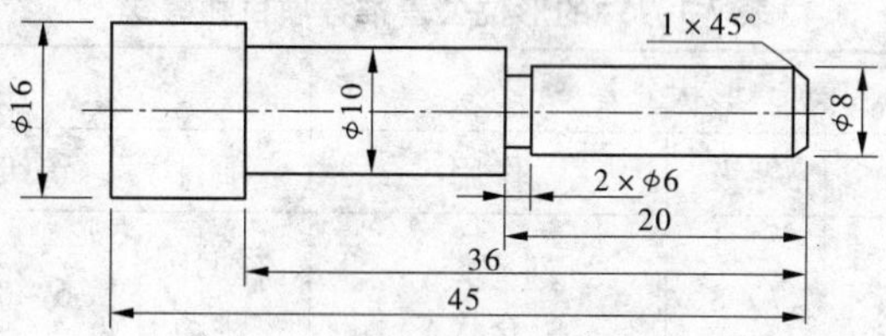

图 7-3　轴的尺寸标注实例(考虑加工顺序)

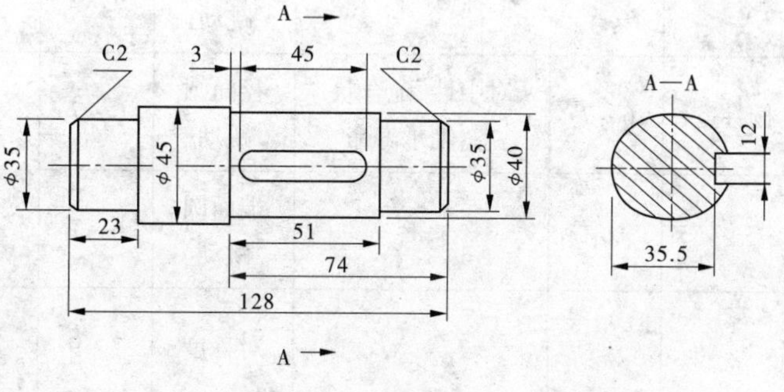

图 7-4　轴的尺寸标注实例(按加工方法分列尺寸)

三、公差标注

(一)尺寸公差标注

对有配合要求的重要轴段,不仅需标注基本尺寸,还要根据装配图中的配合代号注明公差带代号或相应的极限偏差。一般不标注长度公差,自由公差可按 h12,h13 或 H12,H13 选取。对于键槽结构,常注出其宽度和深度的尺寸偏差,而后者是结合轴径给出的(此时极限偏差值取负值),主要为了方便检测。

(二)形位公差标注

轴类零件图上应标注适当的形位公差,一般标注于轴的配合表面和定位端面,以保证零件的加工精度和装配质量,如图 7-5 所示,其形位公差推荐项目和等级可参考表 7-1,具体数值可根据经验公式估算或查阅相关资料手册。

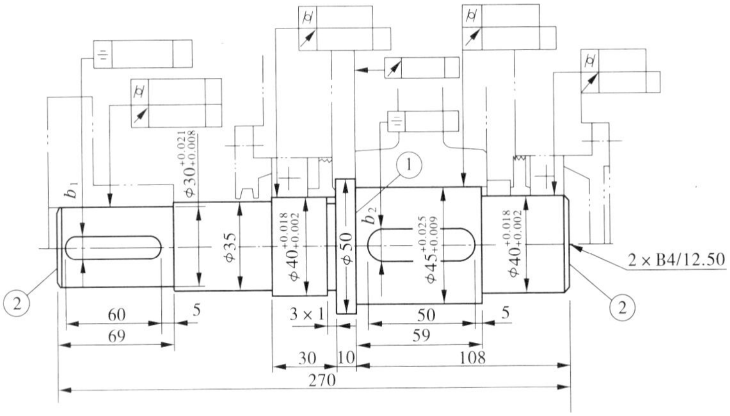

图 7-5　轴的公差标注实例

表 7-1　轴的形位公差推荐项目和等级

要素	形状公差			位置公差		
	项目	等级	作用	项目	等级	作用
传动件配合面	圆柱度	7 ~ 8	对中性、配合状态	径向圆跳动	6 ~ 8	旋转精度(偏心)
传动件定位面				端面圆跳动	6 ~ 8	定位精度、承载能力
轴承配合面	圆柱度	6 ~ 7	对中性、配合状态、轴承寿命	径向圆跳动	6 ~ 7	旋转精度(偏心)
轴承定位面				端面圆跳动	6 ~ 7	定位精度、承载能力
键槽工作面				对称度	7 ~ 9	承载能力及装拆

四、标注表面粗糙度

轴的各个表面都是加工面,其表面光滑情况将直接影响到配合表面的配合性质及加工表面的工艺性,因此合理地选择并规范地标注表面粗糙度是一项重要设计内容。为了能快捷且客观地评定表面微观几何形状的特征,通常选用的参数为轮廓算术平均偏差 R_a,要求在满足功能要求的前提下,结合经济性考虑而尽可能使允许值取大些。表 7-2 可作为设计时 R_a 选值的参考。

表 7-2　轴主要加工面的表面粗糙度推荐值

<table>
<tr><td>加工表面</td><td colspan="5">轮廓算术平均偏差 R_a 推荐值(μm)</td></tr>
<tr><td>传动件配合面</td><td colspan="5">0.8~1.6</td></tr>
<tr><td>传动件定位面</td><td colspan="5">1.6~3.2</td></tr>
<tr><td rowspan="2">轴承配合面</td><td colspan="5">0.8(轴承内径≤80 mm)</td></tr>
<tr><td colspan="5">1.6(轴承内径>80 mm)</td></tr>
<tr><td>轴承定位面</td><td colspan="5">1.6</td></tr>
<tr><td>键槽</td><td colspan="2">3.2(工作面)</td><td colspan="3">6.3(非工作面)</td></tr>
<tr><td rowspan="3">密封面</td><td>密封形式</td><td>毡圈</td><td colspan="2">橡胶圈</td><td rowspan="2">油沟、迷宫式</td></tr>
<tr><td>圆周速度(m/s)</td><td>≤3</td><td>3~5</td><td>5~10</td></tr>
<tr><td>R_a</td><td>0.8~1.6</td><td>0.4~0.8</td><td>0.2~0.4</td><td>1.6~3.2</td></tr>
<tr><td>螺纹牙面</td><td colspan="3">0.8(高精度)</td><td colspan="2">1.6(中等精度)</td></tr>
<tr><td>其他面</td><td colspan="3">3.2~6.3(工作面)</td><td colspan="2">6.3~12.5(非工作面)</td></tr>
</table>

五、撰写技术要求

对于不能用符号表示的内容,或者在图上不便表示而在制造时又必须遵循的要求和条件,应在零件图上集中用文字说明。轴类零件工作图中的技术要求主要包括下列几个方面。

(1)对材料的机械性能和化学成分的要求及允许代用的材料等。

(2)对材料表面性能的要求,如热处理方法、热处理后的硬度、渗碳层深度及淬火深度等。

(3)对机械加工的要求,如是否要保留中心孔(留中心孔时,应在图中画出或按国家标准加以说明),若与其他零件一起配合加工(如配钻或配铰等),也应予以说明。

(4)对图中未注明的圆角、倒角的说明,个别部位的修饰加工要求,以及对较长的轴要求毛坯校直等。

六、制订标题栏

如图 7-6 所示为标题栏的简化格式,可参考绘制。

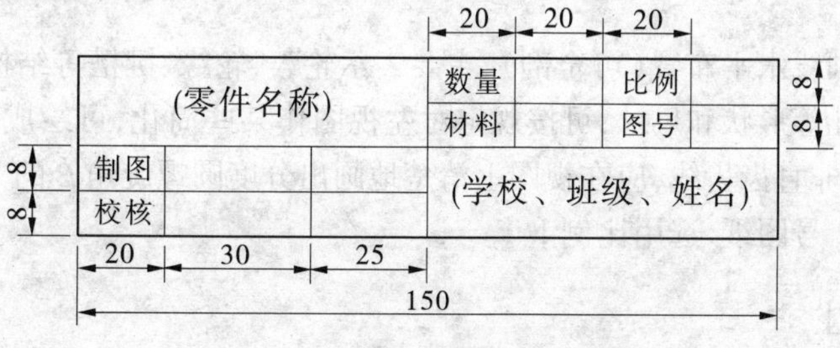

图 7-6　推荐的标题栏简化格式

七、零件工作图示例

图 7-7 所示为轴的零件工作图示例，为了使图上表示的内容层次分明，便于辨认和查找，对于不同的内容应分别划区标注，如在轴的主视图下方集中标注轴向尺寸和代表基准的符号。

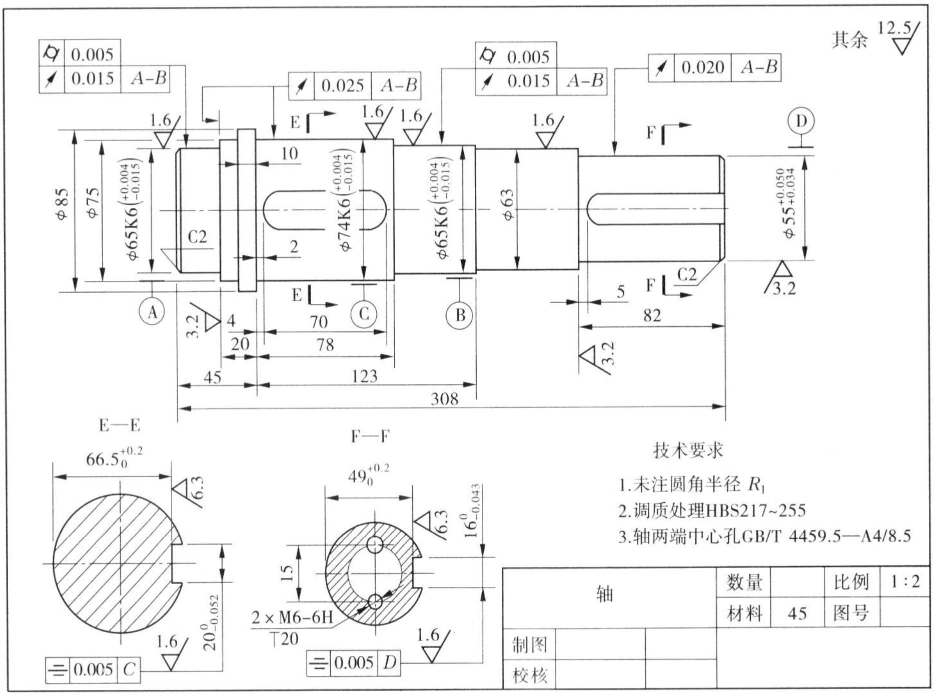

图 7-7　轴的零件工作图

第二节　齿轮类零件工作图的设计要点

齿轮类零件主要包括齿轮、蜗杆和蜗轮等。这类零件的工作图除有零件图形和技术要求外，还应有啮合特性表。

一、视图设计

齿轮类零件的图形应按照国家的有关标准规定绘制，要求完整地表示出零件的几何形状及轮坯的各部分尺寸和加工要求，这类零件工作图一般需要两个主要视图，即主视图和左视图。

主视图可按轴线水平布置（可全剖），主要表示轮毂、轮缘、键槽等结构。左视图主要表示轮辐、轮板、轴孔等形状和尺寸，可按规定对左视图作某些简化，可绘成局部视图，只反映轴孔和键槽等，若非直齿齿线，应在视图上清楚地画出分度圆螺旋角 β 的方向。

设计时多用 2 号图纸，选用比例 1∶1。

二、尺寸标注

齿轮类零件的轴孔和端面是加工、安装和测量的基础，因此尺寸标注时应以轴线为基准标注径向尺寸,以端面为基准标注轴向尺寸。

齿轮轴和蜗杆轴的视图与轴类零件相似,可参考回转件的尺寸标注方式,径向尺寸以回转中心轴线为基准标注在垂直轴线视图上,也可标注在齿宽方向的视图上。轴向尺寸(齿宽方向的尺寸)对于小齿轮只有齿宽和轮毂长度两个尺寸,前者为自由尺寸,后者为轴系组件装配尺寸链中的一环。当齿轮尺寸较大时,为了减轻质量可采用盘形辐板结构。当辐板用车削方法形成时,应注明凹部的深度,以便于加工时测量;对于用锻、铸方法形成的辐板,则宜直接标注辐板的厚度。

齿轮类零件的分度圆直径虽然不能直接测量,但它是设计计算的基本尺寸。类似地,如齿顶圆直径、轮毂直径、轮辐(或腹板)等尺寸,是加工制造中不可缺少的,都应标注在图上或写在啮合特性表中。齿根圆是根据齿轮参数加工得出的,其直径按规定在图纸上不用标出。对于各倒角、圆角、锥度、铸(锻)造斜度及键槽尺寸等都应逐一标注在图上或写在技术要求中,不可遗漏,也要注意避免重复。除啮合参数(齿顶圆、分度圆)为精确值外,对于轮缘厚度、辐板厚度、轮毂及辐板开孔等尺寸,为便于测量,均应进行圆整。

锥齿轮的锥距和锥角是保证正确啮合的关键尺寸,应按设计的准确值标注,其中的锥距应精确到 0.01 mm,锥角应精确到分,分度圆锥角则应精确到秒。为了控制锥顶的位置,保证锥齿轮的啮合精度,还应标注出基准端面到锥顶的距离。绘制蜗轮组件图时,应注出齿圈和轮体的配合尺寸、精度及配合性质。

三、公差标注

(一)尺寸公差标注

对于齿轮零件工作图上所有配合的尺寸或精度要求较高的尺寸,均应标注尺寸的偏差。

齿轮的毛坯公差对齿轮传动的精度影响很大,应根据齿轮的精度等级,类比相关经验值,选取项目并按规定合理标注。轴孔是这类零件加工、测量和装配的重要基准,齿顶圆是测量基准,二者尺寸精度要求较高,其偏差值的确定可参考表 7-3。

表 7-3　齿坯公差推荐项目和等级

齿轮精度等级①	5	6	7	8	9	10
孔	IT5	IT6	IT7		IT8	
轴	IT5		IT6		IT7	
齿顶圆直径②	IT7	IT8			IT9	
分度圆直径(mm)	基准面径向圆跳动③和端面圆跳动(μm)					
≤125	11		18		28	
125~400	14		22		36	
400~800	20		32		50	

注:①当三个公差组的精度等级不同时,按最高的精度等级确定公差值。

②当齿顶圆不做测量齿厚的基准时,尺寸公差按 IT11 确定,不能超过 0.1 m_n。

③当以齿顶圆做基准时,基准面径向圆跳动就是指齿顶圆的径向圆跳动。

(二)形位公差标注

为保证齿轮类零件具有良好的装配质量及稳定而可靠的工作能力,应注意适当地标出必要的形位公差。齿轮的轴孔和端面既是加工工艺基准,也是测量和安装的基准,所以应对端面与孔中心线的垂直度和端面跳动度提出要求，从而保证安装质量和切齿精度。当以齿轮的齿顶圆作为测量基准时，应根据情况分别采取合适的控制方式：若方便加工而用齿顶圆定位或找正，应主要控制齿顶圆的径向跳动；若用齿顶圆定位检验齿厚或基节尺寸公差，此时要控制齿顶圆公差和径向跳动。表 7-4 中列举了一些常用的形位公差控制项目和等级，可在设计时参考选用。

表 7-4　齿坯的形位公差推荐项目和等级

类别	项目	等级	作用
形状公差	轴孔配合的圆度或圆柱度	6 ~ 8	轴孔的配合性质和对中性
位置公差	圆柱齿轮齿顶圆的径向圆跳动	按齿轮及蜗轮（蜗杆）的精度等级	齿圈径向跳动和齿厚检测精度
	锥齿轮齿顶圆锥的径向圆跳动		在齿形加工后引起的运动误差、齿向误差影响传动精度及载荷分布的均匀
	蜗轮外圆的径向圆跳动		
	蜗杆外圆的径向圆跳动		
	齿轮基准端面对轴线的端面圆跳动		定位精度和啮合性
	轮毂键槽对孔轴线的对称度	7 ~ 9	影响键侧面受载的均匀及装拆的难易程度

四、标注表面粗糙度

齿轮类零件表面有非加工表面，其表面粗糙度值可集中标明，而对于加工表面，应按照各表面的工作要求逐一标出，可参考表 7-5 酌情选取。

表 7-5　齿轮类零件的表面粗糙度推荐值

加工表面		轮廓算术平均偏差 R_a 的值（μm）			
		齿轮第Ⅱ公差组的精度等级			
传动精度等级		6	7	8	9
轮齿工作面	圆柱齿轮	0.4 ~ 0.8	0.8 ~ 1.6	1.6 ~ 3.2	3.2 ~ 6.4
	圆锥齿轮		0.8	1.6	3.2
	蜗轮及蜗杆				
齿顶圆	作基准	0.8	0.8 ~ 1.6	1.6 ~ 3.2	3.2
	不作基准	1.6	3.2 ~ 6.3		
基准孔		0.8	0.8 ~ 1.6	1.6	3.2
基准轴颈		0.8		1.6	
配合轴肩的端面		1.6	1.6 ~ 3.2		3.2
平键键槽		3.2（工作面）			
		6.3（非工作面）			
齿圈和轮芯配合面		1.6 ~ 3.2			
其他加工表面		6.3 ~ 12.5			

五、啮合特性表

在齿轮零件工作图的右上角应布置有啮合特性表,以便选择刀具和检验公差。啮合特性表主要反映齿轮的基本设计参数(齿数、模数、齿形角、齿顶高系数、斜齿轮的螺旋角及其方向等)、齿轮的精度等级、误差检测项目及具体的公差值等,可参见表 7-6。

表 7-6　齿轮类零件的啮合特性

<table>
<tr><th>项目</th><th>代号</th><th colspan="2">项目</th><th>代号</th></tr>
<tr><td>齿数</td><td>Z</td><td colspan="2">螺旋线方向</td><td></td></tr>
<tr><td>法向模数</td><td>m_n</td><td colspan="2">精度等级</td><td></td></tr>
<tr><td>分度圆直径</td><td>d</td><td colspan="2">相啮合齿轮图号</td><td></td></tr>
<tr><td>齿形角</td><td>α_n</td><td colspan="2">变位系数</td><td>x</td></tr>
<tr><td>顶隙系数</td><td>c^*</td><td rowspan="2">公差组Ⅰ</td><td>齿圈径向跳动公差</td><td>F_r</td></tr>
<tr><td>齿顶高系数</td><td>h_a^*</td><td>公法线长度变动公差</td><td>F_w</td></tr>
<tr><td rowspan="2">齿全高</td><td rowspan="2">h</td><td rowspan="2">公差组Ⅱ</td><td>齿形公差</td><td>f_f</td></tr>
<tr><td>齿距极限偏差</td><td>f_{pt}</td></tr>
<tr><td>螺旋角</td><td>β</td><td>公差组Ⅲ</td><td>齿向公差</td><td>F_β</td></tr>
<tr><td rowspan="2">中心距及其极限偏差</td><td rowspan="2">$a \pm f_a$</td><td rowspan="2">侧隙</td><td>公法线平均长度偏差</td><td>ΔE_{wm}</td></tr>
<tr><td>齿厚偏差</td><td>ΔE_s</td></tr>
</table>

注:1. 公差组Ⅰ控制影响传动准确性的误差,公差组Ⅱ控制影响传动平稳性的误差,公差组Ⅲ控制影响载荷分布均匀性的误差。

2. 由于加工蜗轮齿所用滚刀相当于与之啮合的蜗杆,所以在蜗轮零件图中的啮合特性表里要有蜗杆的相关参数。

3. 圆柱齿轮如要标出固定弦齿厚或分度圆弦齿厚,应按规定在齿形剖面图上标注有关尺寸及偏差数值。

六、撰写技术要求

齿轮类零件工作图上技术要求应注明的内容一般有下面几项:

(1)对铸件、锻件或其他类型坯件的要求。

(2)对材料的力学性能和化学成分的要求及允许代用的材料。

(3)对材料表面机械性能的要求,如热处理方法,处理后的硬度、渗碳深度及淬火深度等。

(4)对未注明倒角、圆角半径的说明。

(5)对大型或高速齿轮的平衡校验的要求。

(6)对机械加工未注公差尺寸的公差等级的要求。

七、零件工作图示例

如图 7-8 ~ 图 7-11 所示分别为圆柱直齿、斜齿、锥齿及蜗轮的零件工作图示例,可参考设计。

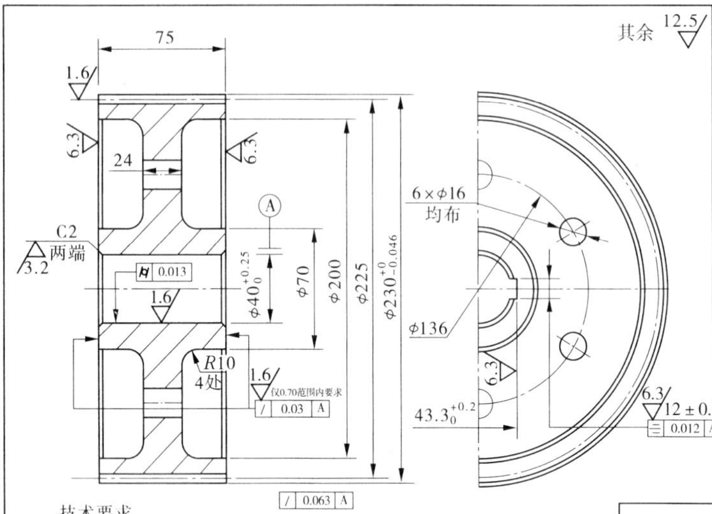

齿轮参数		
齿数 Z_2		90
模数 m		2.5
压力角 α		20°
全齿高 h		2.625
螺旋角 β		0°
径向变位系数 x		0
齿轮副中心距 a		150 ± 0.032
精度等级:8 KM GB 10095—1988		
齿厚	公法线长度 W	$108.99_{-0.054}^{0}$
	跨齿数 k	11
配对齿轮	图号	
	齿数 Z_1	30

技术要求

1.未注倒角C2

2.正火处理，齿面硬度170~210HBS

齿轮		数量		比例	1:2
		材料	45	图号	
制图					
校核					

图 7-8　直齿轮零件工作图

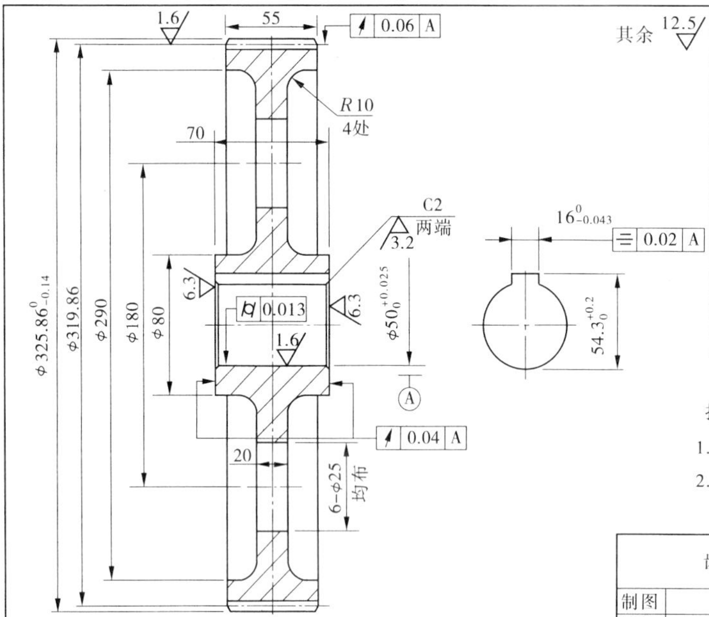

齿轮参数		
齿数 Z_2		105
模数 m		3
压力角 α		20°
全齿高 h		6.75
螺旋角 β		10°
旋向		右旋
齿轮副中心距 a		198 ± 0.036
精度等级:8 KM GB 10095—1988		
齿厚	公法线长度 W	$106.26_{-0.054}^{0}$
	跨齿数 k	12
配对齿轮	图号	
	齿数 Z_1	25

技术要求

1.未注倒角

2.正火处理，齿面硬度170~210HBS

齿轮		数量		比例	1:4
		材料	45	图号	
制图					
校核					

图 7-9　斜齿轮零件工作图

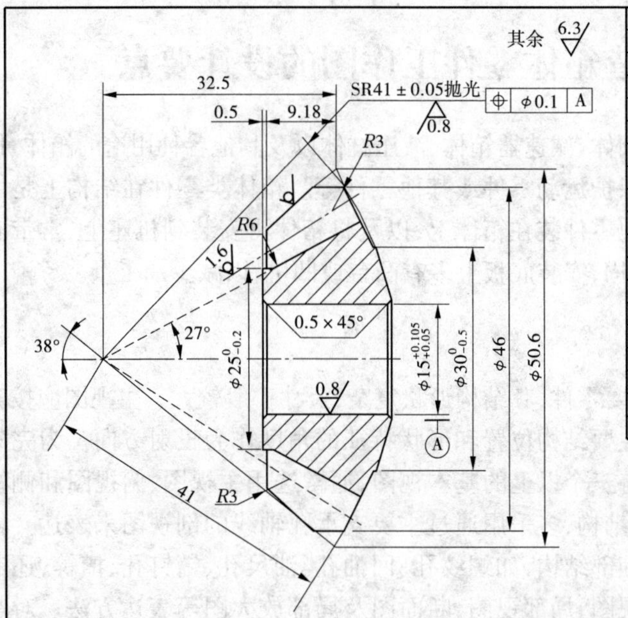

直齿锥齿轮参数	
齿数	10
分度圆上端面模数	4.375
标准压力角	22°30′
径向变位系数	+0.226
分度圆直径 D	43.750
齿顶高	4.490
全齿高	7.870
分锥距	40.70
轴交角	90°
安装距	41 ± 0.05
分度圆上弦齿厚	7.884(理论值)
分度圆上弦齿高	4.719 4
齿根圆弧半径	1.27 ± 0.15
齿面粗糙度	1.6
齿圈径向跳动公差	0.065
旋转齿侧间隙	0.10 ~ 0.20
相邻周节差	0.025
周节累积公差	0.095

技术要求

1. 渗碳层深度 0.6 ~ 1.0，淬火、回火后表面硬度 58 ~ 64HRC、心部硬度 33 ~ 48HRC
2. 齿轮锻件毛坯不得有夹渣、裂纹、疏松等锻造缺陷
3. 齿轮精度，级 8 - Dc GB 11365—89

锥齿轮		数量		比例	2:1
		材料	20Cr	图号	
制图					
校核					

图 7-10　锥齿轮零件工作图

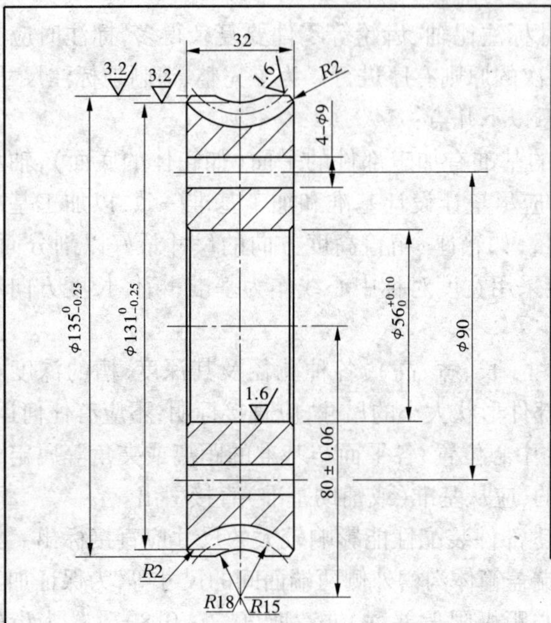

直齿锥齿轮参数			
端面模数		m_A	3.15
齿数		z_2	39
齿形角		α	20°
分度圆直径		d_2	122.85
齿顶高系数		h_{a2}^*	1
变位系数		x_2	0.26
精度等级		8C(GB 10089—1988)	
配对蜗杆	蜗杆形式	阿基米德(Z_A)	
	齿数	z_1	1
	螺旋方向	右旋	
	导程角	γ	5°4′16″
	图号		
公差组		检验项目代号	公差(或极限偏差)值
蜗轮齿圈径向跳动公差		F_r	0.050
蜗轮周节极限偏差		$\pm f_{pt}$	±0.020
蜗轮齿形公差		f_{f2}	0.014
齿厚	上偏差	E_{ss2}	0
	下偏差	E_{si2}	−0.110
接触斑点	齿高	55%	
	齿长	50%	
传动轴交角极限偏差		$\pm f_{\Sigma}$	±0.019
传动中间平面极限偏差		$\pm f_x$	±0.030

技术要求

1. 未注形位公差应符合 GB/T 1184—K 的要求
2. 未注尺寸公差应符合 GB/T 1804—m 的要求
3. 未注倒角均为 0.8 × 45°
4. 尖角倒钝

蜗轮		数量		比例	2:1
		材料	20Cr	图号	
制图					
校核					

图 7-11　蜗轮零件工作图

第三节　铸造箱体零件工作图的设计要点

箱体类零件包括各种泵体、阀体、减速器箱体、液压缸体以及其他各种用途的箱体、机壳等，主要功能是用来支承、包容、保护运动零件或其他零件等。箱体类零件在结构上是由薄壁围成不同形状的内腔，为使其他零件装在箱体上，以及将箱体再安装到机座上，常带有安装底板、法兰、安装孔和螺孔等结构，安装底板上多有凸台或凹坑，以减少加工量。

一、视图设计

箱体类零件是组成部件的主要零件，其结构形状复杂，尺寸一般较大。主视图应按工作位置放置，并选择最能反映零件主要结构位置和形状特征的角度作为投射方向。为完整而集中地表达箱体结构，往往设置有三个以上的基本视图，通常选用主视图、俯视图和侧视图进行表达。对于较为复杂的内部结构，多采用通过主要支承孔轴线的剖视图来表达。根据零件内外结构形状的特点，一些细部结构，如螺纹孔、回油孔、油尺孔、销钉孔、槽等，还需要辅助采用适当的向视图、局部剖视图、局部视图、断面图及局部放大图等表达方法。对一些特别复杂的箱(壳)体，有时甚至需要采用十几个视图和各种剖视图，并配合其他各种表达方法才能表达清楚。

二、尺寸标注

由于结构的特点，箱体零件图的尺寸标注比轴、齿轮等零件要复杂得多，标注时应根据结构和工艺的要求，定好基准，按先主后次的原则有序进行。为了完整、清晰地标注尺寸，同时能合理兼顾制造与测量的方便，应注意以下几点：

(1)选择基准。箱体零件通常选用的基准有加工部件的平面(如箱体的底面)，轴承孔的回转中心线，曲线的中心等。设计时，应尽量让设计基准和加工基准一致，以加工基准作为标注尺寸的基准，利于加工时检测质量，如箱座、箱盖高度方向的尺寸最好以剖分面(加工基准面)为基准；箱体宽度方向尺寸应采用宽度对称中心线作为基准；箱体长度方向尺寸以轴承孔中心线为基准。

(2)形状尺寸。对于箱体的总体尺寸(长、宽、高)，各种孔径及其深度，槽的深度与宽度，壁厚、圆角半径、螺纹尺寸等反映各部件形状大小的尺寸，应直接标明，不应有任何运算。

(3)定位尺寸。孔的中心线、曲线的中心位置、各平面与基准的距离或夹角等属定位尺寸，是确定箱体各部件相对于基准位置的，应从基准(或辅助基准)直接引出。

(4)性能尺寸。对机器工作性能及零部件装配性能影响较大的尺寸应直接标出。如箱体轴承座孔的中心距及其偏差、嵌入式端盖箱体沟槽外侧两端面间的尺寸等，为保证加工准确性，宜直接注明。相邻轴承座孔的中心距极限偏差 Δ_a 推荐取(0.7～0.8)f_a，f_a 为齿轮副的中心距极限偏差。

(5)所有配合尺寸都应标出其极限偏差。

(6)所有圆角、倒角、拔模斜度等须标注或在技术要求中说明。

(7)考虑铸造工艺特点，木模多由基本形体拼接而成，故应在基本形体的定位尺寸标出后，再标注各部分形体自身的形状尺寸。

(8)机体尺寸多,应避免遗漏、重复;为防止尺寸矛盾,要避免出现封闭尺寸链。

三、形位公差标注

箱体的形位公差推荐标注项目见表7-7。

表7-7 箱体形位公差推荐标注项目

类别	项目名称	精度等级	对工作性能的影响
形状公差	轴承座孔的圆柱度	6~7	箱体与轴承的配合性能及对中性
	分箱面的平面度	7~8	箱体剖分面的防渗漏性能及密合性
位置公差	轴承座孔中心线相互间的平行度	6~7	传动零件的接触精度及传动的平稳性
	轴承座孔端面对其中心线的垂直度	7~8	轴承固定及轴向受载的均匀性
	锥齿轮减速器轴承座孔中心线相互间的垂直度	7	传动零件的传动平稳性和载荷分布的均匀性
	两轴承座孔中心线的同轴度	6~7	减速器的装配及传动零件载荷分布的均匀性

四、标注表面粗糙度

箱体加工表面应标注表面粗糙度,推荐用表7-8进行查阅。

表7-8 箱体主要加工表面的表面粗糙度 R_a 的推荐值

加工表面		轮廓算术平均偏差 R_a 的推荐值(μm)
滚动轴承的座孔	内表面	0.8(轴承孔径 $D \leqslant 80$ mm)
		1.6(轴承孔径 $D > 80$ mm)
	外端面	1.6~3.2
箱座与箱盖的剖分面		1.6~3.2(刮削或磨削)
定位的销孔		0.8~1.6
箱体底面		6.3~12.5
螺栓孔、沉头座		12.5~25
油沟及检查孔的接触面		6.3~12.5
其他表面	配合面	3.2~6.3
	非配合面	6.3~12.5

五、撰写技术要求

铸造箱体零件工作图上注明的技术要求应包括下列一些内容：

(1)对铸件的质量要求，如铸件不能有裂纹和砂眼等。

(2)对铸件进行清砂、去毛刺及时效处理。

(3)箱座与箱盖的轴承座孔应在连接并装入定位销后镗孔。

(4)箱座与箱盖合箱后边缘的平齐性及错量允许值。

(5)剖分面上的定位销孔应在箱盖和箱座固定后配钻、配铰。

(6)对未标注的铸造斜度、倒角及铸造圆角半径的说明。

(7)箱体内表面需用煤油清洗后涂防锈漆。

六、零件工作图示例

图 7-12、图 7-13 所示分别为减速器的箱盖、箱体的零件工作图示例，供设计时参考。

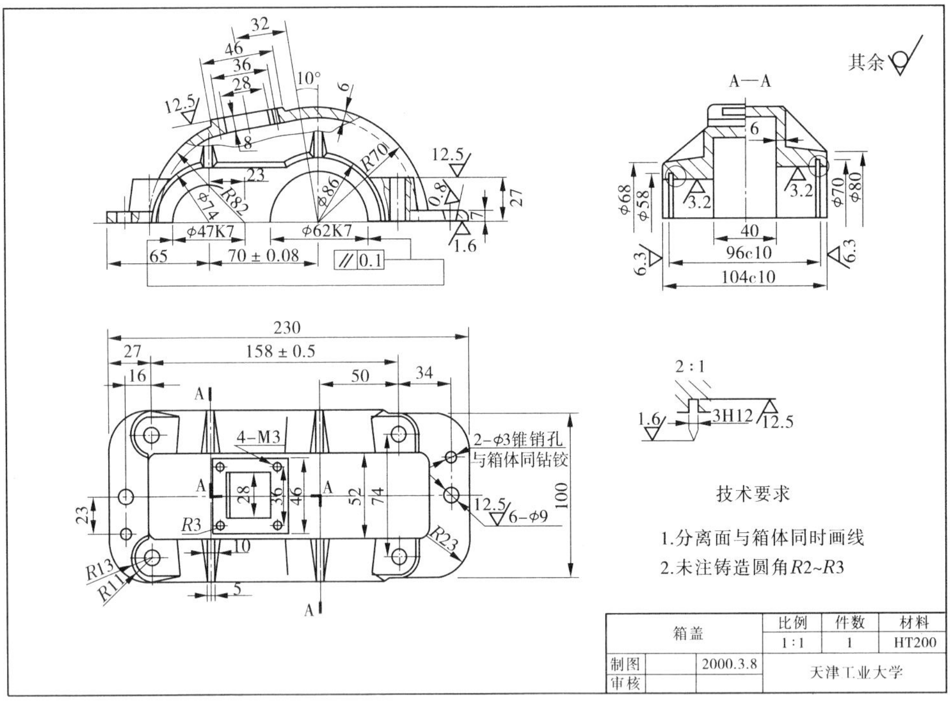

图 7-12　**箱盖零件工作图**

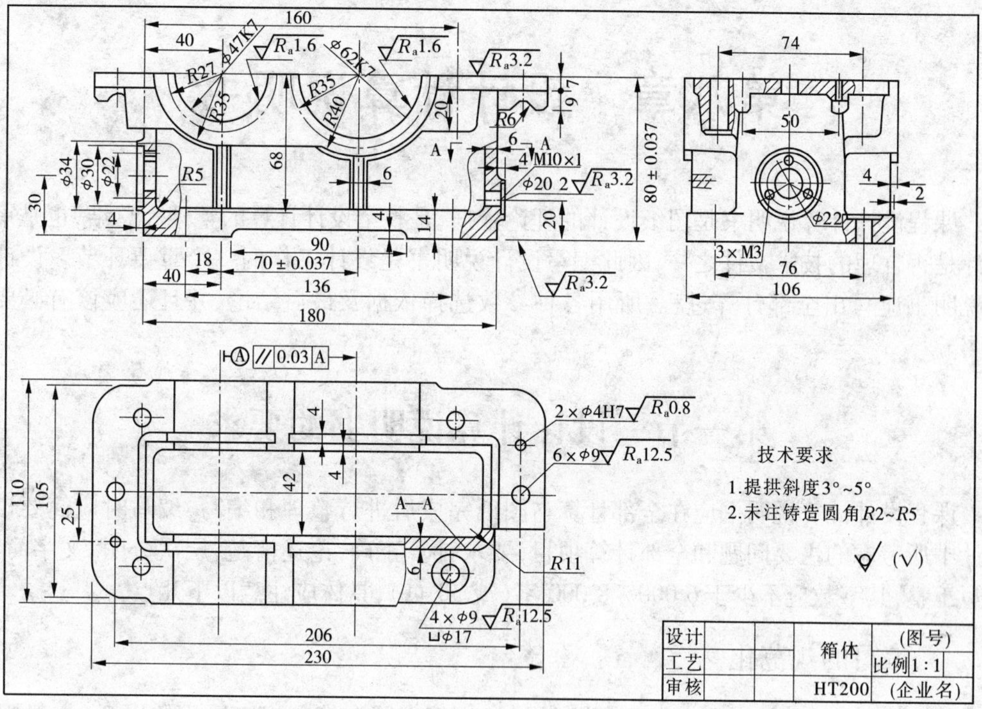

图 7-13　**箱体零件工作图**

第八章　设计计算说明书

课程设计计算说明书是图纸设计的理论依据，是整个设计计算的整理和总结，也是审核设计是否合理的技术文件之一，因此编写设计说明书是设计工作的一个重要环节。设计计算说明书应写出全部计算过程、所用各种参数选择依据及最后结论，并且还应该有必要的草图。

第一节　设计计算说明书的要求

课程设计计算说明书应在全部计算与图纸完成后进行整理和编写，编写时应简要说明设计中所考虑的主要问题和全部计算项目，要求计算正确，论述清楚，层次分明，文字简洁，书写工整，其字数应不少于6 000 ~ 8 000 字(或30 页)，具体应注意以下几点。

一、编写的规范化

(1)课程设计计算说明书必须用蓝(黑)色钢笔书写在符合规定格式的用纸(一般用16开或 A4 纸)上，标好页次，并装订成册，最后加封面。书写格式与封面格式可参考表 8-1 和图 8-1 所示。

表 8-1　设计计算说明书书写示例

计算项目	计算及说明	计算结果
1. 计算功率 P_c	据"工作情况系数"表查得，$K_A = 1.2$，计算式： $P_c = K_A P = 1.2 \times 3.8 = 4.56$(kW)	$K_A = 1.2$ $P_c = 4.56$ kW
2. 选择 V 带型号	根据 $P_c = 4.56$ kW，$n_1 = 1\,440$ r/min，由"三角胶带型号选择"图确定为 A 型 V 带	A 型
3. 确定带轮基准直径	由"V 带轮最小基准直径及基准直径系列"表选带轮基准直径，小带轮 $d_1 = 100$ mm；大带轮 $d_2 = d_1 n_1 / n_2 = 1\,440 \times 100/400 = 300$ (mm)，按表中系列值将大带轮 d_2 取标准为 355 mm，则实际从动轮转速：$n_2 = n_1 d_1 / d_2 = 1\,440 \times 100/355 = 405.6$(r/min)，转速误差为：$[(405.6 - 400)/400] \times 100\% = 1.4\% < 5\%$，允许	$d_1 = 100$ mm $d_2 = 355$ mm 转速误差 <5%，允许

(2)计算部分可只列出计算公式，代入有关数据，不必写出计算过程，直接得出计算结果，并注明单位；也可用校核形式书写，但一定要有结论。

(3)对所引用的公式和数据，应标明来源(参考资料的名称和页码)，对所选用的主要参数、尺寸和规格及计算结果等，可写在每页的"结果"栏内，或采用表格形式列出，或采用书写的方式写在相应的计算中去。

(4)为了清楚地说明计算内容，应附有必要的插图和简图(如传动方案简图、轴的结构图及轴承组合形式简图等)，在简图中，对主要零件应统一编号，以便在计算中称呼或作脚注之用。为了简练醒目，一些计算可以用表格形式写出(如传动装置的运动及动力参数、传动零件的几何尺寸参数等)。

(5)全部计算中所使用的参量符号和脚注，必须前后一致，不能混乱；各参数的数值应注明单位，且要统一，写法一致，避免混淆不清。

(6)对每一自成单元的内容，都应有大小标题或相应的编写序号，使整个过程条理清晰。

二、计算的正确性

对所有的设计计算要求正确无误，为此应注意以下几点：

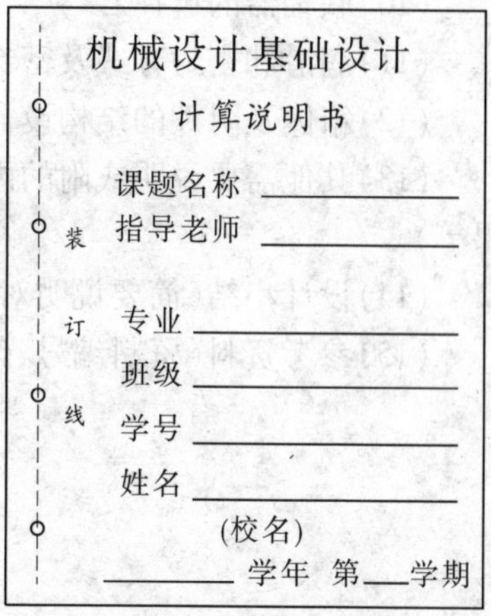

图 8-1 设计说明书封面

(1)计算的已知条件和力学模型必须正确。

(2)计算公式及重要数据的来源必须可靠。

(3)计算过程必须条理清楚，数据运算必须准确，数据处理(如标准化、取精确值、圆整等)应符合要求。

(4)应附有与计算有关的必要插图(如轴的结构简图、受力分析图、弯矩图和扭矩图等)。

(5)计算完成后应有简短的分析结论，说明计算合理与否(如"满足强度要求"，"在允许范围内"等)。

三、内容的完整性

编写完成后，应全面检查设计计算说明书中所包括的内容是否充分与完整。

第二节　设计计算说明书的内容

课程设计计算说明书的内容针对不同的设计课题而定，对于以减速器为主的机械传动装置设计类的课题，说明书的内容大致包括以下几个方面：

(1)设计任务书。

(2)目录(标题、页次)。

(3)传动方案的分析与拟订(包括简要说明及传动方案简图等)。

(4)电动机的选择及有关计算。

(5)传动装置的运动及动力参数的选择和计算(包括分配各级传动比，计算各轴的转速、功率和转矩等)。

(6)传动零件的设计计算(包括必要的结构草图和计算简图)。

(7)轴的设计计算(包括轴的结构设计简图、受力分析图、弯矩图和扭矩图等)。

(8)滚动轴承的选择与计算。

(9)键连接的选择和验算。

(10)联轴器的选择。

(11)润滑和密封方式及密封装置的选择,润滑油和牌号的确定。

(12)箱体及附件的结构设计和选择(装配、拆卸、安装时的注意事项)。

(13)其他需要说明或附的内容(如热平衡计算、计算机辅助设计流程图、程序及计算结果等)。

(14)设计小结(简要说明对课程设计的心得体会、设计的优缺点及改进意见等)。

(15)参考资料(资料编号、作者,书名或期刊名,版本、出版地、出版社及出版年月)。

第二篇　机械设计基础课程设计参考图例及设计题目

第九章　减速器装配工作图参考图例

第一节　课程设计题目

一、设计一级圆柱齿轮减速器(一)

(一)设计任务

设计带式输送机传动系统中的一级圆柱齿轮减速器。

(二)系统简图

系统简图如图 9-1 所示。

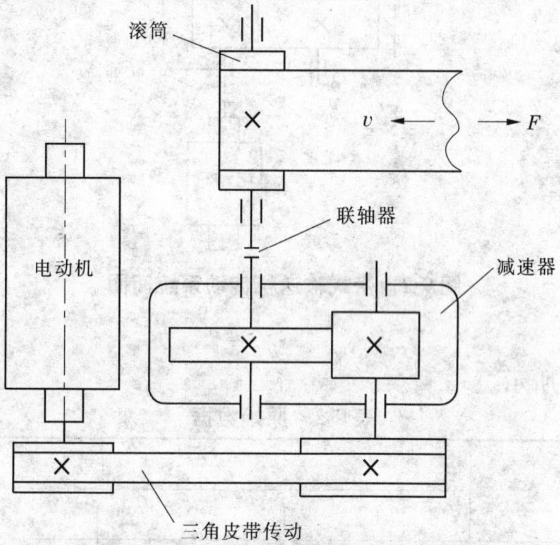

图 9-1　带式输送机传动系统简图

(三)原始数据

原始数据如表 9-1 所示。

表 9-1　原始数据

已知条件	题号				
	1	2	3	4	5
输送带拉力 F(N)	3×10^3	2.9×10^3	2.6×10^3	2.5×10^3	2.2×10^3
输送带速度 v(m/s)	1.5	1.4	1.6	1.5	1.6
滚筒直径 D(mm)	400	400	450	450	450

(四)工作条件

输送机连续工作,单向运转,载荷变化不大,空载启动,使用期限 10 年,两班制工作,输送带速度容许误差为 ±5%。

二、设计一级圆柱齿轮减速器(二)

(一)设计任务

设计带式输送机传动系统中的一级圆柱齿轮减速器。

(二)系统简图

系统简图如图 9-2 所示。

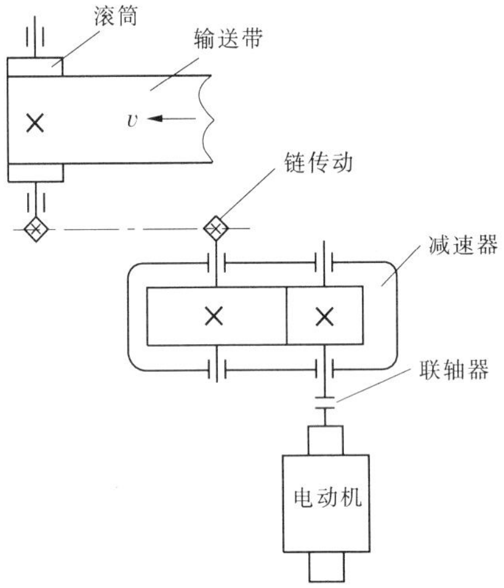

图 9-2　带式输送机传动系统简图

(三)原始数据

原始数据如表 9-2 所示。

表 9-2　原始数据

已知条件	题号			
	1	2	3	4
输送带拉力 F(N)	3 200	3 000	2 800	2 600
输送带速度 v(m/s)	1.7	1.7	1.7	1.7
滚筒直径 D(mm)	450	450	450	450
每日工作时数 T(h)	16	16	16	16
传动工作年限(年)	10	10	10	10

(四)工作条件

传动不逆转,载荷平稳,启动载荷为名义载荷的1.25倍,输送带速度容许误差为±5%。

三、设计一级锥齿轮减速器

(一)设计任务

设计传送设备的一级锥齿轮减速器。

(二)系统简图

系统简图如图9-3所示。

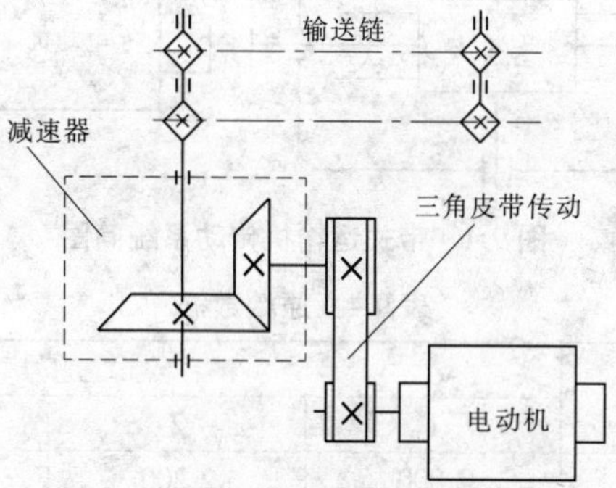

图9-3　传送设备的运动系统简图

(三)原始数据

原始数据如表9-3所示。

表9-3　原始数据

已知条件	题号		
	1	2	3
输送链拉力 F(N)	2.1×10^3	2.4×10^3	2.7×10^3
输送链速度 v(m/s)	0.7	0.8	0.9
输送链链轮直径 D(mm)	100	125	150

(四)工作条件

单向运转,载荷平稳,启动载荷为名义载荷的1.25倍,每天工作16 h,使用期限10年,输送链速度容许误差为±5%,输送链效率 $\eta=0.9$。

四、设计一级蜗杆减速器

(一)设计任务

设计带式输送机用的一级蜗杆减速器。

(二)系统简图

系统简图如图9-4所示。

(三)原始数据

原始数据如表9-4所示。

(四)工作条件

输送机连续工作,单向运转,载荷平稳,空载启动,输送带速度容许误差为±5%,三班制工作,使用期限10年,减速器小批量生产。

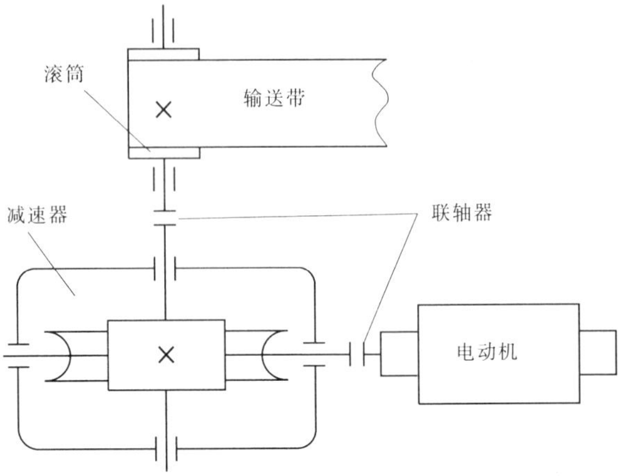

图9-4 带式运输机传动系统简图

表9-4 原始数据

已知条件	题号			
	1	2	3	4
输送带拉力 F(N)	2 000	2 200	2 500	3 000
输送带速度 v(m/s)	0.8	0.9	1.0	1.1
滚筒直径 D(mm)	350	320	300	275

五、设计链式输送机用一级蜗杆减速器

(一)设计任务

设计链式输送机用的一级蜗杆减速器。

(二)系统简图

系统简图如图9-5所示。

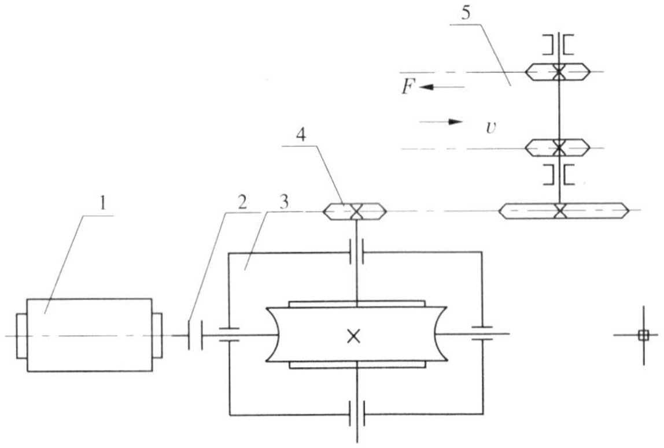

1—电动机;2—联轴器;3—蜗杆减速器;4—链传动;5—链式运输机

图9-5 链式输送机传动系统简图

(三)原始数据

原始数据如表 9-5 所示。

表 9-5　原始数据

原始数据	题号					
	1	2	3	4	5	6
曳引链拉力 F(N)	6.4×10^3	6.8×10^3	6×10^3	7×10^3	6.2×10^3	7×10^3
曳引链速度 v(m/s)	0.26	0.25	0.25	0.30	0.24	0.2
曳引链链轮齿数 Z	15	14	12	15	12	10
曳引链节距 P(mm)	80	100	100	80	100	100
工作班制	单	单	两	两	单	三

(四)工作条件

工作平稳,经常满载,不反转,引链容许速度误差为 5%。减速器通风良好,成批生产,使用期限 5 年。

六、设计展开式二级圆柱齿轮减速器

(一)设计任务

设计带式输送机传动系统中的展开式二级圆柱齿轮减速器。

(二)系统简图

系统简图如图 9-6 所示。

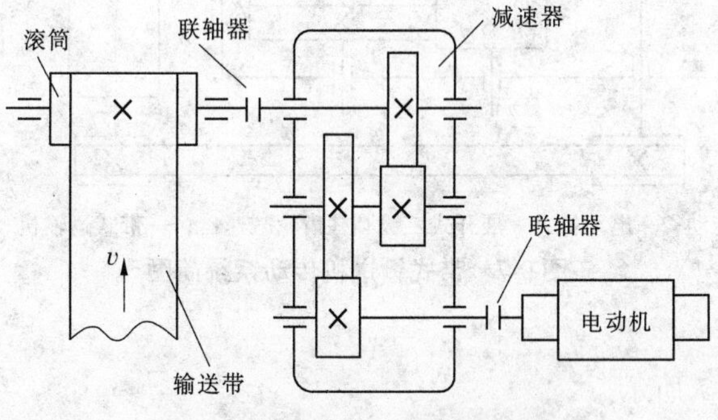

图 9-6　带式输送机传动系统简图

(三)原始数据

原始数据如表 9-6 所示。

(四)工作条件

单向运转,有轻微振动,经常满载,空载启动,单班制工作,使用期限 5 年,输送带速度容许误差为 ±5%。

表 9-6　原始数据

原始数据	题号					
	1	2	3	4	5	6
输送带拉力 F(N)	1.6×10^3	1.8×10^3	2×10^3	2.2×10^3	2.4×10^3	2.6×10^3
输送带速度 v(m/s)	1.0	1.1	0.9	0.9	1.2	1.0
滚筒直径 D(mm)	400	350	300	300	300	300

七、设计带式输送机用展开式二级圆柱齿轮减速器

(一)设计任务

设计用于带式输送机上的展开式二级圆柱齿轮减速器。

(二)系统简图

系统简图如图 9-7 所示。

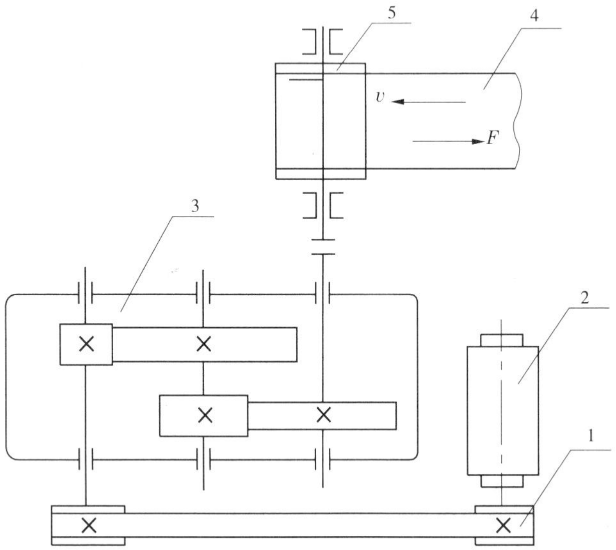

1—带传动;2—电动机;3—展开式二级圆柱齿轮减速器;4—带式运输机;5—卷筒

图 9-7　带式输送机传动系统简图

(三)原始数据

原始数据如表 9-7 所示。

表 9-7　原始数据

原始数据	题号									
	1	2	3	4	5	6	7	8	9	10
运输机工作轴扭矩 T(N·m)	800	800	800	850	850	850	850	900	900	950
运输带工作速度 v(m/s)	0.70	0.90	0.80	0.75	0.85	0.95	0.90	0.75	0.80	0.85
卷筒直径 D(mm)	350	390	360	360	370	400	380	350	370	380

(四)工作条件

连续单向运转,空载启动,中等冲击,两班制工作,输送带速度允许误差为 5%,工作期

限为 10 年。

八、设计带式输送机用同轴式二级圆柱齿轮减速器

(一)设计任务

设计用于带式输送机上的同轴式二级圆柱齿轮减速器。

(二)系统简图

系统简图如图 9-8 所示。

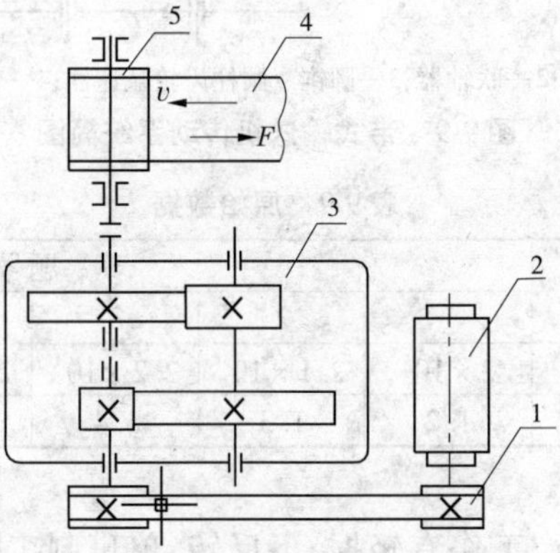

1—带传动;2—电动机;3—同轴式二级圆柱齿轮减速器;4—带式输送机;5—卷筒

图 9-8　带式运输机传动系统简图

(三)原始数据

原始数据如表 9-8 所示。

表 9-8　原始数据

原始数据	题号						
	1	2	3	4	5	6	7
输送机工作轴扭矩 T(N·m)	1 300	1 350	1 400	1 450	1 500	1 550	1 600
输送带工作速度 v(m/s)	0.65	0.70	0.75	0.80	0.85	0.90	0.80
卷筒直径 D(mm)	300	320	350	350	350	400	350

(四)工作条件

工作平稳,单向运转,两班制工作,输送带容许速度误差为 5%,减速器成批生产,使用期限 10 年。

九、设计带式输送机用圆锥－圆柱齿轮减速器

(一)设计任务

设计用于带式输送机上的圆锥－圆柱齿轮减速器。

(二)系统简图

系统简图如图 9-9 所示。

(三)原始数据

原始数据如表 9-9 所示。

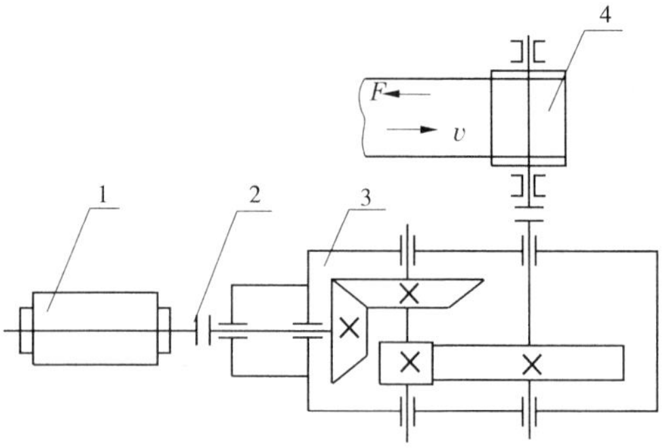

1—电动机;2—联轴器;3—圆锥－圆柱齿轮减速器;4—带式运输机

图 9-9　带式输送机传动系统简图

表 9-9　原始数据

原始数据	题号					
	1	2	3	4	5	6
输送带工作拉力 F(N)	2×10^3	2.1×10^3	2.2×10^3	2.3×10^3	2.4×10^3	2.5×10^3
输送带工作速度 v(m/s)	1.2	1.3	1.4	1.5	1.55	1.6

(四)工作条件

空载启动,经常满载运行,工作有轻振,不反转,单班制工作,输送机卷筒直径 $D=320$ mm,输送带容许速度误差为5%,减速器为小批生产,使用期限10年。

十、设计链式输送机用圆锥－圆柱齿轮减速器

(一)设计任务

设计用于链式输送机上的圆锥－圆柱齿轮减速器。

(二)系统简图

系统简图如图9-10所示。

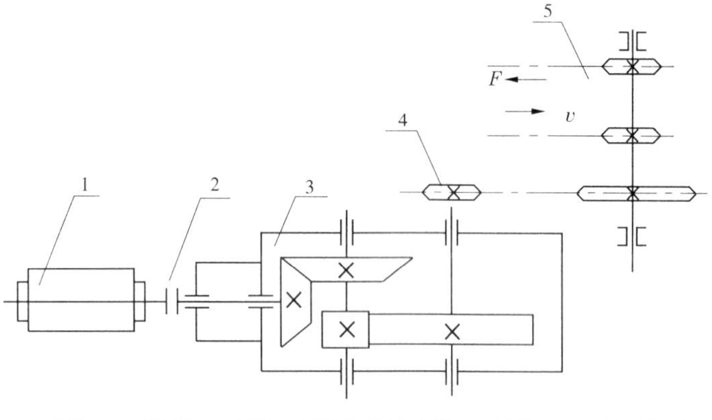

1—电动机;2—联轴器;3—圆锥－圆柱齿轮减速器;4—链传动;5—链式输送机

图 9-10　链式输送机传动系统简图

(三)原始数据

原始数据如表9-10所示。

表 9-10　原始数据

原始数据	题号						
	1	2	3	4	5	6	7
曳引链拉力 F(N)	9×10^3	9.5×10^3	10×10^3	10.5×10^3	11×10^3	11.5×10^3	12×10^3
曳引链速度 v(m/s)	0.30	0.32	0.34	0.35	0.36	0.38	0.40
曳引链链轮齿数 Z	8	8	8	8	8	8	8
曳引链节距 P(mm)	80	80	80	80	80	80	80

(四)工作条件

工作平稳,经常满载,两班制工作,引链容许速度误差为5%,减速器小批生产,使用期限5年。

第二节　减速器装配图常见错误示例

由于知识、经验及资料有限,课程设计中难免会出现一些缺陷,甚至是错误。为提高设计质量,对减速器装配图中常见的错误应该引起足够的注意,如图9-11所示的错误可在绘图时引以为戒。

图9-11中序号的注释说明:

1—轴承采用油润滑,但油不能流入导油沟内;

2—窥视孔太小,不便于检查传动件的啮合情况,并且没有垫片密封;

3—两端吊钩的尺寸不同,并且左端吊钩尺寸太小;

4—油标座孔不够倾斜,无法进行加工和装拆;

5—放油螺塞孔端处的箱体没有凸起,螺塞与箱体之间也没有封油圈,并且螺纹孔长度太短,很容易漏油;

6、12—箱体两侧的轴承孔端面没有凸起的加工面;

7—垫片孔径太小,端盖不能装入;

8—轴肩过高,不能通过轴承的内圈来拆卸轴承;

9、19—轴段太长,有弊无益;

10、16—大、小齿轮同宽,很难调整两齿轮在全齿宽上啮合,并且大齿轮没有倒角;

11、13—投影交线不对;

14—间距太短,不便拆卸弹性套柱销联轴;

15、17—轴与齿轮轮毂的配合段同长,轴套不能固定齿轮;

18—箱体两凸台相距太近,铸造工艺性不好,造型时易出现夹砂;

20、27—箱体凸缘太窄,无法加工凸台的沉头座,连接螺栓头部也不能全坐在凸台上,相对应的主视图投影有误;

21—输油沟的油容易直接流回箱座内,不能润滑轴承;

22—没有此孔,此处缺少凸台与轴承座的相贯线;

23—键的位置紧贴轴肩,加大了轴肩处的应力集中;

24—齿轮轮毂上的键槽,在装配时不易对准轴上的键;

25—齿轮联轴器与箱体端盖相距太近,不便于拆卸端盖螺钉;

26—端盖与箱座孔的配合面太短;

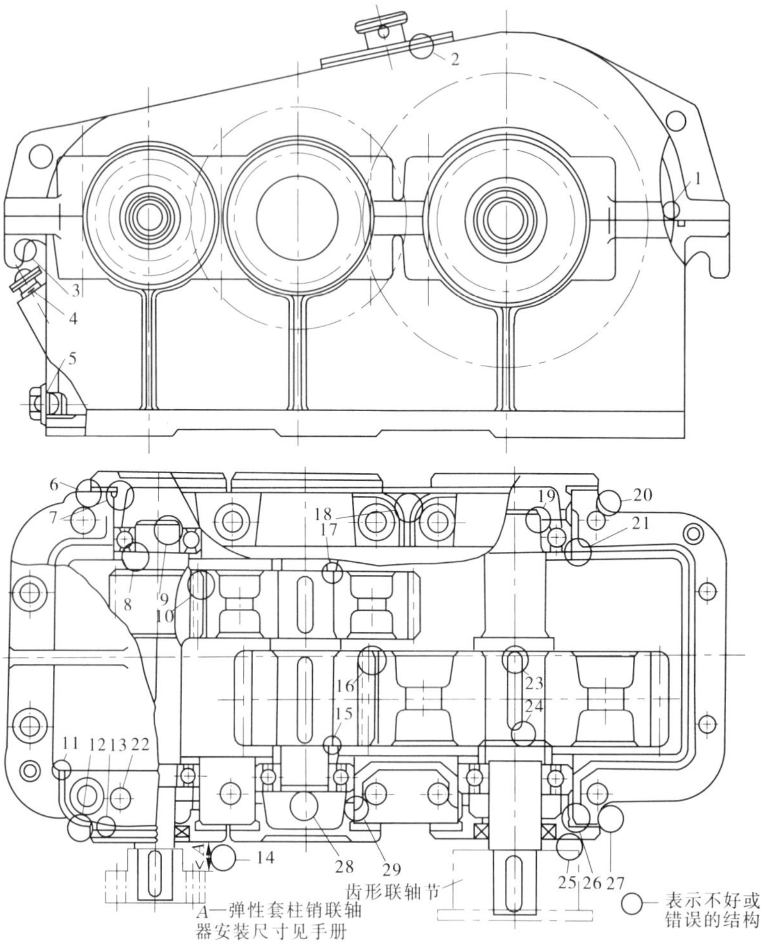

图 9-11　减速器装配图常见错误

28—所有端盖上应当开缺口，使润滑油在较低油面就能进入轴承以加强密封；

29—端盖开缺口部分的直径应当缩小，也应与其他端盖一致。

另外，图中有若干圆缺中心线(未圈出)。

第三节　装配工作图图例

减速器装配图是用来表达设计思想、工作原理、装配关系和零件的连接形式，指导生产、安装、检验、调试、维护及进行技术交流的重要技术文件，一般包括一组视图、必要的尺寸、技术要求、标题栏、零件序号及明细栏等。

一、一级齿轮减速器

一级齿轮减速器如图 9-12、图 9-13 所示。

二、二级齿轮减速器

二级齿轮减速器如图 9-14、图 9-15 所示。

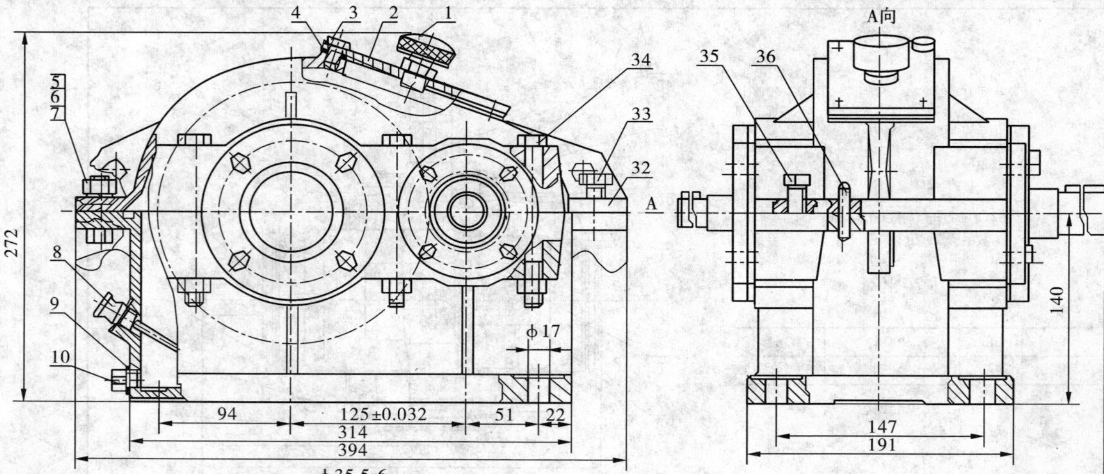

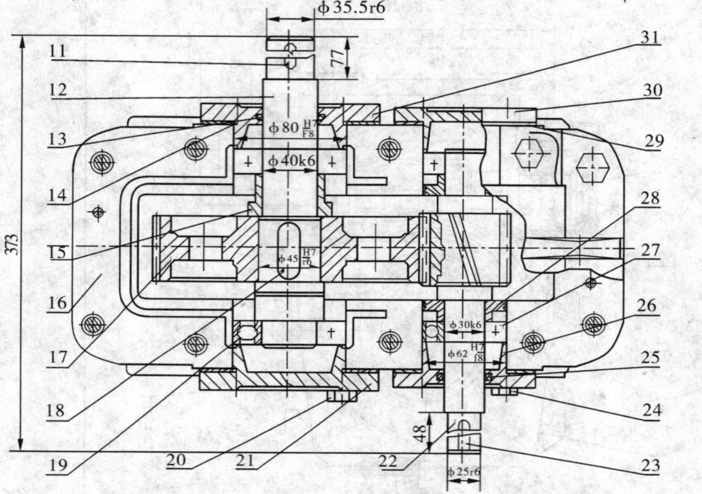

技术特性

输入功率(kW)	高速轴转速(r/min)	效率	传动比i
3.8	480	95%	3.21

技术要求

1.啮合侧隙大小用铅丝检验，保证不小于0.16 mm。铅丝直径不得大于最小侧隙的两倍

2.用涂色法检验齿轮接触斑点，按齿高接触斑点不少于40%，按齿宽接触斑点不少于50%

3.应调整轴承轴向间隙，φ40为0.05~0.1 mm，φ30为0.04~0.10 mm

4.箱内装工业齿轮油N220至规定高度

5.箱座、箱盖及其他零件未加工的内表面，齿轮的未加工表面涂底漆并涂红色耐油油膜。箱盖、箱及其他零件未加工的外表面涂底漆并涂浅灰色油膜

6.运转过程中应平稳、无冲击、无异常振动和噪声。各密封处、接合处均不得渗油、漏油。剖分面允许涂密封胶或水玻璃

序号	名称	数量	材料	备注
36	销B10×40	2		GB 117—86
35	启盖螺钉 M12×20	2		GB 5782—86
34	螺栓M12×120	6		GB 5782—86
33	螺 钉M12×25	1		GB 5782—86
32	箱盖	1	HT200	
31	轴承端盖	1	HT150	
30	轴承端盖	1	HT150	
29	调整垫片		Q215	
28	封油环	2	Q215	
27	轴承6208	2		GB 297—84
26	轴承端盖	1	HT150	
25	毡圈	1	细毛毡	
24	螺钉M8×25	8		GB 5782—86
23	键8×40	1		GB 1096—79
22	齿轮轴	1	40MnB	
21	轴承端盖	1	HT150	
20	螺钉M10×25	8		GB 5782—86
19	滚动轴承6208	2		GB 297—84
18	键14×45	1		GB 1096—79
17	齿轮	1	钢45	
16	箱座	1	HT200	
15	套筒	1	Q235	
14	调整垫片		Q215	
13	毡圈	1	细毛毡	
12	轴	1	钢45	
11	键10×63	1		GB 1096—79
10	放油螺塞	1	Q235A	JB 1130—70
9	垫片	1	衬垫石棉板	
8	油标尺	1		组合件
7	垫圈12	9		GB 93—76
6	螺母M12	9		GB 41—86
5	螺栓M12×40	3		GB 5782—86
4	垫片	1	衬垫石棉板	
3	螺栓M6×16	4		GB 5782—86
2	窥视孔盖	1	Q235	
1	通气器	1		

一级圆柱齿轮减速器	数量	比例	1:2
	材料	图号	
制图		（学校、班级、姓名）	
校核			

图9-12　圆柱齿轮减速器

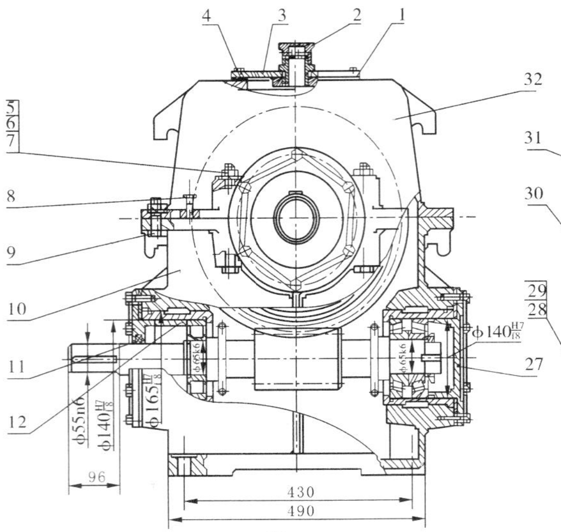

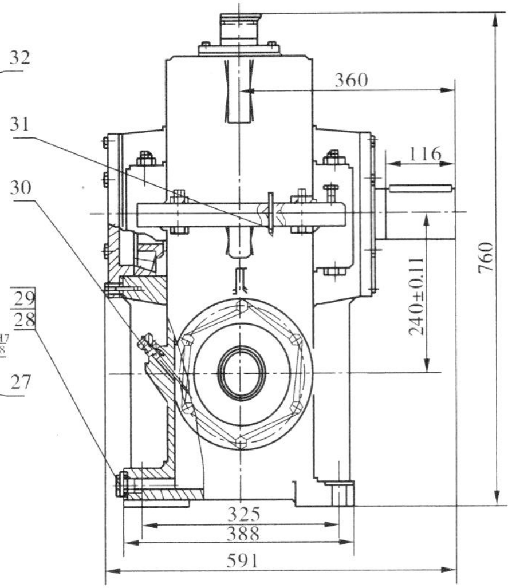

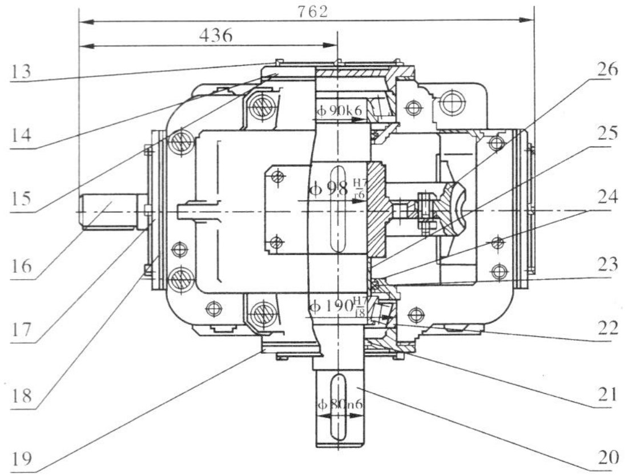

技术特性

输入功率(kW)	高速轴转速(r/min)	效率	传动比i
17	1 000	73%	16.33

技术要求

1. 装配前所有零件用煤油清洗，滚动轴承用汽油清洗
2. 各配合、密封、螺钉连接处用润滑脂润滑
3. 接触斑点按齿高不得小于60%，按齿长不得小于65%
4. 蜗杆轴承的轴向游隙为0.05～0.1 mm，蜗轮轴承的轴向游隙为0.12～0.2 mm
5. 装配完成后进行空载试验，条件为：高速轴转速n=1 000 r/min，正反转各1 h，运转平稳，无噪声和撞击声，温升不得超过60℃，不漏油(试车用HJ-40机械油)
6. 未加工外表面涂灰色油漆，内表面涂红色油漆

序号	名称	数量	材料	备注
32	机盖	1	HT150	
31	定位销	2	45	
30	油尺组合	1		组合件
29	垫片	1	石棉橡胶板	
28	螺塞	1	Q235	
27	轴承端盖	1	HT150	
26	蜗轮组合	1		组合件
25	轴套	1	HT150	
24	密封盖	2	HT150	
23	毡圈	2	细毛毡	
22	轴承	2		30318
21	毡圈	1	细毛毡	
20	输出轴组合	1		组合件
19	轴承端盖	1	HT150	
18	调整垫片	2组	08F	
17	轴承端盖	1	HT150	
16	蜗杆轴组合	1		组合件
15	调整垫片	2组	08F	
14	轴承端盖	1	HT150	
13	螺钉M10×40	24	Q235A	GB 5782—86
12	套筒	1	Q235A	
11	毡圈	1	细毛毡	
10	箱座	1	HT200	
9	螺栓M16×60	4	Q235A	GB 5782—86
8	启盖螺钉M12×1/2	1	45	GB 5782—86
7	垫片	8	65Mn	GB 93—87.12
6	螺母M16	8	Q235A	GB 6170—86
5	螺栓M16×180	4	Q235A	GB 5782—86
4	螺钉M10×30	4	Q235A	GB 5782—86
3	视孔盖组合	1		组合件
2	通气器组合	1		组合件
1	垫片	1	石油橡胶	

蜗杆减速器		数量	比例 1:2
		材料	图号
制图		（学校、班级、姓名）	
校核			

图9-13　蜗杆减速器

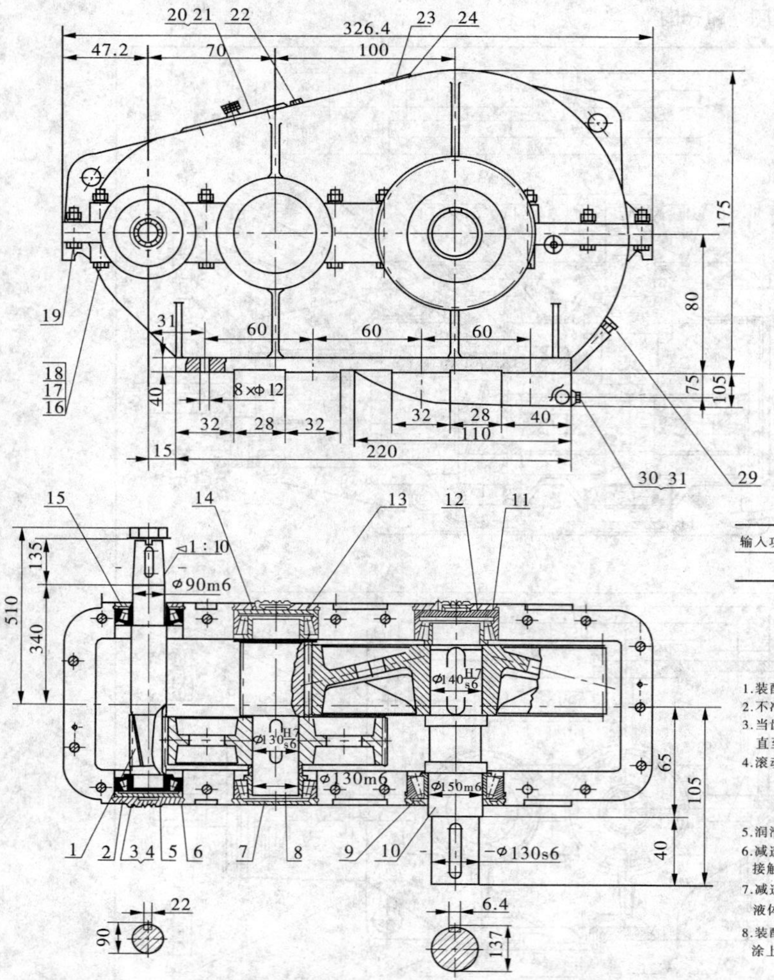

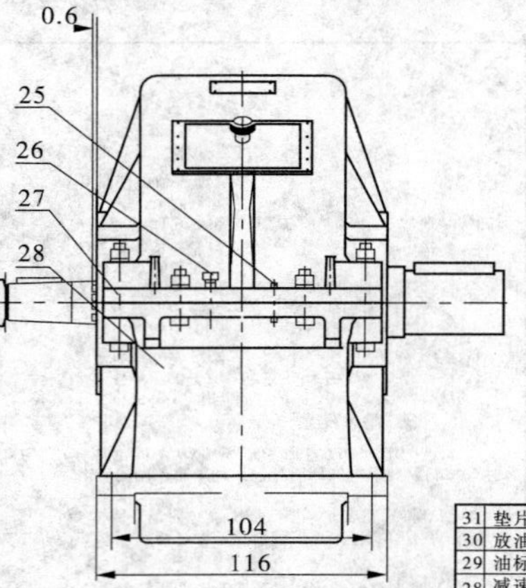

技术特性

输入功率(kW)	高速轴转速(r/min)	效率	传动比i
4	1 500	94%	48.6

技术要求

1.装配前应清除减速器体内的铁屑、泥沙等一切脏物

2.不准采用锉齿的方法来达到所要求的接触面积

3.当齿面接触斑点小于公差表规定值时，则应作负荷试运转，直至达到要求，但禁止将任何磨料放入油中

4.滚动轴承的轴向间隙应符合下列要求：

主动轴轴承0.2~0.3 mm

中间轴轴承0.2~0.3 mm

从动轴轴承0.2~0.3 mm

5.润滑油选用GB 5903中的N68、N100或N150

6.减速器盖和座自由结合后，用0.05 mm塞尺检查剖分面接触的密合性,塞尺塞入深度不得大于剖分面宽度的1/3

7.减速器盖与座剖分面不允许加入任何衬垫，但须加入液体密封胶

8.装配完后，外表面涂上油漆，加工过的外露表面（伸出轴）涂上防锈油

序号	名称	数量	材料	备注
31	垫片	1	衬垫石棉板	
30	放油螺塞	1	Q235A	JB 1130—70
29	油标尺	1	组合件	
28	减速器座	1	HT150	
27	减速器盖	1	HT150	
26	启盖螺钉M12×50	2		GB 5782—86
25	销A12−80	2	45	
24	铆钉3×8	4	ML2	
23	标牌	1	L2	
22	螺栓M6×16	20		GB 5782—86
21	垫片	1	衬垫石棉板	
20	窥视孔盖组合	1	组合件	
19	螺栓M24×100	6	8.8级	GB 5780—86
18	垫圈24	16	65Mn	GB 93—87
17	螺母M24	16	5级	GB 6170—86
16	螺栓M24×200	10	8.8级	GB 5780—86
15	主动轴承盖	1	Q235A	
14	中间轴端盖	1	Q235A	
13	中间轴承挡盖	1	HT150	
12	从动轴承挡盖	1	HT150	
11	从动轴端盖	1	Q235A	
10	从动轴装配组合	1	组合件	
9	从动轴承盖	1	Q235A	
8	中间轴装配组合	1	组合件	
7	中间轴闷盖	1	Q235A	
6	中间轴承挡盖	1	HT150	
5	调整螺钉	3	45	
4	垫片	20	65Mn	GB 93—87.12
3	螺栓M8×16	20	Q235A	GB 5782—86
2	主动轴端盖	1	Q235A	
1	主动轴装配组合	1	组合件	

二级圆柱齿轮减速器	数量 材料	比例 1∶10 图号	
制图 校核		（学校、班级、姓名）	

图9-14　圆柱齿轮减速器

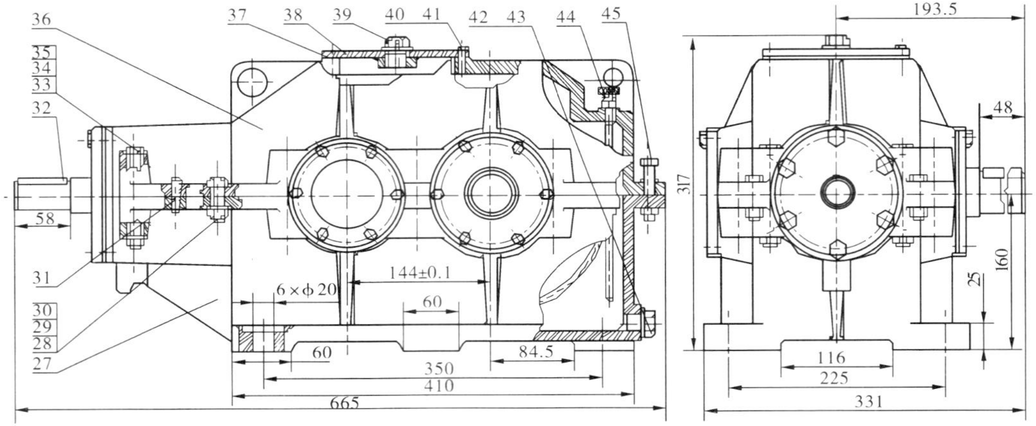

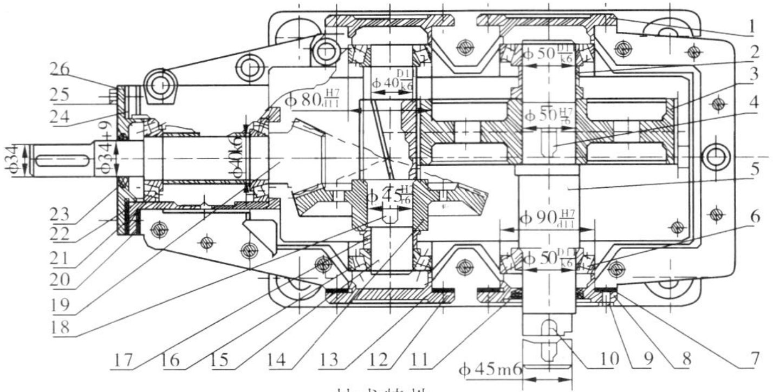

技术特性

输入功率(KW)	输入轴转速(r/min)	效率 η	总传动比 i	传动特性							
				第一级				第二级			
				m_n	齿数		精度等级	mn	齿数		精度等级
3.88	960	0.8	11.7		z_1	25			z_1	21	
					z_2	70			z_2	91	

技术条件

1.装配前，轴承用汽油清洗，其余所有零件装配前用煤油清洗

2.箱体内壁涂耐油油漆，减速器外表面涂灰色油漆

3.减速器剖分面、各接触面及密封处均不允许漏油、渗油，箱体剖分面允许涂以密封胶或水玻璃

4.调整固定轴承时应留有轴向间隙：高速轴轴承0.04~0.07mm,其余轴承0.05~0.10mm

5.用涂色法检查接触斑点，圆柱齿轮沿齿长不小于50%，沿齿高不小于30%；锥齿轮沿齿长不小于50%，沿齿高不小于55%

6.锥齿轮侧隙J_{nmin}=0.01mm,圆柱齿轮侧隙J_{nmin}=0.160 mm。侧隙用压铅法检查，所用铅丝直径不得大于最小侧隙的两倍

7.减速器内装220中负荷工业齿轮油，油量达到规定的深度

8.按试验规程进行试验

9.齿圈轴向位移极限偏差f_{AM1}= ±0.095mm，f_{AM2}= ±0.034mm

10.轴向距极限偏差f_a= ±0.03mm

11.轴交角极限偏差E=0.05mm

序号	名称	数量	材料	备注
45	启箱螺钉	1	8.8级	GB 85—88
44	油标尺	1	Q235A	
43	垫片	1	石棉橡胶板	
42	螺塞M20×1.5	1	Q235A	
41	垫圈6	4	65Mn	GB 93—87
40	螺栓M6×20	4	8.8级	GB 5783—86
39	通气器	1	Q235A	
38	视孔盖	1	Q235A	
37	垫片	1	软钢纸板	QB 365—81
36	箱盖	1	HT200	
35	螺栓M12×100	8	8.8级	GB 5780—86
34	垫圈12	8	65Mn	GB 93—87
33	螺母M12	8	5级	GB 6170—86
32	键10×50	1	45	GB 1096—79
31	销10×40	2	35	GB 117—86
30	螺栓12×40		8.8级	GB 5782—86
29	垫圈12	4	65Mn	GB 93—87
28	螺母12	4	8级	GB 6170—86
27	箱座	1	HT200	
26	通盖	1	HT150	
25	螺栓M8×30	6	8.8级	GB 5783—86
24	调整垫片	1	08F	
23	密封圈B028047	1		GB 13871—92
22	套杯	1	HT200	
21	圆锥滚子轴承30208	2		GB/T297—94
20	调整垫片	1	08F	
19	锥齿轮轴	1	45	
18	键14×36	1	45	GB 1096—79
17	轴套	1	Q235A	
16	圆锥滚子轴承30208	2		GB/T297-94
15	齿轮轴	1	45	
14	大锥齿轮	1	45	
13	调整垫片	2	08F	
12	闷盖	2	HT150	
11	密封圈035055	4		GB13871-92
10	键14×100	1	45	GB1096-79
9	螺栓M8×25	24		GB5783-86
8	通盖	1		
7	调整垫片	2	HT150	GB/T297-94
6	圆锥滚子轴承30208	2	08F	
5	输出轴	2		
4	键14×50	1	45	GB1096-79
3	大斜齿轮	1	45	
2	轴套	1	45	
1	闷盖	1	HT150	

二级圆锥-圆柱齿轮减速器	数量		比例	1:2
	材料		图号	
制图			（学校、班级、姓名）	
校核				

图9-15 圆锥-圆柱齿轮减速器

第三篇　机械设计基础课程设计常用标准和规范

第十章　一般标准和常用数据

第一节　一般标准

一、标准尺寸(直径、长度和高度等)

标准尺寸(直径、长度和高度等)见表10-1。

表10-1　标准尺寸(直径、长度和高度等)(GB 2822—1981)

R10	R20	R10	R20	R40	R10	R20	R40	R10	R20	R40	R10	R20	R40
1.25	1.25	12.5	12.5	12.5	40.0	40.0	40.0	125	125	125	400	400	400
	1.40			13.2			42.5			132			425
1.60	1.60		14.0	14.0		45.0	45.0		140	140		450	450
	1.80			15.0			47.5			150			475
2.00	2.00	16.0	16.0	16.0	50.0	50.0	50.0	160	160	160	500	500	500
	2.24			17.0			53.0			170			530
2.50	2.50		18.0	18.0		56.0	56.0		180	180		560	560
	2.80			19.0			60.0			190			600
3.15	3.15	20.0	20.0	20.0	63.0	63.0	63.0	200	200	200	630	630	630
	3.55			21.2			67.0			212			670
4.00	4.00		22.4	22.4		71.0	71.0		224	224		710	710
	4.50			23.6			75.0			236			750
5.00	5.00	25.0	25.0	25.0	80.0	80.0	80.0	250	250	250	800	800	800
	5.60			26.5			85.0			265			850
6.30	6.30		28.0	28.0		90.0	90.0		280	280		900	900
	7.10			30.0			95.0			300			950
8.00	8.00	31.5	31.5	31.5	100	100	100	315	315	315	1 000	1 000	1 000
	9.00			33.5			106			335			1 060
10.0	10.0		35.5	35.5		112	112		355	355		1 120	1 120
	11.2			37.5			138			375			1 180

注:1.选用标准尺寸的顺序为R10、R20、R40。

2.本标准适用于机械制造业中有互换性或系列化要求的主要尺寸,其他结构尺寸也尽量采用,对已有专用标准(如滚动轴承、联轴器等)规定的尺寸,按专用标准选用。

二、轴肩与轴环尺寸

轴肩与轴环尺寸见表 10-2。

表 10-2　轴肩与轴环尺寸

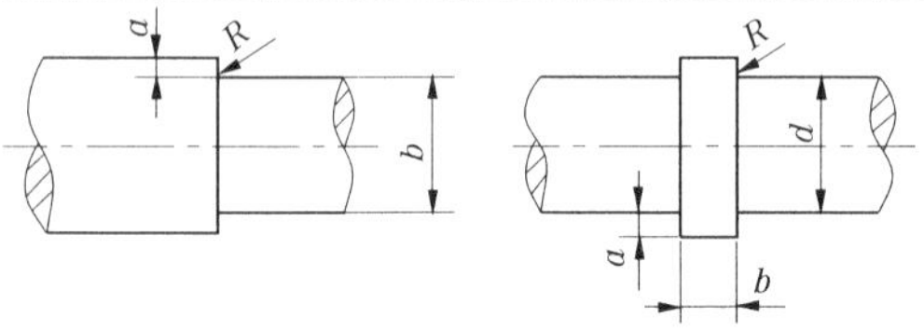

$a=(0.07\sim0.1)d$

$b\approx1.4a$

定位用 $a>R$

R—倒角半径

三、圆柱形拉伸

圆柱形拉伸见表 10-3。

表 10-3　圆柱形拉伸(GB 1569—1990)

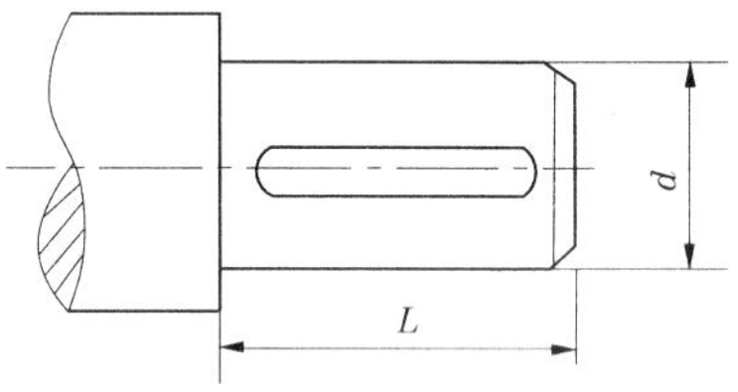

d			*L*		*d*			*L*		*d*			*L*	
基本尺寸	极限偏差		长系列	短系列	基本尺寸	极限偏差		长系列	短系列	基本尺寸	极限偏差		长系列	短系列
6	+0.006 −0.002	j6	16	—	19	+0.009 −0.004	j6	40	28	40	+0.018 +0.002	k6	110	82
7	+0.007 −0.002		16	—	20			50	36	42			110	82
8			20	—	22			50	36	45			110	82
9			20	—	24			50	36	48			110	82
10			23	20	25			60	42	50			110	82
11	+0.008 −0.003		23	20	28			60	42	55	+0.030 +0.011	m6	110	82
12			30	25	30			80	58	60			140	105
14			30	25	32	+0.018 +0.002	k6	80	58	65			140	105
16			40	28	35			80	58	70			140	105
18			40	28	38			80	58	75			140	105

四、圆形零件自由表面过渡圆角半径和过盈配合连接轴用倒角

圆形零件自由表面过渡圆角半径和过盈配合连接轴用倒角见表 10-4。

表 10-4　圆形零件自由表面过渡圆角半径和过盈配合连接轴用倒角　　（单位：mm）

圆角半径	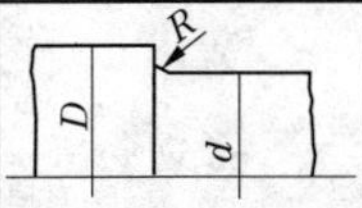	$D-d$	2	5	8	10	15	20	25	30	35	40	50	55	65	70	90
		R	1	2	3	4	5	8	10	12	12	16	16	20	20	25	25
		$D-d$	100	130	140	170	180	220	230	290	300	360	370	450			
		R	30	30	40	40	50	50	60	60	80	80	100	100			

过盈配合连接轴用倒角	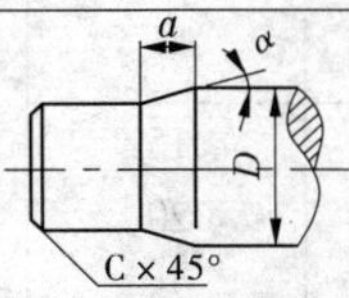	D	≤10	10 ~ 18	18 ~ 30	30 ~ 50	50 ~ 80	80 ~ 120	120 ~ 180	180 ~ 260	260 ~ 360	360 ~ 500
		a	1	1.5	2	3	5	5	8	10	10	12
		α	30°				10°					

注：尺寸 $D-d$ 是表中数值的中间值时，则按较小尺寸来选取 R。例如，$D-d=98$ mm，则按 90 选 $R=25$ mm。

五、铸造外圆角及相应的过渡尺寸 R 值

铸造外圆角及相应的过渡尺寸 R 值见表 10-5。

表 10-5　铸造外圆角及相应的过渡尺寸 R 值（JB/ZQ 4256—1997）　　（单位：mm）

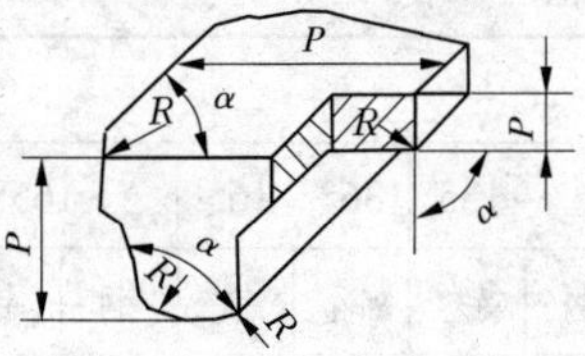

表面的最小边尺寸 P	外圆角 α					
	<50°	51° ~ 75°	76° ~ 105°	106° ~ 135°	136° ~ 165°	>165°
≤25	2	2	2	4	6	8
25 ~ 60	2	4	4	6	10	16
60 ~ 160	4	4	6	8	16	25
160 ~ 250	4	6	8	12	20	30
250 ~ 400	6	8	10	16	25	40
400 ~ 600	6	8	12	20	30	50
600 ~ 1 000	8	12	16	25	40	60
1 000 ~ 1 600	10	16	20	30	50	80
1 600 ~ 2 500	12	20	25	40	60	100
2 500	16	25	30	50	80	120

注：如果铸件按本表可选出许多不同圆角的 R，应尽量减少或只取一适当的 R 值以求统一。

六、铸造斜度

铸造斜度见表 10-6。

表 10-6　铸造斜度（结构斜度）

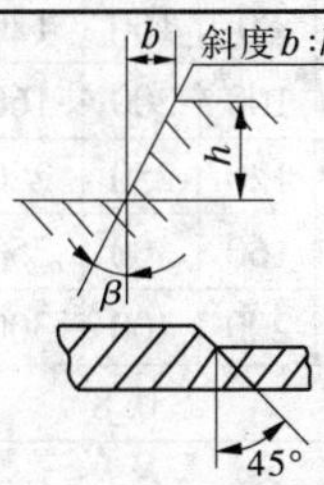

斜度 b	斜度 h	角度 β	使用范围
1	5	11°30′	$h<25$ mm 时的铸铁件和铸钢件
1	10	5°30′	h 在 25 ~ 500 mm 时的铸铁件和铸钢件
1	20	3°	
1	50	1°	$h>500$ mm 时的铸铁件和铸钢件
1	100	30′	有色金属铸件

注：当设计不同壁厚的铸件时（参见表中的图），在转折点处斜角最大，可增大到 30° ~ 45°。

七、铸造过渡斜度

铸造过渡斜度见表 10-7。

表 10-7　铸造过渡斜度(JB/ZQ 4254—1997)　　　　(单位:mm)

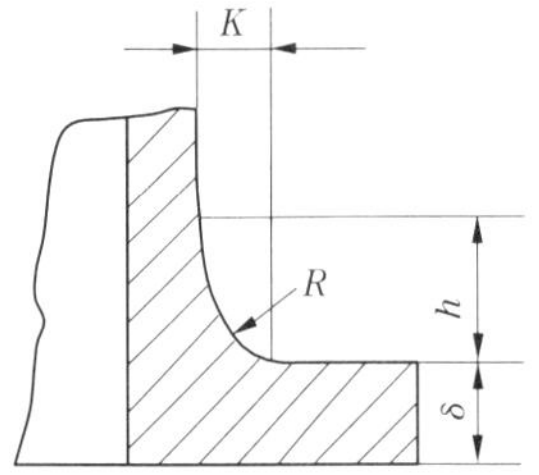

适合于减速器的箱体、箱盖、连接管、汽缸及其他各种连接法兰的过渡处

铁铸件和钢铸件的壁厚 δ	K	h	R
10 ~ 15	3	15	5
15 ~ 20	4	20	5
20 ~ 25	5	25	5
25 ~ 30	6	30	8
30 ~ 35	7	35	8
35 ~ 40	8	40	10
40 ~ 45	9	45	10
45 ~ 50	10	50	10

八、铸件内圆角及相应的过渡尺寸 *R* 值

铸件内圆角及相应的过渡尺寸 *R* 值见表 10-8。

表 10-8　铸件内圆角及相应的过渡尺寸 *R* 值　　　　(单位:mm)

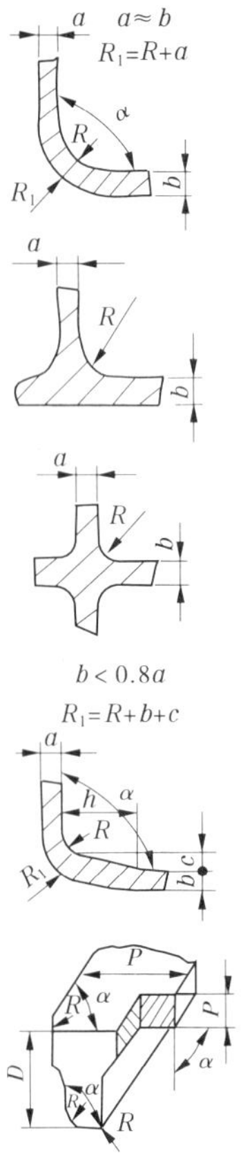

(a+b)/2	内圆角 α											
	<50°		50° ~75°		76° ~105°		106° ~135°		136° ~165°		>165°	
	钢	铁	钢	铁	钢	铁	钢	铁	钢	铁	钢	铁
≤8	4	4	4	4	6	4	8	6	16	10	20	16
9 ~ 12	4	4	4	4	6	6	10	8	16	12	25	20
13 ~ 16	4	4	6	4	8	6	12	10	20	16	30	25
17 ~ 20	6	4	8	6	10	8	16	12	25	20	40	30
21 ~ 27	6	6	10	8	12	10	20	16	30	25	50	40
28 ~ 35	8	6	12	10	16	12	25	20	40	30	60	50
36 ~ 45	10	8	16	12	20	16	30	25	50	40	80	60
46 ~ 60	12	10	20	16	25	20	35	30	60	50	100	80
61 ~ 80	16	12	25	20	30	25	40	35	80	60	120	100
81 ~ 110	20	16	25	20	35	30	50	40	100	80	160	120
111 ~ 150	20	16	30	25	40	35	60	50	100	80	160	120
151 ~ 200	25	20	40	30	50	40	80	60	120	100	200	160
201 ~ 250	30	25	50	40	60	50	100	80	160	120	250	200
251 ~ 300	40	30	60	50	80	60	120	100	200	160	300	250
>300	50	40	80	60	100	80	160	120	250	200	400	300

c 和 h 值					
b/a		<0.4	0.5 ~0.65	0.66 ~0.8	>0.8
≈c		0.7(a−b)	0.8(a−b)	a−b	
≈h	钢	8c			
	铁	9c			

九、配合表面处的圆角半径和倒角尺寸

配合表面处的圆角半径和倒角尺寸见表 10-9。

表 10-9　配合表面处的圆角半径和倒角尺寸(GB 6403.4—1986)　　（单位:mm）

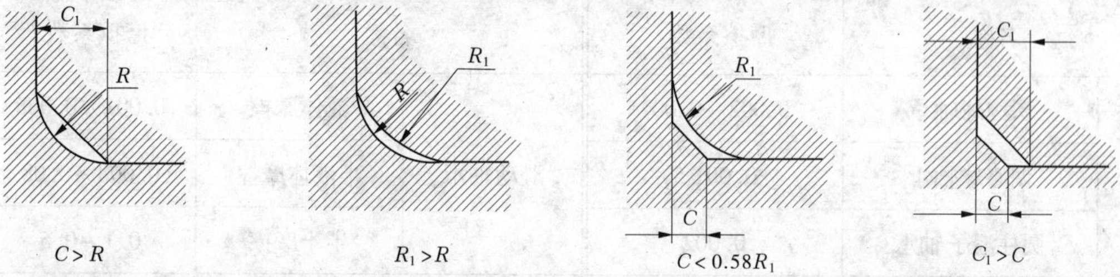

轴直径 d	10 ~ 18	18 ~ 30	30 ~ 50	50 ~ 80	80 ~ 120	120 ~ 180
R_1、R 及 C	0.8	1.0	1.6	2.0	2.5	3.0
C_{min}	0.4	0.5	0.8	1.0	1.2	1.6

第二节　常用数据

一、常用材料的弹性模量及泊松比

常用材料的弹性模量及泊松比见表 10-10。

表 10-10　常用材料的弹性模量及泊松比

名称	弹性模量 E(GPa)	切变模量 G(GPa)	泊松比 μ	名称	弹性模量 E(GPa)	切变模量 G(GPa)	泊松比 μ
灰铸铁	118 ~ 126	44.3	0.3	硬铝合金	70	26.5	0.3
球墨铸铁	173		0.3	轧制锌	82	31.4	0.27
碳钢、合金钢	206	79.4	0.3	铅	16	6.8	0.42
铸钢	202		0.3	玻璃	55	1.96	0.25
轧制纯铜	108	39.2	0.3 ~ 0.34	有机玻璃	2.3 ~ 29.42		
冷拔纯铜	127	48.0		橡胶	0.007 8		0.47
轧制磷锡青铜	113	41.2	0.3 ~ 0.35	电木	1.96 ~ 2.94	0.69 ~ 2.06	0.3 ~ 0.38
冷拔黄铜	89 ~ 97	34.0 ~ 36.3	0.3 ~ 0.42	夹布酚醛塑料	3.92 ~ 8.83		
轧制锰青铜	108	39.2	0.35	赛璐珞	1.71 ~ 1.89	0.69 ~ 0.98	0.4
轧制铝	68	25.0 ~ 26.5	0.3 ~ 0.36	尼龙 1010	1.07		
拔制铝线	69			硬聚氯乙烯	3.14 ~ 3.92		0.3 ~ 0.35
铸铝青铜	103	11.1	0.3	聚四氟乙烯	1.14 ~ 1.42		
铸锡青铜	103		0.3	混凝土	13.7 ~ 39.2	4.9 ~ 15.69	0.1 ~ 0.18

二、物体的摩擦系数

物体的摩擦系数见表 10-11。

表 10-11　物体的摩擦系数

名称		摩擦系数 f	名称		摩擦系数 f
滚动轴承	深沟球轴承	0.002 ~ 0.004	滑动轴承	液体摩擦	0.001 ~ 0.008
	调心球轴承	0.001 5		半液体摩擦	0.008 ~ 0.08
	圆柱滚子轴承	0.002		半干摩擦	0.1 ~ 0.5
	调心滚子轴承	0.004	密封软填料盒中填料与轴的摩擦		0.2
	角接触球轴承	0.003 ~ 0.005	制动器普通石棉制动带(无润滑) $P = 0.2 \sim 0.6$ MPa		0.35 ~ 0.48
	圆锥滚子轴承	0.008 ~ 0.02			
	推力球轴承	0.003	离合器装有黄铜丝的压制石棉 $P = 0.2 \sim 1.2$ MPa		0.40 ~ 0.43

三、机械传动和摩擦副的效率概略值

各种传动的传动比见表 10-12。

表 10-12　各种传动的传动比

传动类型		传动比	传动类型		传动比
平带传动		≤5	链传动		≤6
V 带传动		≤7	摩擦轮传动		≤5
圆柱齿轮传动	开式	≤8	蜗杆传动	开式	15 ~ 60
				一级减速器	8 ~ 40
	一级减速器	≤4 ~ 6	圆锥齿轮传动	开式	≤5
	一级外啮合和内啮合行星减速器	3 ~ 9		一级减速器	≤3

机械传动和摩擦副的效率概略值见表 10-13。

表 10-13　机械传动和摩擦副的效率概略值

种类		效率 η
圆柱齿轮传动	很好跑合的 6 级精度和 7 级精度齿轮传动(油润滑)	0.98 ~ 0.99
	8 级精度的一般齿轮传动(油润滑)	0.97
	9 级精度的齿轮传动(油润滑)	0.96
	加工齿的开式齿轮传动(脂润滑)	0.94 ~ 0.96
	铸造齿的开式齿轮传动	0.90 ~ 0.93
圆锥齿轮传动	很好跑合的 6 级精度和 7 级精度齿轮传动(油润滑)	0.97 ~ 0.98
	8 级精度的一般齿轮传动(油润滑)	0.94 ~ 0.97
	加工齿的开式齿轮传动(脂润滑)	0.92 ~ 0.95
	铸造齿的开式齿轮传动	0.88 ~ 0.92
蜗杆传动	自锁蜗杆(油润滑)	0.40 ~ 0.45
	单头蜗杆(油润滑)	0.70 ~ 0.75
	双头蜗杆(油润滑)	0.75 ~ 0.82
	三头和四头蜗杆(油润滑)	0.80 ~ 0.92
	圆弧面蜗杆传动(油润滑)	0.85 ~ 0.95
带传动	平带无压紧轮的开式传动	0.98
	平带有压紧轮的开式传动	0.97
	平带交叉传动	0.90
	V 带传动	0.96
	同步齿形带传动	0.96 ~ 0.98
链轮传动	焊接链	0.93
	片式关节链	0.95
	滚子链	0.96
	齿形链	0.97
摩擦传动	平摩擦传动	0.85 ~ 0.92
	槽摩擦传动	0.88 ~ 0.90
	卷绳轮	0.95

种类		效率 η
联轴器	浮动联轴器(十字滑块联轴器)	0.97 ~ 0.99
	齿式联轴器	0.99
	挠性联轴器	0.99 ~ 0.995
	万向联轴器($\alpha \leqslant 3°$)	0.97 ~ 0.98
	万向联轴器($\alpha > 3°$)	0.95 ~ 0.97
	梅花弹性联轴器	0.97 ~ 0.98
丝杠传动	滑动丝杠	0.30 ~ 0.60
	滚动丝杠	0.85 ~ 0.95
复滑轮组	滑动轴承($i = 2 \sim 6$)	0.90 ~ 0.98
	滚动轴承($i = 2 \sim 6$)	0.95 ~ 0.99
滑动轴承	润滑不良	0.94(一对)
	润滑正常	0.97(一对)
	润滑特好(压力润滑)	0.98(一对)
	液体摩擦	0.99(一对)
滚动轴承	球轴承(稀油润滑)	0.99(一对)
	滚子轴承(稀油润滑)	0.99(一对)
油池内油的飞溅和密封摩擦		0.95 ~ 0.99
减速器或变速器	一级圆柱齿轮减速器	0.97 ~ 0.98
	二级圆柱齿轮减速器	0.95 ~ 0.96
	一级行星圆柱减速器	0.95 ~ 0.98
	一级圆锥齿轮减速器	0.95 ~ 0.96
	二级圆锥 - 圆柱齿轮减速器	0.94 ~ 0.95
	无级变速器	0.92 ~ 0.95
	摆线 - 针轮减速器	0.90 ~ 0.97
	轧机主减速器	0.93 ~ 0.96
卷筒		0.96

注:减(变)速器中滚动轴承的损耗考虑在内。

第十一章　机械工程材料

第一节　黑色金属材料

一、灰铸铁

灰铸铁牌号、力学性能及特性见表11-1。

表11-1　灰铸铁牌号、力学性能及特性(GB/T 9439—1988)

牌号	铸件能达到抗拉强度的参考值			附铸试棒(块)的力学性能							特性和用途(非标准所列,供参考)
	铸件壁厚(mm)		$\sigma_b \geq$ (MPa)	铸件壁厚(mm)		$\sigma_b \geq$ (MPa)					
						附铸试棒		附铸试块		铸件(参考值)	
	≥	≤				ϕ 30mm	ϕ 50mm	R 15mm	R 25mm		
HT100	2.5	10	130								外罩、手把、手轮、底板、重锤等形状简单、对强度无要求的零件。 铸造应力小,不用人工时效处理,减振性优良,铸造性能好
	10	20	100								
	20	30	90								
	30	50	80								
HT150	2.5	10	175	20	40	130		[120]		120	用于强度要求不高的一般铸件,如端盖、汽轮泵体、轴承座、阀壳、管子及管路附件、手轮;一般机床底座、床身及其他复杂零件、滑座、工作台等;圆周速度为6~12 m/s的皮带轮,不用人工时效处理,有良好的减振性,铸造性能好
	10	20	145	40	80	115	[115]	110		105	
	20	30	130	80	150		105		100	90	
	30	50	120	150	300		100		90	80	
HT200	2.5	10	220	20	40	180	[155]	[170]		165	可承受较大弯曲应力,用于强度、耐磨性要求较高的较重要的零件和要求保持气密性的铸件,如汽缸、齿轮、底架、机体、飞轮、齿条、衬筒;一般机床铸有导轨的机身及中等压力(800 N/cm^2 以下)液压筒、液压泵和阀的壳体等;圆周速度>12~20 m/s的带轮。有较好的耐热性和良好的减振性,铸造性良好,需进行人工时效处理
	10	20	195	40	80	160	[155]	150		145	
	20	30	170	80	150		145		140	130	
	30	50	160	150	300		135		130	120	

续表 11-1

牌号	铸件能达到抗拉强度的参考值			附铸试棒(块)的力学性能							特性和用途(非标准所列,供参考)
	铸件壁厚(mm)		$\sigma_b \geqslant$ (MPa)	铸件壁厚(mm)		$\sigma_b \geqslant$ (MPa)					
						附铸试棒		附铸试块		铸件(参考值)	
	≥	≤				ϕ 30mm	ϕ 50mm	R 15mm	R 25mm		
HT250	4	10	270	20	40	220		[210]		205	基本性能同 HT200,但强度较高,用于阀壳、油缸、汽缸、联轴器、机体、齿轮、齿轮箱外壳、飞轮、衬筒、凸轮、轴承座等
	10	20	240	40	80	200	[190]	190		180	
	20	30	220	80	150		180		170	165	
	30	50	200	150	300		165		160	150	
HT300	10	20	290	20	40	260		[250]		245	可承受高弯曲应力,用于要求高强度、高耐磨性的重要铸件和要求保持高气密性铸件,如齿轮、凸轮、车床卡盘、剪床、压力机身;导板、六角、自行车床及其他重负荷机床铸有导轨的床身;高压液压筒、液压泵和滑阀的壳体等;圆周速度 >20 ~25 m/s 的带轮
	20	30	250	40	80	235	[230]	225		215	
	30	50	230	80	150		210		200	195	
				150	300		195		185	180	白口倾向大,铸造性差,需进行人工时效处理和孕育处理
HT350	10	20	340	20	40	300		[290]		285	齿轮、凸轮、车床卡盘、剪床、压力机的机身;导板、六角、自动车床及其他重负荷机床;高压液压筒、液压泵和滑阀的壳体等
	20	30	290	40	80	270	[265]	260		255	
	30	50	260	80	150		240		230	225	
				150	300		215		210	205	

注:1. 本标准适用于砂型铸造或导热性与砂型相当的铸型铸造的灰铸铁件。

2. 力学性能系铸态情况下的力学性能。

3. 括号内的数值仅适用于铸件壁厚大于试样直径时。

二、球墨铸铁

球墨铸铁牌号、力学性能及特性见表 11-2。

表 11-2　球墨铸铁牌号、力学性能及特性(GB/T 1348—1988)

牌号	铸件壁厚(mm)	力学性能 σ_b (MPa) 最小值	力学性能 $\sigma_{0.2}$ (MPa) 最小值	力学性能 δ (%) 最小值	供参考 HB	供参考 主要金相组织	特性和用途(非标准所列,供参考)
QT400 - 18		400	250	18	130 ~ 180	铁素体(100%)	有较好的塑性与韧性,焊接性与切削性也较好,常温冲击韧性高。用于制造农机具、犁铧、收割机、割草机等;汽车、拖拉机的轮毂、驱动桥壳体、离合器壳、差速器壳等;1.6 ~ 6.5 MPa 阀门的阀体、阀盖、压缩机汽缸,铁路钢轨垫板、电机机壳、齿轮箱等
QT400 - 15		400	250	15	130 ~ 180	铁素体(100%)	
QT450 - 10		450	310	10	160 ~ 210	铁素体(≥80%)	焊接性与切削性均好,塑性略低于QT400 - 18,强度与小能量冲击力优于QT400 - 18,用途同上
QT500 - 7		500	320	7	170 ~ 230	铁素体 + 珠光体(<80% ~ 50%)	强度与塑性中等,切削性尚好,用于制造内燃机油泵齿轮、汽轮机中温汽缸隔板、机车车辆轴瓦、飞轮等
QT600 - 3		600	370	3	190 ~ 270	珠光体 + 铁素体(<80% ~ 10%)	强度和耐磨性较好,塑性韧性较低。用于制造内燃机的曲轴、凸轮轴、连杆等;农机具轻负荷齿轮等;部分磨床、铣床、车床的主轴;空压机、冷冻机、制氧机、泵的曲轴、缸体、缸套等;球磨机齿轮、各种车轮、滚轮、小型水轮机主轴等;球磨机齿轴、矿车等
QT700 - 2		700	420	2	225 ~ 305	珠光体	
QT800 - 2		800	480	2	245 ~ 335	珠光体或回火索氏体组织	
QT900 - 2		900	600	2	280 ~ 360	贝氏体或回火马氏体	有高的强度和耐磨性,较高的弯曲疲劳强度,接触疲劳强度和一定的韧性。用于内燃机曲轴,凸轮轴,汽车上的圆锥齿轮、转向节、传动轴,拖拉机的减速齿轮和农机具
QT400 - 18A	30 ~ 60	390	250	18	130 ~ 180	铁素体	特性与用途与上面相应牌号相同
	60 ~ 200	370	240	12			
QT400 - 15A	30 ~ 60	390	250	15	130 ~ 180	铁素体	
	60 ~ 200	370	240	12			
QT500 - 7A	30 ~ 60	450	300	7	170 ~ 240	铁素体 + 珠光体	
	60 ~ 200	420	290	5			
QT600 - 3A	30 ~ 60	600	360	3	180 ~ 270	珠光体 + 铁素体	
	60 ~ 200	550	340	1			
QT700 - 2A	30 ~ 60	700	400	2	220 ~ 320	珠光体	
	60 ~ 200	650	380	1			

注:1. 本标准适用于砂型铸造或导热性与砂型相当的铸型铸造的普通和低合金球墨铸铁。

2. 牌号后面的字母 A 表示在附铸铁试块上测定的力学性能以区别单铸试块。当铸件质量≥2 000 kg 且壁厚在30 ~ 200 mm 时,一般采用附铸试块。

三、铸钢

一般工程用铸造碳钢件牌号、力学性能及特性见表11-3。

表11-3　一般工程用铸造碳钢件牌号、力学性能及特性(GB/T 11352—1989)

牌号	铸件厚度(mm)	室温下试样力学性能			根据合同选择			特性和用途
		σ_s 或 $\sigma_{0.2}$ (MPa)	σ_b (MPa)	δ (%)	ψ (%)	冲击性能 A_{KV} (J)	冲击性能 A_{ku} (J/cm²)	
ZG200－400	<100	200	400	25	40	30	60	有良好的塑性、韧性和焊接性,用于机座、变速箱壳等
ZG230－450		230	450	22	32	25	45	有一定的强度和较好的塑性、韧性,可切削性尚好,用于机座、机盖、箱盖、箱体、底板、阀体、锤轮等
ZG270－500		270	500	18	25	22	35	有较高的强度和较好的塑性,铸造性良好,焊接性尚可,可切削性好,用于飞轮、轧钢机架、蒸汽锤、桩锤、联轴器、连杆、箱体、曲拐、水压机工作缸、横梁等
ZG310－570		310	570	15	21	15	30	强度和切削性良好,塑性、韧性较低,硬度和耐磨性较高,焊接性差、流动性好,裂纹敏感性较大,用于负荷较大的零件,各种形状的机件,如联轴器、轮、汽缸、齿轮、齿轮圈、棘轮及重负荷机架
ZG340－640		340	640	10	18	10	20	有较高强度、硬度和耐磨性,切削性一般,焊接性差,流动性好,裂纹敏感性较大,用于起重运输机中齿轮、棘轮、联轴器及重要的机件等

注:1. 当铸件厚度超过100 mm时,表中规定的$\sigma_{0.2}$屈服强度仅供设计参考。
2. 表中力学性能为试块铸态的力学性能。
3. 本标准适用于砂型铸造或导热性与砂型相当的铸型铸造的一般工程用铸造碳钢件。对用其他铸型的一般工程用铸造碳钢件,也可参照使用。

四、普通碳素结构钢

碳素结构钢牌号、力学性能及应用见表 11-4。

表 11-4　碳素结构钢牌号、力学性能及应用（GB/T 700—2006）

牌号	等级	机械性能													用途
		屈服点 σ_s（MPa）						机械抗拉强度 σ_b（MPa）	伸长率 δ（%）						
		钢材厚度/直径（mm）							钢材厚度/直径（mm）						
		不小于							不小于						
		≤16	16～40	40～60	60～100	100～150	>150		≤16	16～40	40～60	60～100	100～150	>150	
Q195	—	(195)	(185)	—	—	—	—	315～430	33	32	—	—	—	—	载荷小的零件，铁丝、垫铁、垫圈开口销、拉杆、冲压件及焊接件
Q215	A B	215	205	195	185	175	165	335～450	31	30	29	28	27	26	拉杆、套圈、垫圈、螺栓、渗碳零件及焊接件
Q235	A B C D	235	225	215	205	195	185	375～500	26	25	24	23	22	21	金属结构件，心部强度要求不高的渗碳或氧化零件，拉杆、连杆、吊车、车钩、螺栓、螺母、套筒、轴及焊接件，C、D级用于重要的焊接结构
Q255	A B	255	245	235	225	215	205	410～550	24	23	22	21	20	19	转轴、心轴、吊钩、拉杆、摇杆契等强度要求不高的零件，焊接性尚可
Q275	—	275	265	255	245	235	225	490～630	20	19	18	17	16	15	轴类、链轮、齿轮、吊钩等强度要求较高的零件

五、优质碳素结构钢

优质碳素结构钢牌号、力学性能及应用见表 11-5。

表 11-5　优质碳素结构钢牌号、力学性能及应用(GB/T 699—1999)

钢号	推荐热处理(℃)			力学性能					特性和用途
	正火	淬火	回火	抗拉强度(MPa)	屈服点(MPa)	伸长率(%)	断面收缩率(%)	冲击韧度(J)	
08F	930			295	175	35	60	—	这种钢强度不大,而塑性和韧性甚高,有良好的冲压、拉延和弯曲性能,焊接性好。可做塑性较好的零件,如管子、垫片;心部强度要求不高的渗碳和氰化零件,如套筒、短轴、离合器盘
08	930			325	195	33	60	—	
10F	930			315	185	33	55	—	
10	930			335	205	31	55	—	屈服点和抗拉强度比值较低,塑性和韧性均高,在冷状态下容易模压成形。一般用做拉杆、卡头、垫片、铆钉。无回火脆性倾向,焊接性甚好,冷拉或正火状态的切削加工性能比退火状态好
15	920			375	225	27	55	—	塑性、韧性、焊接性能和冷冲性能均极好,但强度较低。用于受力不大、韧性要求较高的零件、渗碳零件、紧固件、冲模锻件及不要热处理的低负荷零件,如螺栓、螺钉、拉条、法兰盘及化工容器、蒸汽锅炉,冷拉或正火状态的切削性能比退火状态好
20	910			410	245	25	55	—	冷变形塑性高,一般供弯曲、压延用,为了获得好的深冲压延性能,板材应正火或高温回火。 用于不经受很大应力而要求很大韧性的机械零件,如杠杆、轴套、螺钉、起重钩等。还可用于表面硬度高而心部强度要求不大的渗碳和氰化零件。冷拉或正火状态的切削加工性较退火状态好
25	900	870	600	450	275	23	50	71	性能与 20 钢相似,钢的焊接性及冷应变塑性均高,无回火脆性倾向,用于制造焊接设备,以及经锻造、热冲压和机械加工的不承受高应力的零件,如轴、辊子、连接器、垫圈、螺栓、螺钉、螺母

续表 11-5

钢号	推荐热处理(℃)			力学性能					特性和用途
	正火	淬火	回火	抗拉强度(MPa)	屈服点(MPa)	伸长率(%)	断面收缩率(%)	冲击韧度(J)	
30	880	860	600	490	295	21	50	63	截面尺寸不大时,淬火并回火呈索氏体组织,从而获得良好的强度和韧性的综合性能,用于制造螺钉、拉杆、轴、套筒、机座
35	870	850	600	530	315	20	45	55	有良好的塑性和适当的强度,多在正火和调质状态下使用。焊接性能尚可,但焊前要预热,焊后回火处理,一般不做焊接,用于制造曲轴、转轴、杠杆、连杆、圆盘、套筒、钩环、飞轮、机身、法兰、螺栓、螺母
40	860	840	600	570	335	19	45	47	有较好的强度,加工性好,冷变形时塑性中等,焊接性差,焊前先预热,焊后应热处理,多在正火和调质状态下使用,用于制造辊子、轴、曲柄销、活塞杆等
45	850	840	600	600	335	16	40	39	强度较高,塑性和韧性尚好,用于制造承受载荷较大的小截面调质件和应力较小的大型正火零件,以及对心部要求强度不高的表面淬火件,如曲轴、转动轴、齿轮、蜗杆、键、销等。水淬时有形成裂纹的倾向,形状复杂的零件应在热水或油中淬火,焊接性差
50	830	830	600	630	375	14	40	31	强度高,塑性、韧性较差,切削性中等,焊接性差,水淬有形成裂痕倾向。一般在正火、调质状态下使用,用做要求较高强度、耐磨性或弹性、动载荷及冲击负荷不大的零件,如齿轮、机床主轴、连杆、次要弹簧等
55	820	820	600	645	380	13	35	—	同50钢
60	810			675	400	12	35	—	强度、硬度和弹性均相当高,切削性、焊接性差,水淬有裂痕倾向,小件才能淬火,大件多采用正火,用做轴、轮箍、弹簧、离合器、钢丝绳等受力较大、要求耐磨性和一定弹性的零件

续表 11-5

钢号	推荐热处理(℃)			力学性能					特性和用途
	正火	淬火	回火	抗拉强度(MPa)	屈服点(MPa)	伸长率(%)	断面收缩率(%)	冲击韧度(J)	
15Mn	920			410	245	26	55	—	高锰低碳渗碳钢,性能与15钢相似,但淬透性、强度和塑性都比15钢高,用于制造心部力学性能要求高的渗碳零件,如齿轮、联轴器等,焊接性能尚可
20Mn	910			450	275	24	50	—	
25Mn	900	870	600	490	295	22	50	71	
30Mn	880	860	600	540	351	20	45	63	强度和淬透性比相应的碳钢高,冷变形时塑性尚好,切削加工性好,有回火脆性倾向,锻后要立即回火,一般在正火状态下使用,用于制造螺栓、螺母、杠杆、转轴、心轴等
35Mn	870	850	600	560	335	18	45	55	
40Mn	860	840	600	590	355	17	45	47	可在正火状态下应用,也可在淬火与回火状态下使用,切削加工性好,冷变形时的塑性中等。焊接性不良。用以制造承受疲劳负荷的零件,如轴子以及高应力下工作的螺母螺钉等
50Mn	830	830	600	645	390	13	40	31	弹性、强度、硬度均高,多在淬火和回火中应用,在某些情况下还可以在正火后使用,焊接性差,用于制造耐磨性要求很高、在高负荷作用下的热处理零件,如齿轮、齿轮轴、摩擦盘等
60Mn	810			695	410	11	35	—	强度较高,淬透性较碳素弹簧钢好,脱碳倾向小,但有过热敏感性,易发生淬火裂痕,并有回火脆性,适于制造螺旋弹簧、板簧、各种扁圆弹簧,以及冷拔钢丝和发条等
65Mn	830			735	430	9	30	—	强度高,淬透性较大,脱碳倾向小,但有过热敏感性,易发生淬火裂痕,并有回火脆性。适宜制造较大尺寸的各种扁、圆弹簧与发条,以及其他经受摩擦的农机零件,如犁、切刀等,也可制作轻载汽车离合器弹簧
70Mn	790			785	450	8	30	—	适于制造弹簧圈、盘簧、止推环、离合器盘、锁紧圈等

六、合金结构钢

合金结构钢牌号、力学性能及应用见表 11-6。

表 11-6　合金结构钢牌号、力学性能及应用(GB/T 3077—1999)

钢号	热处理					试样毛坯尺寸(mm)	力学性能					供应状态硬度HB	特性和用途
	淬火			回火			σ_b	σ_s	δ_5	ψ	A_{ku}		
	温度(℃)		冷却剂	温度(℃)	冷却剂		(MPa)		(%)		(J)		
	第一次淬火	第二次淬火					≥						
20Mn2	850 850		水、油	200 400	水、空气	15	785	590	10	40	47	≤187	截面较小时,相当于 20Cr 钢,可作渗碳小齿轮、小轴、活塞销、气门推杆、缸套等
30Mn2	840		水	500	水	25	785	635	12	45	63	≤207	用做冷墩的螺栓及截面较大的调质零件
35Mn2	840		水	500	水	25	835	685	12	45	55	≤207	截面小时与 40Cr 相当,用做载重汽车冷墩的各种螺栓及小轴等
45Mn2	840		油	550	水、油	25	885	735	10	45	47	≤217	强度、耐磨性和淬透性均较高,调质后有良好的综合力学性能
20MnV	880		水、油	200	水、空气	15	785	590	10	40	55	≤187	相当于 20CrNi 渗碳钢,用于制造高压容器、冷冲压件、矿用链环等
35SiMn	900		水	450	水、油	25	885	735	15	45	47	229	当要求低温冲击值不高时可代替 40Cr 作调质件,耐磨和耐疲劳性较好,适于制造轴、齿轮及工作温度在 430 ℃以下的重要紧固件
42SiMn	880		水	590	水	25	885	735	15	40	47	≤229	与 35SiMn 同,但主要用来制造截面较大、需表面淬火的零件,如轴、齿轮等

续表 11-6

钢号	热处理					试样毛坯尺寸(mm)	力学性能					供应状态硬度HB	特性和用途
	淬火			回火			σ_b	σ_s	δ_5	ψ	A_{ku}		
	温度(℃)		冷却剂	温度(℃)	冷却剂		(MPa)		(%)		(J)		
	第一次淬火	第二次淬火					≥						
20SiMn2MoV	900		油	200	水、空气	试样	1 380		10	45	55	≤269	淬火并低温回火后，强度高、韧性好，可替代调质状态下使用的35CrMo、35CrNi3MoA等
25SiMn2MoV	900		油	200	水、空气	试样	1 470		10	40	47	≤269	
37SiMn2MoV	870		水、油	650	水、空气	25	980	835	12	50	63	≤269	有较高的淬透性，一定温度淬火、回火后的综合力学性能最好，低温韧性良好，用来制造大截面重载的轴、转子等
40MnB	850		油	500	水、油	25	980	785	10	45	47	≤207	性能接近40Cr，常用来制造汽车、拖拉机等，还可代替40Cr作较大截面零件，如制作φ250～320 mm的卷扬机中间轴
0MnTiB	860		油	200	水、空气	15	1 130	930	10	45	55	≤187	用于代替20CrMnTi制造高级的渗碳件，如汽车、拖拉机上截面较小、中等负荷的齿轮
5Cr	880	780～820	水、油	200	水、空气	15	735	490	11	45	55	≤179	用于制造截面小于30 mm²、形状简单、心部强度和韧性要求较高、表面受磨损的渗碳件或氰化零件，如齿轮、凸轮活塞销等
20Cr	880	780～820	水、油	200	水、空气	15	835	540	10	40	47	≤179	

续表 11-6

钢号	热处理					试样毛坯尺寸(mm)	力学性能					供应状态硬度HB	特性和用途
	淬火			回火			σ_b	σ_s	δ_5	ψ	A_{ku}		
	温度(℃)		冷却剂	温度(℃)	冷却剂		(MPa)		(%)		(J)		
	第一次淬火	第二次淬火					≥						
40Cr	850		油	520	水、油	25	980	785	9	45	47	≤207	调质后有良好的综合力学性能,是应用广泛的调质钢,用于轴类零件及曲轴、曲柄、汽车转向节、连杆、螺栓、齿轮等。表淬硬度 HRC48 ~ 55,截面在 50 mm 以下时,油淬后有较高的疲劳强度,一定条件下可用 40MnB、45MnB、35SiMn、42SiMn 等代用
12CrMo	900		空气	650	空气	30	410	265	24	60	110	≤179	蒸汽温度达 510 ℃主汽管,管壁温度≤540 ℃的蛇形管、导管
15CrMo	900		空气	650	空气	30	400	295	22	60	94	≤179	
12Cr1MoV	970		空气	750	空气	30	490	245	22	50	71	≤179	同 12CrMoV,但抗氧化性与热强性比 12CrMoV 好
25Cr2Mo1VA	1 040		空气	700	空气	25	735	590	16	50	47	≤241	蒸汽温度在 565 ℃的汽轮机前汽缸、螺栓、阀杆等
38CrMoA1	940		水、油	640	水、油	30	980	835	14	50	71	≤229	高级氮化钢,用于高耐磨性、高疲劳强度和较高强度、热处理后尺寸精度高的氮化零件,如阀杆、阀门、汽缸套、橡胶塑料挤压机等
	调质					30	980	835	14	50	70	退火≥229	

续表 11-6

钢号	热处理					试样毛坯尺寸(mm)	力学性能					供应状态硬度HB	特性和用途
	淬火			回火			σ_b	σ_s	δ_5	ψ	A_{ku}		
	温度(℃)		冷却剂	温度(℃)	冷却剂		(MPa)		(%)		(J)		
	第一次淬火	第二次淬火					≥						
15CrMn	880		油	200	水、空气	15	785	590	12	50	47	≤179	用做齿轮、塑料模子、汽轮机密封轴套等
25CrMnSi	880		油	480	水、油	25	1 080	885	10	40	39	≤217	用来制造重要的焊接件和冲压件
20CrMnMo	850		油	200	水、空气	15	1 180	885	10	45	55	≤217	高级渗碳钢，渗碳淬火后具有较高的抗弯强度和耐磨性，有良好的低温冲击韧性，用于制造齿轮、凸轮轴连杆、活塞销等
20CrMnTi	880	870	油	200	水、空气	15	1 080	835	10	45	55	≤217	用做渗碳零件，渗碳淬火后有良好的耐磨性和抗弯强度，有较高的低温冲击韧性，切削加工性能良好，用于汽车、拖拉机工业截面在 30 mm 以下，承受高速、中载或重载以及冲击和摩擦的主要零件，如齿轮、齿轮轴、十字轴
20CrNi	850		水、油	460	水、油	25	785	590	10	50	63	≤197	用来制造高负荷下工作的重要渗碳件，如齿轮、轴、键、花键轴等
40CrNi	820		油	500	水、油	25	980	785	10	45	55	≤241	调质后有良好的综合力学性能，低温冲击韧性良好，用于制造轴、齿轮、链条等

第二节 有色金属材料

一、铸造铜合金

铸造铜合金结构钢牌号、力学性能及应用见表 11-7。

表 11-7 铸造铜合金结构钢牌号、力学性能及应用(GB/T 1176—1987)

合金牌号	合金名称	铸造方法	力学性能			特性与用途
			σ_b (MPa)	δ_5 (%)	HB*	
ZCuSn3Zn11Pb4 (ZQSn3-12-5)	3-11-4 锡青铜	S J	175 215	8 10	590 590	铸造性能好,易加工,耐腐蚀。用于海水、淡水、蒸汽中压力不大于 2.5 MPa 的管配件
ZCuSn5Pb5Zn5 (ZQSn5-5-5)	5-5-5 锡青铜	S、J Li、La	200 250	13 13	590 635	耐磨性和耐腐蚀性好,易加工,铸造性能和气密性较好,用于在较高载荷、中等滑动速度下工作的耐磨耐腐蚀零件,如轴瓦、衬套、缸套、活塞离合器、泵件压盖以及蜗轮等
ZCuSn10P1 (ZQSn10-1)	10-1 锡青铜	S J Li La	220 310 330 360	3 2 4 6	785 885 885 885	硬度高,耐磨性极好,不易产生咬死现象,有较好的铸造性能和切削加工性能,在大气和淡水中有良好的耐腐蚀性,用于高载荷(20 MPa 以下)和高滑动速度(8 m/s)下工作的耐磨零件,如连杆、衬套、轴瓦、齿轮、蜗轮等
ZCuSn10Pb5 (ZQSn10-5)	10-5 锡青铜	S J	195 145	10 10	685 685	耐腐蚀,特别耐稀硫酸、盐酸和脂肪酸。用于结构材料,耐蚀、耐酸的配件以及破碎机衬套、轴瓦
ZCuPb17Sn4Zn4 (ZQPb17-4-4)	17-4-4 铅青铜	S J	150 175	5 7	540 590	耐磨性和自润性能好,易切削,铸造性能差,用于一般耐磨件、高滑动速度的轴承等
ZCuPb30 (ZQPb30)	30 铅青铜	J	—	—	245	有良好的自润滑性,易切削,铸造性能差,易产生密度偏析,用于要求高滑动速度的双金属轴瓦、减摩零件

续表 11-7

合金牌号	合金名称	铸造方法	力学性能			特性与用途
			σ_b (MPa)	δ_5 (%)	HB*	
ZCuAl10Fe3 (ZQAl9 -4)	10 -3 铝青铜	S J Li、La	490 540 540	13 15 15	980 1 080 1 080	具有高的力学性能，耐磨性和耐蚀性能好，可以焊接，不易钎焊，焊接大型铸件自 700 ℃空冷可以防止变脆，用于要求强度高、耐磨、耐蚀的重型铸件，如轴套、螺母、蜗轮以及 250 ℃以下工件的管配件
ZCuPb10Sn10 (ZQPb10 -10)	10 -10 铅青铜	S J Li、La	180 220 220	7 5 6	635 685 685	润滑性能、耐磨性能和耐蚀性能好，适合用做双金属铸造材料，用于表面压力高，又存在侧压力的滑动轴承，如轧辊、车辆用轴承、负荷峰值 60 MPa 的受冲击的零件，最高峰值达 100 MPa 的内燃机双金属瓦轴，以及活塞销套、摩擦片等
ZCuAl10Fe3 (ZQAl9 -4)	10 -3 铝青铜	S J Li、La	490 540 540	13 15 15	980 1 080 1 080	具有高的力学性能，耐磨性和耐蚀性能好，可以焊接，不易钎焊，焊接大型铸件自 700 ℃空冷可以防止变脆。用于要求强度高、耐磨、耐蚀的重型铸件，如轴套、螺母、蜗轮以及 250 ℃以下工件的管配件
ZCuAl10Fe3Mn2 (ZQAl10 -3 -1.5)	10 -3 -2 铝青铜	S J	490 540	15 20	1 080 1 175	具有高的力学性能和耐磨性，可热处理，高温下耐蚀性和抗氧化性能好，在大气、淡水和海水中耐蚀性好，可以焊接，不易钎焊，焊接大型铸件自 700 ℃空冷可以防止变脆，用于要求强度高、耐磨、耐蚀的零件，如齿轮、轴承、衬套、管嘴，以及耐热管配件等

续表 11-7

合金牌号	合金名称	铸造方法	力学性能			特性与用途
			σ_b (MPa)	δ_5 (%)	HB *	
ZCuZn38 (ZH62)	38 黄铜	S J	295 295	30 30	590 685	具有优良的铸造性能和较高的力学性能，切削加工性能好，可以焊接，耐蚀性较好，有应力腐蚀开裂倾向。用于一般结构和耐蚀零件，如法兰、阀座、支架、手柄和螺母等
ZCuZn26Al4 Fe3Mn3	26-4-3-3 铝黄铜	S J Li、La	600 600 600	18 18 18	1 175 1 275 1 275	有很高的力学性能，铸造性能良好，在大气、淡水和海水中耐蚀性较好，可以焊接。用于要求强度高的耐蚀零件
ZCuZn38Mn2Pb2 (ZHMn58-2-2)	38-2-2 锰黄铜	S J	245 345	10 18	685 785	有较高的力学性能和耐蚀性，耐磨性较好，切削性能良好，用于一般用途的结构件，船舶、仪表等使用的外形简单的铸件，如套筒、衬套、轴瓦、滑块等
ZCuZn40Mn2 (ZHMn58-2)	40-2 锰黄铜	S J	345 390	20 25	785 885	有较高的力学性能和耐蚀性，铸造性能好，受热时组织稳定，用于在大气、淡水、海水、蒸汽(温度低于 300 ℃)和各种液体燃料中工作的零件和阀体、阀杆、泵、管接头，以及需要浇注巴氏合金和镀锡零件等
ZCuZn40Pb2 (ZHPb59-1)	40-2 铅黄铜	S J	220 280	15 20	785 885	有好的铸造性能和耐磨性，切削加工性能好，耐蚀性较好，在海水中有应力腐蚀倾向，用于一般用途的耐磨、耐蚀零件，如轴套、齿轮等
ZCuZn16Si4 (ZHSi80-3)	16-4 硅黄铜	S J	345 390	15 20	885 980	具有较高的力学性能和良好的耐蚀性，铸造性能好，流动性高，铸件组织致密，气密性好，用于接触海水工作非管配件以及水泵、叶轮、旋塞和在大气、淡水、油、燃料，以及工作压力在 4.5 MPa 和 250 ℃以下蒸汽中工作的铸件

注：本表布氏硬度数值试验力为牛，而一般 HB 数据是以千克力(1 千克力 = 9.806 65 牛)为试验力，所以本表数据应乘以 0.102 后才是 HB 值。

二、铸造铝合金

铸造铝合金结构钢牌号、力学性能及应用见表 11-8。

表 11-8　铸造铝合金结构钢牌号、力学性能及应用(GB/T 1173—1995)

合金牌号	合金代号	铸造方法	合金状态	力学性能≥ σ_b (MPa)	δ_5 (%)	HBS (5/250/30)	特性与用途
ZAlSi12	ZL102	SB、JB、RB、KB	F	145	4	50	用做形状复杂、载荷不大而耐蚀的薄壁零件或用做压铸零件,以及工作温度≤200 ℃的高气密性零件,如仪表壳体、机器罩、盖子、船舶零件等
		J	F	155	2	50	
		SB、JB、RB、KB	T2	135	4	50	
		J	T2	145	3	50	
ZAlSi9Mg	ZL104	S、J、R、K	F	145	2	50	用做形状复杂、薄壁、耐腐蚀和承受较高静载荷或受冲击作用的大型零件,如风机叶片、水冷式发动机的曲轴箱、滑块和汽缸盖、汽缸头、汽缸体及其他重要零件,工作温度≤200 ℃
		J	T1	195	1.5	65	
		SB、RB、KB	T6	225	2	70	
		J、JB	T6	235	2	70	
ZAlSi8Cu1Mg	ZL106	SB	F	175	1	70	适于形状复杂、承受高静载荷的零件,也可用于要求气密性高或工作温度在 225 ℃以下的零件,如齿轮油泵壳体、水冷发动机汽缸头等
		JB	T1	195	1.5	70	
		SB	T5	235	2	60	
		JB	T5	255	2	70	
		SB	T6	245	1	80	
		JB	T6	265	2	70	
		SB	T7	225	2	60	
		J	T7	245	2	60	
ZAlSi2Cu2Mg1	ZL108	J	T1	195	—	85	适用于要求热胀系数小、强度高、耐磨性高、重载、温度在 250 ℃以下的零件,如大马力柴油机活塞
		J	T6	255	—	90	
ZAlSi12Cu1Mg1Ni1	ZL109	J	T1	195	0.5	90	高速、大马力活塞,工作温度同上
		J	T6	245	—	100	

续表 11-8

合金牌号	合金代号	铸造方法	合金状态	力学性能≥			特性与用途
				σ_b (MPa)	δ_5 (%)	HBS (5/250/30)	
ZAlCu5Mn	ZL201	S、J、R、K S、J、R、K S	T4 T5 T7	295 335 315	8 4 2	70 90 80	焊接性能和切削加工性能良好，铸造性差、耐腐蚀性能差，用于制作在175~300 ℃下工作的零件，如支臂、挂梁，也可用于低温下(－70 ℃)承受高载荷的零件，是用途较广的一种铝合金
ZAlCu5MnA	ZL201A	S、J、R、K	T5	390	8	100	力学性能高于ZL201，用途同上，主要用于高强度铝合金铸件
ZAlCu4	ZL203	S、R、K J S、R、K J	T4 T4 T5 T5	195 205 215 225	6 6 3 3	60 60 70 70	适用于铸造形状简单、承受中等静负荷或冲击载荷、工作温度不超过200 ℃并要求可切削加工、性能良好的小型零件，如曲轴箱、支架、飞轮盖等
ZAlMg10	ZL301	S、J、R	T4	280	10	60	适于制造受冲击载荷、高静载荷及海水腐蚀，工作温度≤200 ℃的零件
ZAlMg5Si1	ZL303	S、J、R、K	F	145	1	55	适于铸造同腐蚀介质接触和在较高温度(≤220 ℃)下工作、承受中等载荷的船舶、航空及内燃机车零件
ZAlMg8Zn1	ZL305	S	T4	290	8	90	用途和ZL301基本相同，但工作温度不宜超过100 ℃
ZAlZn11Si7	ZL401	S、R、K J	T1 T1	195 245	2 1.5	80 90	铸造性能好，耐蚀性能低，用于制造工作温度低于200 ℃、形状复杂的大型薄壁零件，以及承受高的静载荷而又不便热处理的零件

续表 11-8

合金牌号	合金代号	铸造方法	合金状态	力学性能≥			特性与用途
				σ_b (MPa)	δ_5 (%)	HBS (5/250/30)	
ZAlZn6Mg	ZL402	J	T1	235	4	70	适于制造高强度的零件,以及承受高的静载荷和冲击载荷而又不经过热处理的零件,如空压机活塞、飞机起落架
		S	T1	215	4	65	

注:1. 表中力学性能是在试样直径为(12±0.25)mm、标距为5倍直径经热处理的条件下测出。材料截面大于试样尺寸时,其力学性能一般比表中低,设计时根据具体情况考虑。

2. 与食物接触的铝制品不允许含有铍(Be),砷含量不大于0.015%,锌含量不大于0.3%,铅含量不大于0.15%。

三、铸造轴承合金

铸造轴承合金结构钢牌号、力学性能及应用见表11-9。

表 11-9　铸造轴承合金结构钢牌号、力学性能及应用(GB/T 1174—1992)

种类	合金牌号	铸造方法	力学性能≥			特性与应用举例
			σ_b (MPa)	δ_5 (%)	布氏硬度 HBS	
锡基	ZSnSb12-Pb10Cu4	J	—	—	29	是含锡量最低的锡基轴承合金,因含铅,其浇注性、热强性较差,特点是性软而韧、耐压、强度较高,用于工作温度不高的中速、中载一般机器的主轴承衬
	ZSnSb12Cu6Cd1	J			34	
	ZSnSb11Cu6	J			27	具有较高的抗压强度,一定的冲击韧度和硬度,可塑性好,导热性、耐蚀性优良,适于浇注重载、高速、工作温度低于110 ℃的重要轴承,如高速蒸汽机(2 000马力❶)、涡轮压缩机内燃机轴承、高速机床、压缩机、电动机主轴
	ZSnSb8Cu4	J			24	比ZSnSb11Cu6韧性好,强度、硬度稍低,其他性能与ZSnSb11Cu6相近,用于工作温度在100 ℃以下的大型机器轴承及轴衬、高速重载荷汽车发动机薄壁双金属轴承
	ZSnSb4Cu4	J			20	适用于要求韧性较大和浇注层厚度较薄的重要高速轴承,耐蚀、耐热、耐磨,如涡轮内燃机高速轴承及轴衬

❶ 1马力=735.499瓦。

续表 11-9

种类	合金牌号	铸造方法	力学性能≥			特性与应用举例
			σ_b (MPa)	δ_5 (%)	布氏硬度 HBS	
铅基	ZPbSb16－Sn16Cu2	J	—	—	30	这种合金比应用最为广泛的 ZSnSb11Cu6 合金摩擦系数大，抗压强高，硬度相同，耐磨性及使用寿命相近，且价格低，但冲击韧度低，适于工作温度低于120 ℃、承受无显著冲击载荷、重载高速轴承，如汽车、拖拉机的曲柄轴承和轧钢机用减速器及离心泵轴承，150～1 200 马力蒸汽涡轮机，150～750 kW 电动机和小于 2 000 马力起重机和重负荷的推力轴承
	ZPbSb15－Sn5Cu3Cd2	J			32	与 ZPbSb16－Sn16Cu2 相近，是其良好代用材料，适于浇注汽油发动机轴承，各种功率的压缩机外伸轴承，球磨机、小型轧钢机齿轮箱和矿山水泵轴承，以及抽水机、船舶的机械、小于 250 kW 的电动机
	ZPbSb15Sn10	J			24	这种合金与 ZPbSb16－Sn16Cu2 相比冲击韧度高，摩擦系数大，有良好的磨合性和可塑性，褪火后其减磨性、塑性、韧性及强度均显著提高，用于中速、中等冲击和中等载荷机器的轴承，也可以作为高温轴承之用
	ZPbSb15Sn5	J			20	塑性及热导率较差，不宜在高温高压及冲击载荷下工作，但工作温度不超过 80～100 ℃和低冲击载荷条件。其性能较好，寿命不低，用于低速、轻载机械的轴承
	ZPbSb10Sn6	J			18	其性能与锡基轴承合金 ZCuSnPb4－4 相近，是其理想的代替材料，用于工作温度不大于 120 ℃、承受中等载荷或高速低载荷轴承，如汽车发动机、空压机、高压油泵等主轴轴承及其他耐磨、耐蚀、重载荷的轴承，可代替 ZSnSb4Cu4

续表 11-9

种类	合金牌号	铸造方法	力学性能≥			特性与应用举例
			σ_b (MPa)	δ_5 (%)	布氏硬度 HBS	
铜基	ZCuSn5Pb5Zn5	S,J	200	13	60*	参考铸造铜合金相应牌号的特性与用途
		Li	250	13	65*	
	ZCuSn10P1	S	200	3	80*	
		J	310	2	90*	
		Li	330	4	90*	
	ZCuPb15Sn8	S	170	5	60*	
		J	200	6	65*	
		Li	220	8	65*	
	ZCuPb20Sn5	S	150	5	45*	
		J	150	6	55*	
	ZCuPb30	J	—	—	25*	
	ZCuAl10Fe3	S	490	13	100*	
		J				
		Li	540	15	110*	
铝基	ZAlSn6Cu1Ni1	S	110	10	35*	
		J	130	15	40*	

注:表中带“＊”者为参考硬度值。

第十二章　公差与配合

尺寸公差与配合的标准化是一项综合性的技术基础工作，是推行科学管理、推动企业技术进步和提高企业管理水平的重要手段。它不仅可防止产品尺寸设计中的混乱，有利于工艺过程的经济性、产品的使用和维修，还利于刀具、量具的标准化。

第一节　极限与配合

一、标准公差系列

公差带的标准化是极限与配合标准的核心内容，公差带的大小和位置又分别由标准公差与基本偏差决定，即国标中的两大系列。

（一）标准等级（Tolerance Grade）

公差等级是确定尺寸精确程度的等级。由于零件和零件上不同部位的尺寸对精确程度的要求往往不相同，为了满足生产的需要，国家标准设置了 20 个公差等级。标准公差用 IT 表示，标准公差极限与配合在基本尺寸至 500 mm 内规定了 IT01，IT0，IT1，…，IT18 共 20 个等级，精度依次降低（见表 12-1）。

表 12-1　标准公差数值（GB/T 1800.3—1998）

基本尺寸 $I_{\min}$	公差等级																			
	(μm)															(mm)				
	IT01	IT0	IT1	IT2	IT3	IT4	IT5	IT6	IT7	IT8	IT9	IT10	IT11	IT12	IT13	IT14	IT15	IT16	IT17	IT18
≤3	0.3	0.5	0.8	1.2	2	3	4	6	10	14	25	40	60	100	140	0.25	0.40	0.60	1.0	1.4
3 ~ 6	0.4	0.6	1	1.5	2.5	4	5	8	12	18	30	48	75	120	180	0.30	0.48	0.75	1.2	1.8
6 ~ 10	0.4	0.6	1	1.5	2.5	4	6	9	15	22	36	58	90	150	220	0.36	0.58	0.90	1.5	2.2
10 ~ 18	0.5	0.8	1.2	2	3	5	8	11	18	27	43	70	110	180	270	0.43	0.70	1.10	1.8	2.7
18 ~ 30	0.6	1	1.5	2.5	4	6	9	13	21	33	52	84	130	210	330	0.52	0.84	1.30	2.1	3.3
30 ~ 50	0.6	1	1.5	2.5	4	7	11	16	25	39	62	100	160	250	390	0.62	1.00	1.60	2.5	3.9
50 ~ 80	0.8	1.2	2	3	5	8	13	19	30	46	74	120	190	300	460	0.74	1.20	1.90	3.0	4.6
80 ~ 120	1	1.5	2.5	4	6	10	15	22	35	54	87	140	220	350	540	0.87	1.40	2.20	3.5	5.4
120 ~ 180	1.2	2	3.5	5	8	12	18	25	40	63	100	160	250	400	630	1.00	1.60	2.50	4.0	6.3
180 ~ 250	2	3	4.5	7	10	14	20	29	46	72	115	185	290	460	720	1.15	1.85	2.90	4.6	7.2
250 ~ 315	2.5	4	6	8	12	16	23	32	52	81	130	210	320	520	810	1.30	2.10	3.20	5.2	8.1
315 ~ 400	3	5	7	9	13	18	25	36	57	89	140	230	360	570	890	1.40	2.30	3.60	5.7	8.9
400 ~ 500	4	6	8	10	15	20	27	40	63	97	155	250	400	630	970	1.55	2.50	4.00	6.3	9.7

(二)基本偏差系列

基本偏差一般是指上下两个偏差中靠近零线的那个偏差。即当公差带位于零线上方时,基本偏差为下偏差;当公差带位于零线下方时,基本偏差为上偏差。国家标准对孔和轴均规定了 28 个不同的基本偏差。基本偏差代号用拉丁字母表示,大写字母表示孔,小写字母表示轴,如图 12-1 所示。

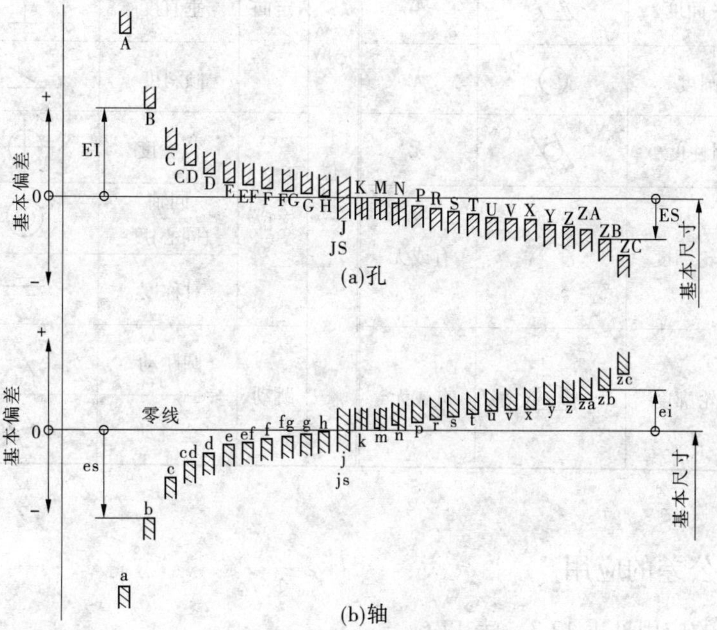

图 12-1　基本偏差系列

二、基准制

在确定配合制时,为了以尽可能少的标准公差带形成最多种类的配合,国标规定了两种基准制:基孔制和基轴制。基孔制是指基本偏差为一定的孔的公差带,与不同基本偏差的轴的公差带形成各种不同配合的制度。基孔制的孔为基准孔,代号为 H,并规定 EI = 0。基轴制是指基本偏差为一定的轴的公差带,与不同基本偏差的孔的公差带形成各种不同配合的制度。基轴制的轴为基准轴,代号为 h,并规定 es = 0。

第二节　几何公差

形位误差的产生:零件在加工过程中受各种因素的影响,会产生或大或小的形状误差和位置误差,会影响机械产品的工作精度、连接强度、运动平稳性、密封性、耐磨性和使用寿命等。为了保证机械产品的质量,保证零部件的互换性,应给定几何公差,以限制形位误差。

一、形位公差的项目与符号

为控制机器零件的形位误差,提高机器的精度和延长使用寿命,保证互换性生产,标准相应规定了 14 项形位公差项目,见表 12-2。

表 12-2 形位公差项目符号(GB/T 1182—1996)

公差		特征	符号	有或无基准要求	公差		特征	符号	有或无基准要求
形状	形状	直线度	—	无	位置	定向	平行度	//	有
		平面度	▱	无			垂直度	⊥	有
		圆度	○	无			倾斜度	∠	有
		圆柱度	⌭	无		定位	位置度	⌖	有或无
形状或位置	轮廓	线轮廓度	⌒	有或无			同轴(同心)度	◎	有
							对称度	⌯	有
		面轮廓度	⌓	有或无		跳动	圆跳动	↗	有
							全跳动	⌰	有

二、形位公差的应用

形位公差的应用见表 12-3 ~ 表 12-6。

表 12-3 直线度、平面度公差(GB/T 1184—1996) (单位:μm)

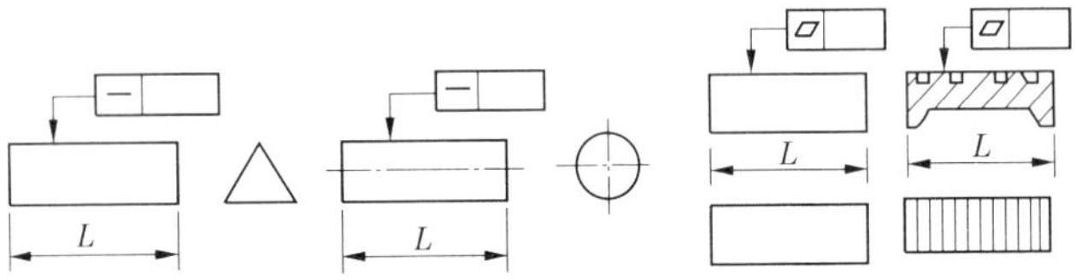

精度等级	主参数 L(mm)													应用举例(参考)
	≤10	>10 ~16	>16 ~25	>25 ~40	>40 ~63	>63 ~100	>100 ~160	>160 ~250	>250 ~400	>400 ~630	>630 ~1 000	>1 000 ~1 600	>1 600 ~2 500	
5	2	2.5	3	4	5	6	8	10	12	15	20	25	30	普通精度机床导轨,柴油机进、排气门导杆
6	3	4	5	6	8	10	12	15	20	25	30	40	50	
7	5	6	8	10	12	15	20	25	30	40	50	60	80	轴承体的支承面,压力机导轨及滑块,减速器箱体、液压泵、轴系支承轴承的接合面
8	8	10	12	15	20	25	30	40	50	60	80	100	120	
9	12	15	20	25	30	40	50	60	80	100	120	150	200	辅助机构及手动机械的支承面,液压管件和法兰的连接面
10	20	25	30	40	50	60	80	100	120	150	200	250	300	
11	30	40	50	60	80	100	120	150	200	250	300	400	500	离合器的摩擦片,汽车发动机缸盖结合面
12	60	80	100	120	150	200	250	300	400	500	600	800	1000	

表 12-4　圆度、圆柱度公差（GB/T 1184—1996）　　（单位：μm）

公差等级	主参数 $d(D)$（mm）										应用举例
	>6~10	>10~18	>18~30	>30~50	>50~80	>80~120	>120~180	>180~250	>250~315	>315~400	
5	1.5	2	2.5	2.5	3	4	5	7	8	9	用于装 P6、P0 级精度滚动轴承的配合面，通用减速器轴颈，一般机床主轴及箱孔
6	2.5	3	4	4	5	6	8	10	12	13	
7	4	5	6	7	8	10	12	14	16	18	用于千斤顶或液压缸活塞，水泵及一般减速器轴颈，液压传动系统的分配机构
8	6	8	9	11	13	15	18	20	23	25	
9	9	11	13	16	19	22	25	29	32	36	用于通用机械杠杆与拉杆同套筒销子，吊车、起重机的滑动轴承轴颈
10	15	18	21	25	30	35	40	46	52	57	

表 12-5　平行度、垂直度、倾斜度公差（GB/T 1184—1996）　　（单位：μm）

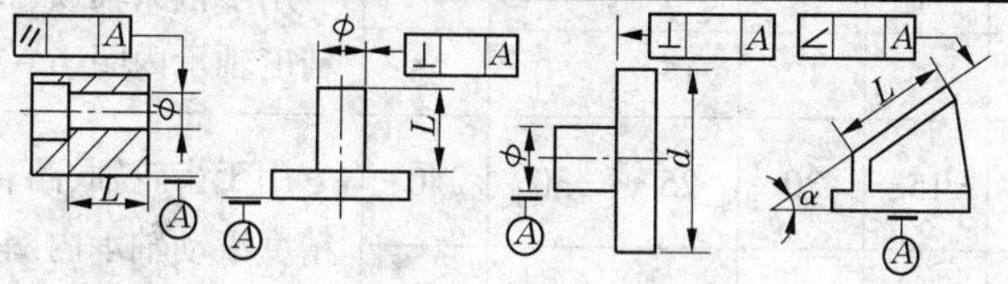

公差等级	主参数 L、$d(D)$（mm）										应用举例	
	≤10	>10~16	>16~25	>25~40	>40~63	>63~100	>100~160	>160~250	>250~400	>400~630	平行度	垂直度和倾斜度
5	5	6	8	10	12	15	20	25	30	40	用于重要轴承孔对基准面的要求、一般减速器箱体孔的中心线	用于装 P4、P5 级轴承的箱体的凸肩，发动机轴和离合器的凸缘
6	8	10	12	15	20	25	30	40	50	60	用于一般机械中箱体孔的中心线间的要求，如减速器箱体的轴承孔、7 ~ 10 级精度齿轮传动箱体孔的中心线	用于装 P6、P0 级轴承的箱体孔的中心线，低精度机床主要基准面和工作面
7	12	15	20	25	30	40	50	60	80	100		
8	20	25	30	40	50	60	80	100	120	150	用于重型机械轴承盖的端面、手动传动装置的传动轴	用于一般导轨、普通传动箱体中的轴肩
9	30	40	50	60	80	100	120	150	200	250	用于低精度零件、重型机械滚动轴承端盖	用于花键轴肩端面、减速器箱体平面等
10	50	60	80	100	120	150	200	250	300	400		

表 12-6　同轴度、对称度、圆跳动和全跳动公差（GB/T 1184—1996）　　（单位：μm）

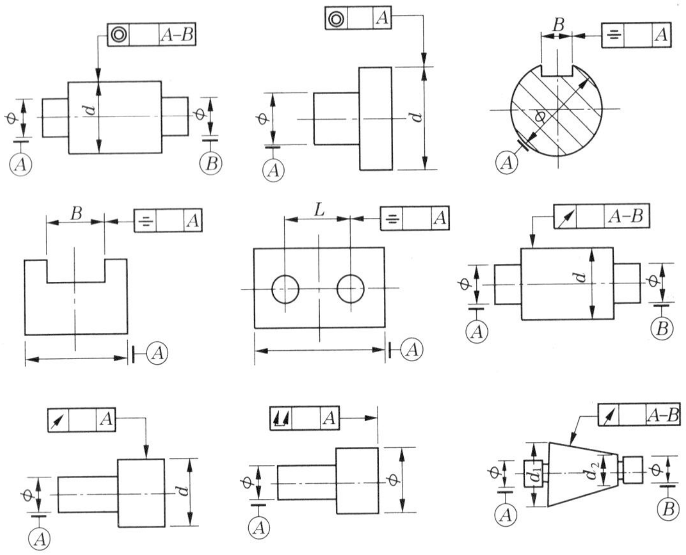

公差等级	主参数 $d(D)$、B、L（mm）								应用举例
	>3 ~6	>6 ~10	>10 ~18	>18 ~30	>30 ~50	>50 ~120	>120 ~250	>250 ~500	
5	3	4	5	6	8	10	12	15	用于机床轴颈、高精度滚动轴外圈、一般精度轴承内圈、6 ~ 7 级齿轮轴的配合面
6	5	6	8	10	12	15	20	25	
7	8	10	12	15	20	25	30	40	用于齿轮轴、凸轮轴、水泵轴轴颈、P0 级精度滚动轴承内圈、8 ~ 9 级精度齿轮轴的配合面
8	12	15	20	25	30	40	50	60	
9	25	30	40	50	60	80	100	120	用于 9 级精度以下齿轮轴、自行车中轴、摩托车活塞的配合面
10	50	60	80	100	120	150	200	250	

第十三章 常用标准件

第一节 螺纹零件和螺纹连接

一、螺纹

普通螺纹和梯形螺纹的基本尺寸分别见表 13-1 和表 13-2。

表 13-1 普通螺纹基本尺寸(GB/T 196—2003) （单位:mm）

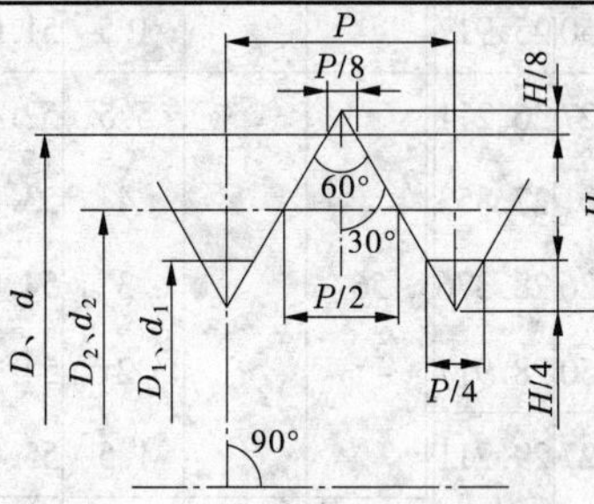

$H = 0.866P$

$d_2 = d - 0.6495P$

$d_1 = d - 1.0825P$

D、d—内、外螺纹大径

D_2、d_2—内、外螺纹中径

D_1、d_1—内、外螺纹小径

P—螺距

标记示例	公称直径 20 粗牙右旋内螺纹,中径和大径公差带均为 6H,标记为 M20 - 6H
	公称直径 20 粗牙右旋外螺纹,中径和大径公差带为 6g,标记为 M20 - 6g
	公称直径 20、螺距 2 细牙左旋外螺纹,中径和大径公差带分别为 5g、6g,短旋合长度标记为 M20 - 6H/6g(上述规格的螺纹副)M20 ×2 左 - 5g6g - S

公称直径 D、d		螺距	中径	小径	公称直径 D、d		螺距	中径	小径	公称直径 D、d		螺距	中径	小径
第一系列	第二系列	P	D_2、d_2	D_1、d_1	第一系列	第二系列	P	D_2、d_2	D_1、d_1	第一系列	第二系列	P	D_2、d_2	D_1、d_1
3		0.5	2.675	2.459		18	1.5	17.026	16.376		39	2	37.701	36.835
		0.35	2.773	2.621			1	17.350	16.917			1.5	38.026	37.376
	3.5	(0.6)	3.110	2.850	20		2.5	18.376	17.294	42		4.5	39.077	37.129
		0.35	3.273	3.121			2	18.701	17.835			3	40.051	38.752
4		0.7	3.545	3.242			1.5	19.026	18.376			2	40.701	39.835
		0.5	3.675	3.459			1	19.350	18.917			1.5	41.026	40.376
	4.5	(0.75)	4.013	3.688		22	2.5	20.376	19.294		45	4.5	42.077	40.129
		0.5	4.175	3.959			2	20.701	19.835			3	43.051	41.752
5		0.8	4.480	4.134			1.5	21.026	20.376			2	43.701	42.835
		0.5	4.675	4.459			1	21.350	20.917			1.5	44.026	43.376

续表 13-1

公称直径 D、d		螺距 P	中径 D_2、d_2	小径 D_1、d_1	公称直径 D、d		螺距 P	中径 D_2、d_2	小径 D_1、d_1	公称直径 D、d		螺距 P	中径 D_2、d_2	小径 D_1、d_1
第一系列	第二系列				第一系列	第二系列				第一系列	第二系列			
6		1	5.350	4.917	24		3	22.051	20.752	48		4	44.752	42.587
		0.75	5.513	5.188			2	22.701	21.835			3	46.051	44.752
8		1.25	7.188	6.647			1.5	23.026	22.376			2	46.701	45.835
		1	7.350	6.917			1	23.350	22.917			1.5	47.026	46.376
		0.75	7.513	7.188		27	3	25.051	23.752		52	5	48.752	46.587
10		1.5	9.026	8.376			2	25.701	24.835			3	50.051	48.752
		1.25	9.188	8.647			1.5	26.026	25.376			2	50.701	49.835
		1	9.350	8.917			1	26.350	25.917			1.5	51.026	50.376
		0.75	9.513	9.188	30		3.5	27.727	26.211	56		5.5	52.428	50.046
12		1.75	10.863	10.106			2	28.701	27.853			4	53.402	51.670
		1.5	11.026	10.376			1.5	29.026	28.376			3	54.051	52.752
		1.25	11.188	10.647			1	29.350	28.917			2	54.701	53.835
		1	11.350	10.917		33	3.5	30.727	29.211			1.5	55.026	54.376
	14	2	12.701	11.835			2	31.701	30.835		60	(5.5)	56.428	54.046
		1.5	13.026	12.376			1.5	32.026	31.376			4	57.402	55.670
		1	13.350	12.917	36		4	33.402	31.670			3	58.051	56.752
16		2	14.701	13.835			3	34.051	32.752			2	58.701	57.835
		1.5	15.026	14.376			2	34.701	33.835			1.5	59.026	58.376
		1	15.350	14.917			1.5	35.026	34.376	64		6	60.103	57.505
	18	2.5	16.376	15.294		39	4	36.402	34.670			4	61.402	59.670
		2	16.701	15.835			3	37.051	35.572			3	62.051	60.752

注:1."螺距 P"栏中第一个数值为粗牙螺距,其余为细牙螺距。

2. 优先选用第一系列,其次第二系列,第三系列(表中未列出)尽可能不用。

3. 括号内尺寸尽可能不用。

表 13-2 梯形螺纹基本尺寸(GB/T 5796—1986) (单位:mm)

螺距 P	外螺纹小径 d_3	内、外螺纹中径 D_2、d_2	内螺纹大径 D_4	内螺纹小径 D_1	螺距 P	外螺纹小径 d_3	内、外螺纹中径 D_2、d_2	内螺纹大径 D_4	内螺纹小径 D_1
1.5	$d-1.8$	$d-0.75$	$d+0.3$	$d-1.5$	8	$d-9$	$d-4$	$d+1$	$d-8$
2	$d-2.5$	$d-1$	$d+0.5$	$d-2$	9	$d-10$	$d-4.5$	$d+1$	$d-9$
3	$d-3.5$	$d-1.5$	$d+0.5$	$d-3$	10	$d-11$	$d-5$	$d+1$	$d-10$
4	$d-4.5$	$d-2$	$d+0.5$	$d-4$	12	$d-13$	$d-6$	$d+1$	$d-12$
5	$d-5.5$	$d-2.5$	$d+0.5$	$d-5$	14	$d-16$	$d-7$	$d+2$	$d-14$
6	$d-7$	$d-3$	$d+1$	$d-6$	16	$d-18$	$d-8$	$d+2$	$d-16$
7	$d-8$	$d-3.5$	$d+1$	$d-7$	18	$d-20$	$d-9$	$d+2$	$d-18$

注:1. d 为公称直径(即外螺纹大径)。

2. 表中所列的数值是按下式计算的:$d_3=d-2h_3$;D_2、$d_2=d-0.5P$;$D_4=d+2a_c$;$D_1=d-P$。

二、螺栓

各种螺栓的标记示例及尺寸见表 13-3 ~ 表 13-6。各种螺钉的标记示例和尺寸见表 13-7 ~ 表 13-9。圆螺母及标准弹簧垫圈的标记示例和尺寸分别见表 13-10、表 13-11。

表 13-3　六角头螺栓 - A 和 B 级(GB/T 5782—2000)、

六角头螺栓 - 全螺纹 - A 和 B 级(GB/T 5783—2000)　　(单位:mm)

六角头螺栓 - A 和 B 级(GB/T 5782—2000)、六角头螺栓 - 全螺纹 - A 和 B 级(GB/T 5783—2000)

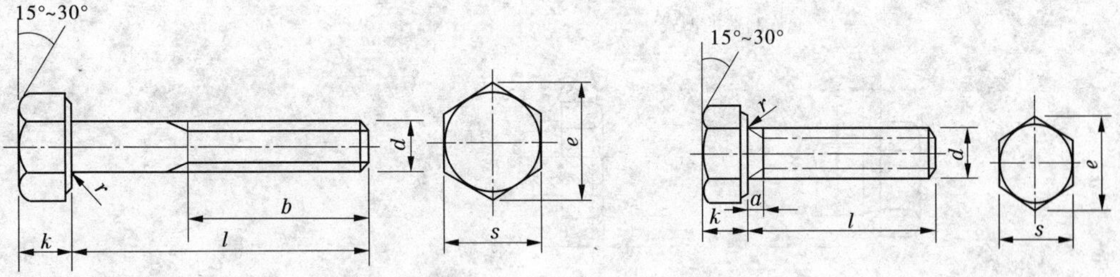

标记示例			螺纹规格 $d=$ M12、公称长度 $l=80$ mm、性能等级为 8.8 级,表面氧化 A 级的六角头螺栓标记为:螺栓 GB/T 5782—2000 M 12 × 80												
螺纹规格(大径)d			M5	M6	M8	M10	M12	(M14)	M16	(M18)	M20	(M22)	M24	(M27)	M30
k 公称			3.5	4	5.3	6.4	7.5	8.8	10	11.5	12.5	14	15	17	18.7
C_{max}			0.5		0.6		0.8								
S_{max}			8	10	13	16	18	21	24	27	30	34	36	41	46
e_{min}	产品等级	A	8.79	11.05	14.38	17.77	20.03	23.35	26.75	30.14	33.53	37.72	39.98	—	—
		B	8.63	10.89	14.20	17.59	19.85	22.78	26.17	29.56	32.95	37.29	39.55	45.20	50.85
D_{wmin}	产品等级	A	6.9	8.9	11.6	14.6	16.6	19.6	22.5	25.3	28.2	31.7	33.6	—	—
		B	6.7	8.7	11.4	14.4	16.4	19.2	22.0	24.8	27.7	31.4	33.2	38	42.7
r_{min}			0.2	0.25	0.4		0.6				0.8			1	
非全螺纹	a		5P												
	b 参考	$l<125$	16	18	22	26	30	34	38	42	46	50	54	60	66
		$125\leqslant l\leqslant 200$	—	—	28	32	36	40	44	48	52	56	60	66	72
		$l>200$	—	—	—	—	—	53	57	61	65	69	73	79	85
	l 范围		25 ~ 50	30 ~ 60	35 ~ 80	40 ~ 100	45 ~ 140	50 ~ 140	55 ~ 160	60 ~ 180	65 ~ 200	70 ~ 220	80 ~ 240	90 ~ 260	90 ~ 300
全螺纹	a		2.4	3.0	3.75	4.5	5.25	6	6	7.5	7.5	7.5	9	9	10.5
	l 范围		8 ~ 50	12 ~ 60	16 ~ 80	20 ~ 100	25 ~ 100	30 ~ 140	35 ~ 100	35 ~ 180	40 ~ 100	45 ~ 200	40 ~ 100	55 ~ 200	40 ~ 100
L 系列			8,12,16,20 ~ 70(5 进位),80 ~ 160(10 进位),180 ~ 300(20 进位)												

技术条件	材料	力学性能等级	螺纹公差	公差产品等级	表面处理
	钢	8.8	6g	A 级用于 $d\leqslant 24$ 和 $l\leqslant 10d$ 或 $\leqslant 150$ B 级用于 $d>24$ 和 $l>10d$ 或 >150	氧化或镀锌钝化

表 13-4 六角头铰制孔用螺栓(GB/T 27—1988) (单位:mm)

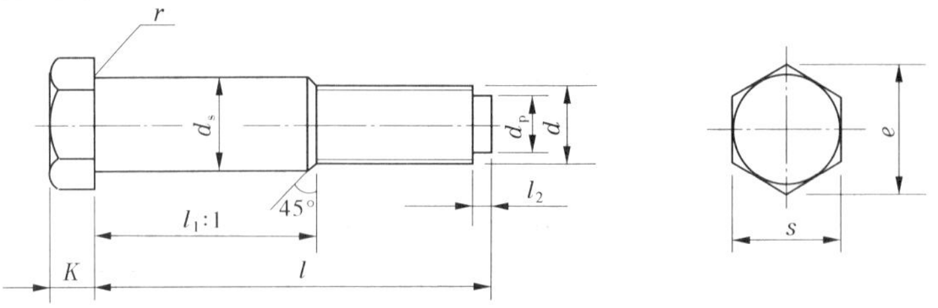

允许制造的型式

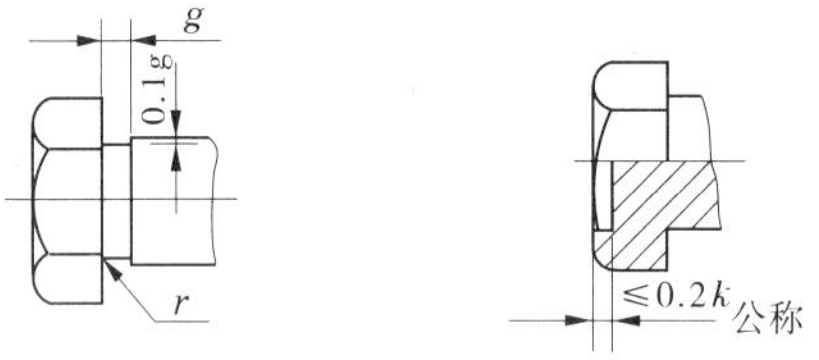

标记示例	螺纹 d = M12、公称直径 l = 80 mm、性能等级为 8.8 级、表面氧化处理、A 级的六角头铰制孔用螺栓的标记为:螺栓 GB/T 27 M12×80;当 d_s 按 m6 制造时应加标记 m6:螺栓 GB/T 27 M12m6×80

螺纹规格 d(6g)		M6	M8	M10	M12	(M14)	M16	(M18)	M20	(M22)	M24	(M27)	M30	M36
d_s(h9)	max	7	9	11	13	15	17	19	21	23	25	28	32	38
S_{max}		10	13	16	18	21	24	27	30	34	36	41	46	55
S_{min}	A	9.78	12.73	15.73	17.73	20.67	23.67	26.67	29.67	33.38	35.38	—	—	—
	B	9.64	12.57	15.57	17.57	20.16	23.16	26.16	29.16	33	35	40	45	53.8
K	公称	4	5	6	7	8	9	10	11	12	13	15	17	20
d_p		4	5.5	7	8.5	10	12	13	15	17	18	21	23	28
l_2		1.5	1.5	2	2	3	3	3	4	4	4	5	5	6
e_{min}	A	11.05	14.38	17.77	20.03	23.35	26.75	30.14	33.53	37.72	39.98	—	—	—
	B	10.89	14.20	17.59	19.85	22.78	26.17	29.56	32.95	37.29	39.55	45.20	50.85	60.79
g		2.5	2.5	2.5	2.5	3.5	3.5	3.5	3.5	3.5	5.0	5.0	5.0	5.0
l − 13		12	15	18	22	25	28	30	32	35	38	42	50	55
l 范围		25 ~ 65	25 ~ 85	30 ~ 120	35 ~ 180	40 ~ 180	45 ~ 200	50 ~ 200	55 ~ 200	60 ~ 200	65 ~ 200	75 ~ 200	80 ~ 200	90 ~ 300
l 系列		25、(28)、30、35、(38)、40 ~ 50(5 进位)、(55)、60、(65)、70、(75)、80、(85)、90、(95)、100 ~ 260(10 进位)、280、300												

注:1. 尽可能不采用括号内的规格。

2. 性能等级为 8.8,表面处理为氧化。

表 13-5　六角头螺杆带孔铰制孔用螺栓(GB/T 31.1—1988)　　(单位:mm)

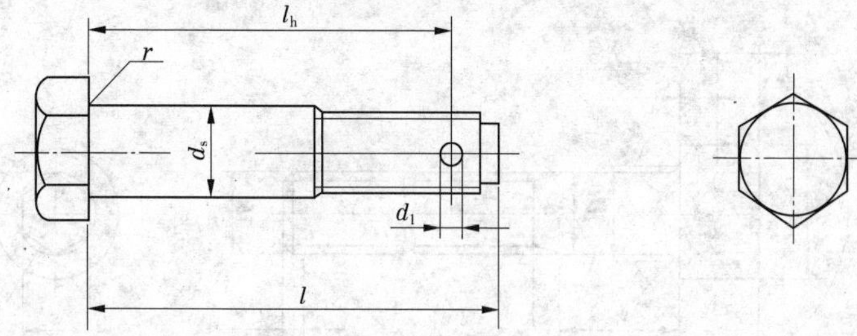

标记示例	螺纹 d = M12、公称直径 l = 80 mm、性能等级为 8.8 级、表面氧化处理、A 级的六角头带孔铰制孔用螺栓的标记为:螺栓 GB/T 31.1—1988 M12 × 80;当 d_s 按 m6 制造时应加标记 m6:螺栓 GB/T 31.1—1988 M12m6 × 80

螺纹规格 d(6g)		M6	M8	M10	M12	(M14)	M16	(M18)	M20	(M22)	M24	(M27)	M30	M36
d_1	max	1.86	2.25	2.75	3.5	3.5	4.3	4.3	4.3	5.3	5.3	5.3	6.6	6.6
	min	1.6	2	2.5	3.2	3.2	4	4	4	5	5	5	6.3	6.3
$l - l_h$		3	4	4	5	5	6	6	6	7	7	8	9	10

注:尽量不采用括号内的规格。

表 13-6　地脚螺栓(GB/T 799—1988)　　(单位:mm)

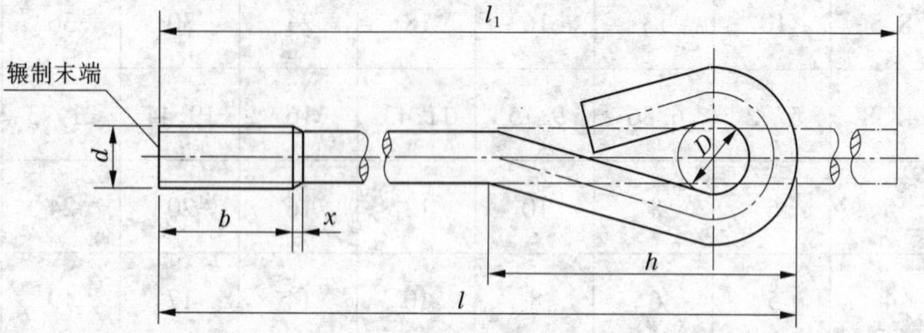

标记示例	螺纹规格 d = M12、公称长度 l = 400 mm、性能等级为 3.6 级、不经表面处理的地脚螺栓的标记为:螺栓 GB/T 799 M12 × 400

螺纹规格 d		M6	M8	M10	M12	M16	M20	M24	M30	M36	M42
b	max	27	31	36	40	50	58	68	80	94	106
	min	24	28	32	36	44	52	60	72	84	96
x	max	2.5	3.2	3.8	4.3	5.0	6.3	7.5	8.8	10.0	11.3
D		10	10	15	20	20	30	30	45	60	60
h		41	46	65	82	93	127	139	192	244	261
l_1		$l+37$	$l+37$	$l+53$	$l+72$	$l+72$	$l+110$	$l+110$	$l+165$	$l+217$	$l+217$
l 范围		80 ~ 160	120 ~ 220	160 ~ 300	160 ~ 300	220 ~ 500	300 ~ 630	300 ~ 800	400 ~ 1 000	500 ~ 1 000	630 ~ 1 250
l 系列		80、120、160、220、300、400、500、630、800、1 000、1 250									

技术条件	材料	力学性能等级	螺纹公差	产品等级	表面处理
	钢	$D<39$,3.6 级;$D>39$,按协议	8g	C	(1)不经处理 (2)氧化 (3)镀锌钝化

表 13-7　内六角圆柱头螺钉(GB/T 70.1—2000)　(单位:mm)

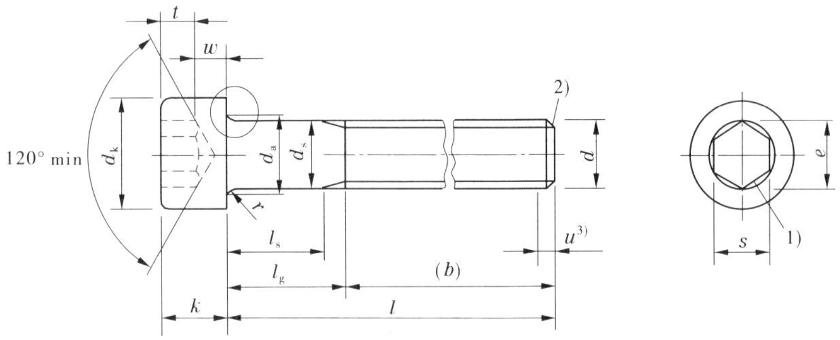

标记示例	螺纹规格 d = M45、公称长度 l = 20 mm、性能等级为 8.8 级、表面氧化的内六角圆柱头螺钉标记为:螺钉　GB/T 70.1—2000 M5 × 20

螺纹规格 d	M5	M6	M8	M10	M12	M16	M20	M24	M30	M36
b 参考值	22	24	28	32	36	44	52	60	72	84
d_{kmax}	8.5	10	13	16	18	24	30	36	45	54
e_{min}	4.58	5.72	6.86	9.15	11.43	16	19.44	21.73	25.15	30.85
k_{max}	5	6	8	10	12	16	20	24	30	36
s 公称	4	5	6	8	10	14	17	19	22	27
t_{min}	2.5	3	4	5	6	8	10	12	15.5	19
l 范围	8 ~ 50	10 ~ 60	12 ~ 80	16 ~ 100	20 ~ 120	25 ~ 160	30 ~ 200	40 ~ 200	45 ~ 200	55 ~ 200
制成全螺纹时 $l \leqslant$	25	30	35	40	45	55	65	80	90	110
l 系列(公称)	8、10、12、(14)、16、20 ~ 50(5 进位)、(55)、60、70 ~ 160(10 进位)、180 ~ 200									

技术条件	材料	力学性能等级	螺纹公差	性能等级	表面处理
	钢	8.8、10.9、12.9	12.9 级:5g、6g;其他:6g	A	氧化或镀锌钝化

注:尽可能不采用括号内规格。

表 13-8　紧定螺钉

开槽锥端紧定螺钉
(GB/T 71—1985)

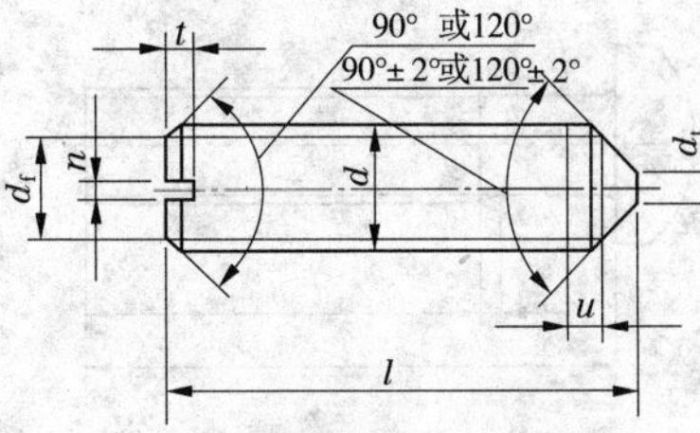

开槽平端紧定螺钉
(GB/T 73—1985)

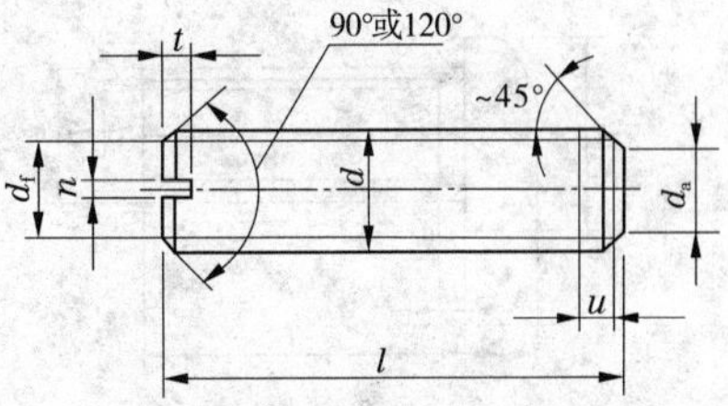

开槽凹端紧定螺钉
(GB/T 74—1985)

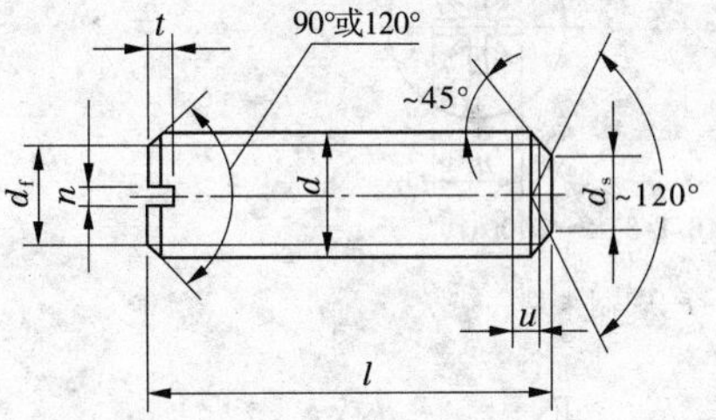

开槽长圆柱端紧定螺钉
(GB/T 75—1985)

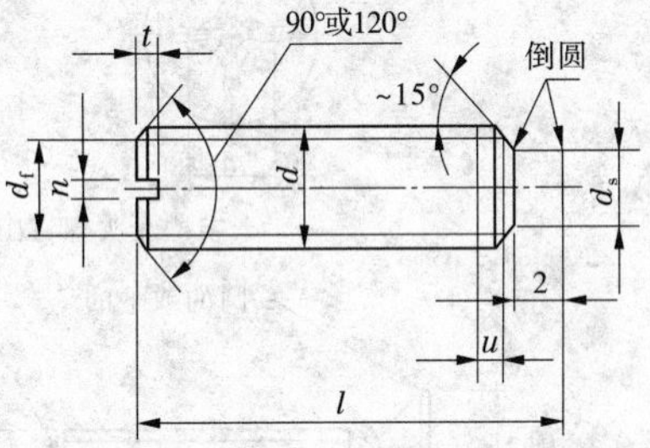

标记示例	螺纹规格 d = M5、公称长度 l = 12 mm、性能等级为 14H 级、表面氧化的开槽锥端紧定螺钉(或开槽平端紧定螺钉、或开槽凹端紧定螺钉、开槽长圆柱端紧定螺钉)标记为:螺钉 GB/T 71 M5 × 12(或 GB/T 73 M5 × 12、或 GB/T 74 M5 × 12、或 GB/T 75 M5 × 12)

螺纹规格 d			M3	M4	M5	M6	M8	M10	M12
螺距 P			0.5	0.7	0.8	1	1.25	1.5	1.75
d_t	max		0.3	0.4	0.5	1.5	2	2.5	3
d_p	max		2	2.5	3.5	4	5.5	7	8.5
n	公称		0.4	0.6	0.8	1	1.2	1.6	2
t	min		0.8	1.12	1.28	1.6	2	2.4	2.8
z	max		1.75	2.25	2.75	3.25	4.3	5.3	6.3
不完整螺纹长度 u			≤2P						
L 范围(商品规格)	GB/T 71—1985		4 ~ 16	6 ~ 20	8 ~ 25	8 ~ 30	10 ~ 40	12 ~ 50	14 ~ 60
	GB/T 73—1985		3 ~ 16	4 ~ 20	5 ~ 25	6 ~ 30	8 ~ 40	10 ~ 50	12 ~ 60
	GB/T 74—1985		5 ~ 16	4 ~ 20	5 ~ 25	6 ~ 30	8 ~ 40	10 ~ 50	12 ~ 60
	GB/T 75—1985		6 ~ 16	6 ~ 20	8 ~ 25	8 ~ 30	10 ~ 40	12 ~ 40	14 ~ 60
	短螺钉	GB/T 73—1985	3	4	5	6	—	—	—
		GB/T 73—1985	5	6	8	8、10	10、12、14	12、14、16	14、16、20
公称长度 l 系列			3、4、5、6、8、10、12、(14)、16、20、25、30、35、40、45、50、(55)、60						

技术条件	材料	机械性能	螺纹公差	公差产品等级	氧化表面
	钢	14H、22H	6g	A	氧化或镀锌钝化

注:尽可能不采用括号内规格。

表 13-9　十字槽盘头螺钉(GB/T 818—2000)、十字槽沉头螺钉(GB/T 819.1—2000)

(单位:mm)

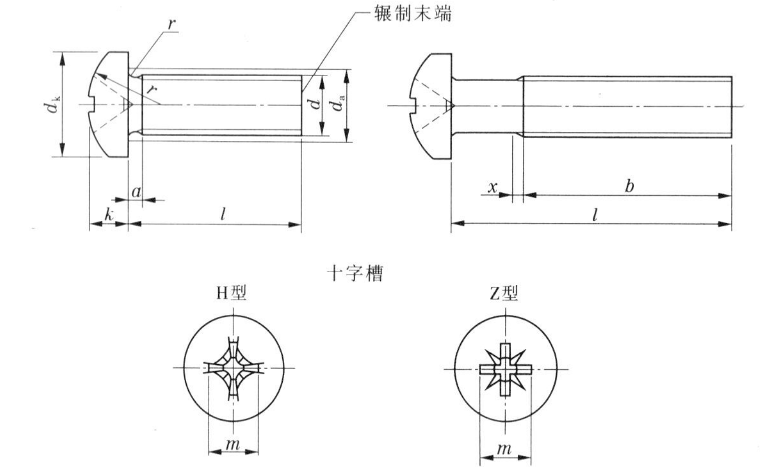

十字槽盘头螺钉(GB/T 818—2000)

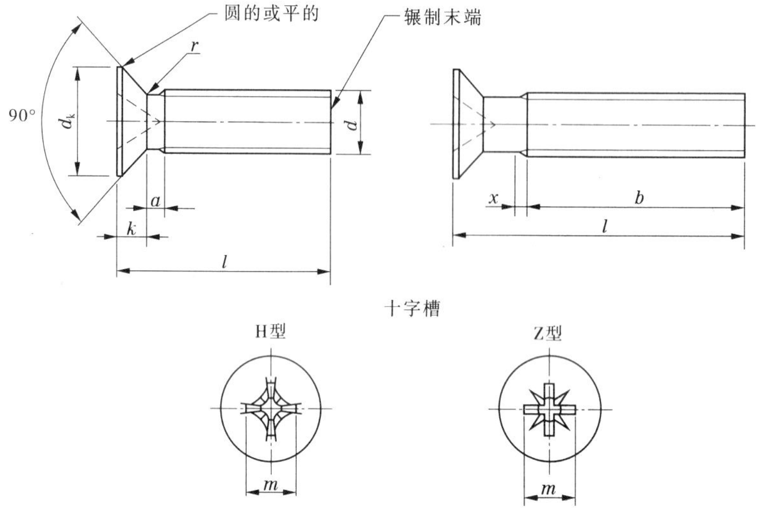

十字槽沉头螺钉(GB/T 819.1—2000)

标记示例	螺纹规格 d = M5、公称长度 l = 20 mm、性能等级为 4.8 级、不经表面处理的十字槽盘头螺钉标记为:螺钉 GB/T 818 M5 × 20

螺纹规格 d	M1.6	M2	M2.5	M3	M(3.5)	M4	M5	M6	M8	M10
a_{max}	0.7	0.8	0.9	1	1.2	1.4	1.6	2	2.5	3
b_{min}	25				38					
d_{amax}	2.0	2.5	3.1	3.6	4.1	4.7	5.7	6.8	9.2	11.2
x_{max}	0.9	1	1.1	1.25	1.5	1.75	2	2.5	3.2	3.8

续表 13-9

<table>
<tr><td colspan="3">螺纹规格 d</td><td>M1.6</td><td>M2</td><td>M2.5</td><td>M3</td><td>M(3.5)</td><td>M4</td><td>M5</td><td>M6</td><td>M8</td><td>M10</td></tr>
<tr><td rowspan="10">十字槽盘头螺钉</td><td colspan="2">d_{kmax}</td><td>3.2</td><td>4</td><td>5</td><td>5.6</td><td>7</td><td>8</td><td>9.5</td><td>12</td><td>16</td><td>20</td></tr>
<tr><td colspan="2">k_{max}</td><td>1.3</td><td>1.6</td><td>2.1</td><td>2.4</td><td>2.6</td><td>3.1</td><td>3.7</td><td>4.6</td><td>6</td><td>7.5</td></tr>
<tr><td colspan="2">r_{min}</td><td>0.1</td><td>0.1</td><td>0.1</td><td>0.1</td><td>0.1</td><td>0.2</td><td>—</td><td>0.25</td><td>0.4</td><td>—</td></tr>
<tr><td colspan="2">$r_1 \approx$</td><td>2.5</td><td>3.2</td><td>4</td><td>5</td><td>6</td><td>6.5</td><td>8</td><td>10</td><td>13</td><td>16</td></tr>
<tr><td colspan="2">槽号</td><td colspan="2">0</td><td colspan="2">1</td><td colspan="3">2</td><td>3</td><td colspan="2">4</td></tr>
<tr><td rowspan="2">H 型插入深度</td><td>max</td><td>0.95</td><td>1.2</td><td>1.55</td><td>1.8</td><td>1.9</td><td>2.4</td><td>2.9</td><td>3.6</td><td>4.6</td><td>5.8</td></tr>
<tr><td>min</td><td>0.7</td><td>0.9</td><td>1.15</td><td>1.4</td><td>1.4</td><td>1.9</td><td>2.4</td><td>3.1</td><td>4</td><td>5.2</td></tr>
<tr><td rowspan="2">Z 型插入深度</td><td>max</td><td>0.9</td><td>1.2</td><td>1.5</td><td>1.75</td><td>1.75</td><td>2.35</td><td>2.75</td><td>3.5</td><td>4.5</td><td>5.7</td></tr>
<tr><td>min</td><td>0.65</td><td>0.85</td><td>1.1</td><td>1.35</td><td>1.35</td><td>1.9</td><td>2.3</td><td>3.05</td><td>4.05</td><td>5.25</td></tr>
<tr><td colspan="2">全螺纹时最大长度</td><td colspan="4">25</td><td colspan="5">40</td><td>—</td></tr>
<tr><td rowspan="10">十字槽沉头螺钉</td><td colspan="2">d_{kmax}</td><td>3</td><td>3.8</td><td>4.7</td><td>5.5</td><td>7.3</td><td>8.4</td><td>9.3</td><td>11.3</td><td>15.8</td><td>18.3</td></tr>
<tr><td colspan="2">k_{max}</td><td>1</td><td>1.2</td><td>1.5</td><td>1.65</td><td>2.35</td><td colspan="2">2.7</td><td>3.3</td><td>4.65</td><td>5</td></tr>
<tr><td colspan="2">r_{min}</td><td>0.4</td><td>0.5</td><td>0.6</td><td>0.8</td><td>0.9</td><td>1</td><td>1.3</td><td>1.5</td><td>2</td><td>2.5</td></tr>
<tr><td colspan="2">槽号</td><td colspan="2">0</td><td colspan="2">1</td><td colspan="3">2</td><td>3</td><td colspan="2">4</td></tr>
<tr><td rowspan="2">H 型插入深度</td><td>max</td><td>0.9</td><td>1.2</td><td>1.8</td><td>2.1</td><td>2.4</td><td>2.6</td><td>3.2</td><td>3.5</td><td>4.6</td><td>5.7</td></tr>
<tr><td>min</td><td>0.6</td><td>0.9</td><td>1.4</td><td>1.7</td><td>1.9</td><td>2.1</td><td>2.7</td><td>3</td><td>4</td><td>5.1</td></tr>
<tr><td rowspan="2">Z 型插入深度</td><td>max</td><td>0.95</td><td>1.2</td><td>1.75</td><td>2</td><td>2.2</td><td>2.5</td><td>3.05</td><td>3.45</td><td>4.6</td><td>5.65</td></tr>
<tr><td>min</td><td>0.7</td><td>0.95</td><td>1.45</td><td>1.6</td><td>1.75</td><td>2.05</td><td>2.6</td><td>3</td><td>4.15</td><td>5.2</td></tr>
<tr><td colspan="2">全螺纹时最大长度</td><td colspan="4">30</td><td colspan="6">45</td></tr>
<tr><td colspan="3">l 范围</td><td>3 ~ 16</td><td>3 ~ 20</td><td>3 ~ 25</td><td>4 ~ 30</td><td>5 ~ 35</td><td>5 ~ 40</td><td>6 ~ 50</td><td>8 ~ 60</td><td>10 ~ 60</td><td>12 ~ 60</td></tr>
<tr><td colspan="3">长度系列</td><td colspan="10">2、2.5、3、4、5、6 ~ 16(2 进位)、20 ~ 80(5 进位)</td></tr>
<tr><td colspan="3" rowspan="2">技术条件</td><td colspan="2">材料</td><td colspan="2">力学性能等级</td><td colspan="2">螺纹公差</td><td colspan="2">性能等级</td><td colspan="2">表面处理</td></tr>
<tr><td colspan="2">钢</td><td colspan="2">4.8</td><td colspan="2">6g</td><td colspan="2">A</td><td colspan="2">简单处理或镀锌钝化</td></tr>
</table>

注:尽可能不采用括号内规格。

表 13-10　圆螺母 (GB 812—1998)

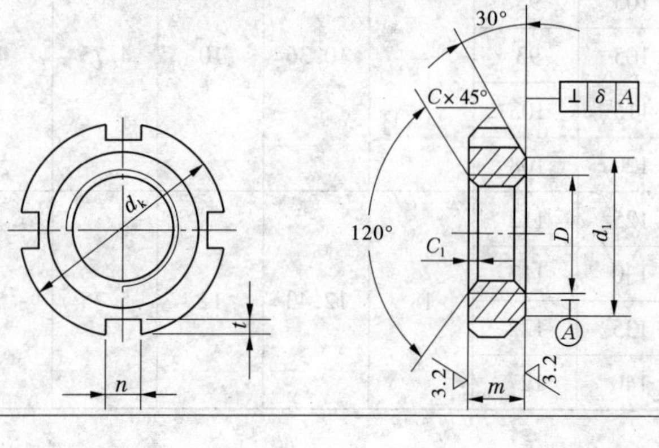

续表 13-10

<table>
<tr><td>标记示例</td><td colspan="9">螺纹规格 $D \times P$ = M18 × 1.5 、材料 45 钢、槽或全部热处理后圆端硬度为 35 ~ 45HRC 、表面氧化的圆螺母的标记为:螺母 GB/T 812—1988 M18 × 1.5</td></tr>
<tr><td colspan="10">圆螺母(GB 812—1998)</td></tr>
<tr><td>螺纹规格</td><td rowspan="2">d_k</td><td rowspan="2">d</td><td rowspan="2">m</td><td colspan="2">h</td><td colspan="2">t</td><td rowspan="2">C</td><td rowspan="2">C_1</td></tr>
<tr><td>$D \times P$</td><td>max</td><td>min</td><td>max</td><td>min</td></tr>
<tr><td>M10 × 1</td><td>22</td><td>16</td><td rowspan="5">8</td><td rowspan="2">4.3</td><td rowspan="2">4</td><td rowspan="2">2.6</td><td rowspan="2">2</td><td rowspan="5">0.5</td><td rowspan="18">0.5</td></tr>
<tr><td>M12 × 1.25</td><td>25</td><td>19</td></tr>
<tr><td>M16 × 1.5</td><td>30</td><td>22</td><td rowspan="7">5.3</td><td rowspan="7">5</td><td rowspan="7">3.1</td><td rowspan="7">2.5</td></tr>
<tr><td>M18 × 1.5</td><td>32</td><td>24</td></tr>
<tr><td>M20 × 1.5</td><td>35</td><td>27</td></tr>
<tr><td>M24 × 1.5</td><td>42</td><td>34</td><td rowspan="9">10</td><td rowspan="6">1</td></tr>
<tr><td>M25 × 1.5*</td><td>42</td><td>34</td></tr>
<tr><td>M27 × 1.5</td><td>45</td><td>37</td></tr>
<tr><td>M30 × 1.5</td><td>48</td><td>40</td></tr>
<tr><td>M35 × 1.5*</td><td>52</td><td>43</td><td rowspan="5">6.3</td><td rowspan="5">6</td><td rowspan="5">3.6</td><td rowspan="5">3</td></tr>
<tr><td>M36 × 1.5</td><td>55</td><td>46</td></tr>
<tr><td>M39 × 1.5</td><td>58</td><td>49</td><td rowspan="18">1.5</td></tr>
<tr><td>M40 × 1.5*</td><td>58</td><td>49</td></tr>
<tr><td>M45 × 1.5</td><td>68</td><td>59</td></tr>
<tr><td>M48 × 1.5</td><td>72</td><td>61</td><td rowspan="7">12</td><td rowspan="6">8.36</td><td rowspan="6">8</td><td rowspan="6">4.25</td><td rowspan="6">3.5</td></tr>
<tr><td>M50 × 1.5*</td><td>72</td><td>61</td></tr>
<tr><td>M52 × 1.5</td><td>78</td><td>67</td></tr>
<tr><td>M55 × 1.5*</td><td>78</td><td>67</td></tr>
<tr><td>M60 × 1.5</td><td>90</td><td>79</td><td rowspan="11">1</td></tr>
<tr><td>M65 × 1.5*</td><td>95</td><td>84</td></tr>
<tr><td>M68 × 1.5</td><td>100</td><td>88</td><td rowspan="5">10.36</td><td rowspan="5">10</td><td rowspan="5">4.75</td><td rowspan="5">4</td></tr>
<tr><td>M72 × 1.5</td><td>105</td><td>93</td><td rowspan="4">15</td></tr>
<tr><td>M75 × 1.5*</td><td>105</td><td>93</td></tr>
<tr><td>M80 × 1.5</td><td>115</td><td>103</td></tr>
<tr><td>M85 × 1.5</td><td>120</td><td>108</td></tr>
<tr><td>M90 × 1.5</td><td>125</td><td>112</td><td rowspan="4">18</td><td rowspan="4">12.43</td><td rowspan="4">12</td><td rowspan="4">5.75</td><td rowspan="4">5</td></tr>
<tr><td>M95 × 1.5</td><td>130</td><td>117</td></tr>
<tr><td>M100 × 1.5</td><td>135</td><td>122</td></tr>
<tr><td>M105 × 1.5</td><td>140</td><td>127</td></tr>
</table>

表 13-11　标准弹簧垫圈(GB/T 93—1987)　　(单位:mm)

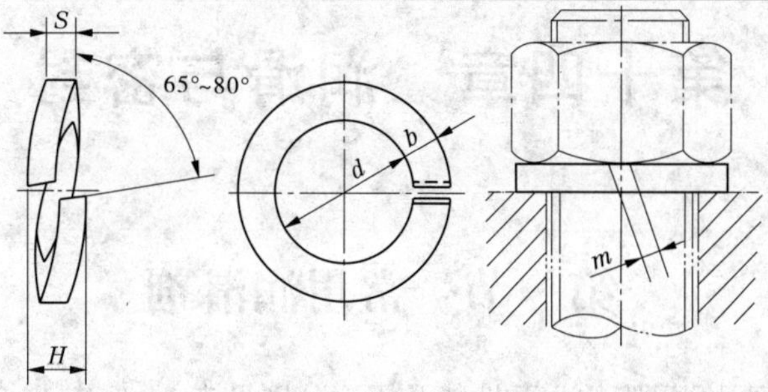

标记示例	规格 16 mm、材料为 65Mn、表面氧化的标准型弹簧垫圈的标记为:垫圈 GB/T 93—1987 16													
规格(螺纹大径)		5	6	8	10	12	(14)	16	(18)	20	(22)	24	(27)	30
d_{min}		5.1	6.1	8.1	8.1	12.2	14.2	16.2	18.2	20.2	22.5	24.5	27.5	30.5
$S=b$ 公称		1.3	1.6	1.6	2.1	3.1	3.6	4.1	4.5	5	5.5	6	6.8	7.5
H	min	2.6	3.2	3.2	4.2	6.2	7.2	8.2	9	10	11	12	13.6	15
	max	3.25	4	4	5.25	7.75	9	10.25	11.25	12.5	13.75	15	17	18.75
$m\leqslant$		0.65	0.8	0.8	1.05	1.55	1.8	2.05	2.25	2.5	2.75	3	3.4	3.75

注:1. 括号内的尺寸尽量不采用。

2. 材料为 65Mn、60Si2Mn,淬火并回火,硬度为 42 ~ 50HRC。

第二节　销连接

开口销的规格见表 13-12。

表 13-12　开口销(GB/T 91—2000)　　(单位:mm)

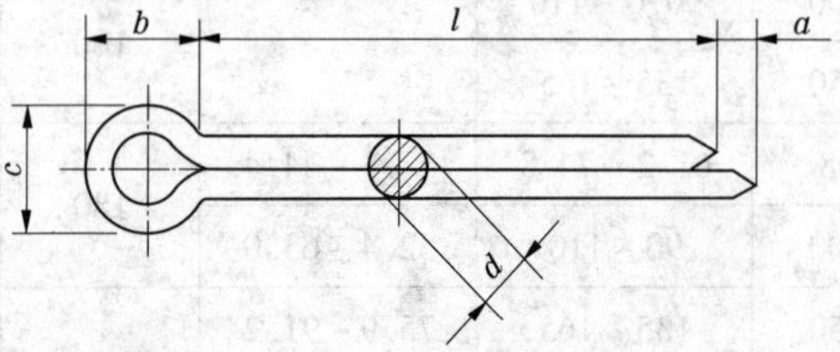

标记示例	公称直径 d = 5 mm、长度 l = 50 mm、材料为 Q215 或 Q235、不经表面处理的开口销标记为:销 GB/T 91—2000 5 × 50													
公称直径 d		0.6	0.8	1	1.2	1.6	2	2.5	3.2	4	5	6.3	8	10	13
d	max	0.5	0.7	0.9	1.0	1.4	1.8	2.3	2.9	3.7	4.6	5.9	7.5	9.5	12.4
	min	0.4	0.6	0.8	0.9	1.3	1.7	2.1	2.7	3.5	4.4	5.7	7.3	9.3	12.1
a	max	1.6	1.6	1.6	2.5	2.5	2.5	2.5	3.2	4	4	4	4	6.3	6.3
c	max	1	1.4	1.8	2	2.8	3.6	4.6	5.8	7.4	9.2	11.8	15	19	24.8
$b\approx$		2	2.4	3	3	3.2	4	5	6.4	8	10	12.6	16	20	26
商品规格 l		4 ~ 12	5 ~ 16	6 ~ 20	8 ~ 25	8 ~ 32	10 ~ 40	12 ~ 65	14 ~ 63	18 ~ 80	22 ~ 100	30 ~ 120	40 ~ 160	45 ~ 200	70 ~ 200
l 系列		4、5、6、8、10、12、14、16、18、20、22、25、28、32、36、40、45、50、63、71、80、90、100、112、120、125、140、160、180、200、224、250、280													

注:销孔的公称直径等于销的公称直径 d。

第十四章　润滑与密封

第一节　常用润滑剂

常用润滑油和常用润滑脂的主要性能及用途分别见表 14-1、表 14-2。

表 14-1　常用润滑油的主要性能和用途

牌号	代号	运动黏度(mm^2/s)		闪点(开口)(℃)(不低于)	倾点(℃)(不高于)	主要用途
		40 ℃	50 ℃			
全损耗系统用油(GB/T 443—1989)	L－AN5	4.14～5.06		80	－5	适用于锭子、轴承、液压系统、齿轮和汽轮机等工业机械设备
	L－AN7	6.12～7.48		110		
	L－AN10	9.00～11.00		130		
	L－AN15	13.5～16.5		150		
	L－AN22	19.8～24.2				
	L－AN32	28.8～35.2				
	L－AN46	41.4～50.6		160		
	L－AN68	61.2～74.8				
	L－AN100	90.0～110		180		
	L－AN150	135～165				
工业闭式齿轮油(GB 5903—1995)	L－CK68	61.2～74.8	37.1～44.4	180	－8	保持在正常或中等恒定油温和重载荷下运转的齿轮
	L－CK100	90～110	52.4～63.0			
	L－CK150	135～165	75.9～91.2	200		
	L－CK220	198～242	108～129			
	L－CK320	288～352	151～182			
	L－CK460	414～506	210～252			
	L－CK680	612～748	300～360			
L－CKE/P 蜗轮蜗杆油(SH 0094—1991)	220	198～242	108～129	200		
	320	288～352	151～182	220		
	460	414～506	210～252		－12	用于蜗轮蜗杆传动的润滑
	680	612～748	300～360			
	1 000	900～1 100	425～509			

表 14-2 常用润滑脂的主要性能和用途

名称	代号	滴点(℃)(不低于)	工作锥入度(25 ℃,150 g)×(1/10)(mm)	主要用途
钙基润滑脂(GB/T 491—1987)	L-XAAMHA1	80	310~340	有耐水性。用于工作温度低于55~60 ℃的各种工农业、交通运输机械设备的轴承润滑,特别是有水或潮湿的场合
	L-XAAMHA2	85	265~295	
	L-XAAMHA3	90	220~250	
	L-XAAMHA4	95	175~205	
钠基润滑脂(GB/T 492—1989)	L-XACMGA2	160	265~295	不耐水或不耐潮湿,用于工作温度在-10~110 ℃的一般中负荷机械设备轴承润滑
	L-XACMGA3		220~250	
通用锂基润滑脂(GB/T 7324—1987)	ZL-1	170	310~340	有良好的耐水性和耐热性。适用于温度在-20~120 ℃各种机械的滚动轴承、滑动轴承及其摩擦部位的润滑
	ZL-2	175	265~295	
	ZL-3	180	220~250	
钙钠基润滑脂(ZBE 36001—1988)	ZGN-1	20	250~290	工作温度在80~100 ℃、有水分或较潮湿环境中工作的机械润滑,多用于铁路机车、列车、小电动机、发电机滚动轴承的润滑。不适于低温工作
	ZGN-2	135	200~240	
石墨钙基润滑脂(ZBE 36002—1988)	ZG-S	80	—	人字齿轮,起重机、挖掘机的底盘齿轮,矿山机械、绞车等高负荷、高压力、低速度的粗糙机械润滑及一般开式齿轮润滑。能耐潮湿
滚珠轴承脂(SY 1514—1982)	ZGN69-2	120	250~290(-40 ℃时为30)	用于机车、汽车、电动机及其他机械的滚动轴承润滑
7407号齿轮润滑脂(SY 4036—1984)	—	160	75~90	用于各种低速,中、重载荷齿轮、链和联轴器的润滑,使用温度≤120 ℃,可承受冲击载荷
高温润滑脂(GB/T 1124—1989)	7014-1号	280	62~75	适用于高温下各种滚动轴承的润滑,也可用于一般滑动轴承和齿轮的润滑。使用温度为-40~200 ℃

第二节　润滑装置

各种润滑装置见表 14-3 ~ 表 14-10。

表 14-3　杆式油标　　(单位:mm)

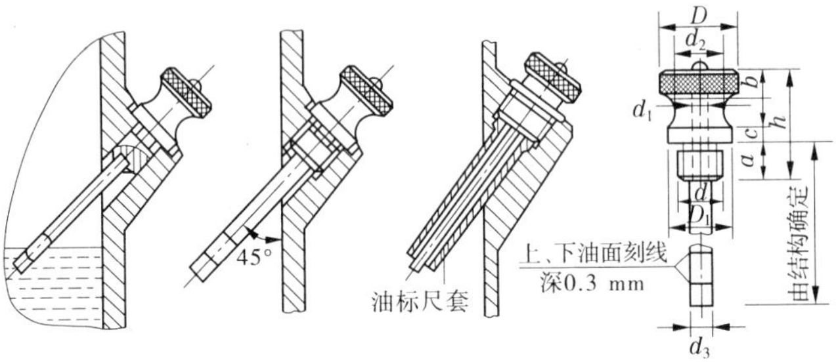

d	d_1	d_2	d_3	h	a	b	c	D	D_1
M12	4	12	6	28	10	6	4	20	16
M16	4	16	6	35	12	8	5	26	22
M20	6	20	8	42	15	10	6	32	26

表 14-4　管状油标

	H	O 形橡胶密封圈(按 GB 3452.1)	六角薄螺母(按 GB 6172)	弹性垫圈(按 GB 861)
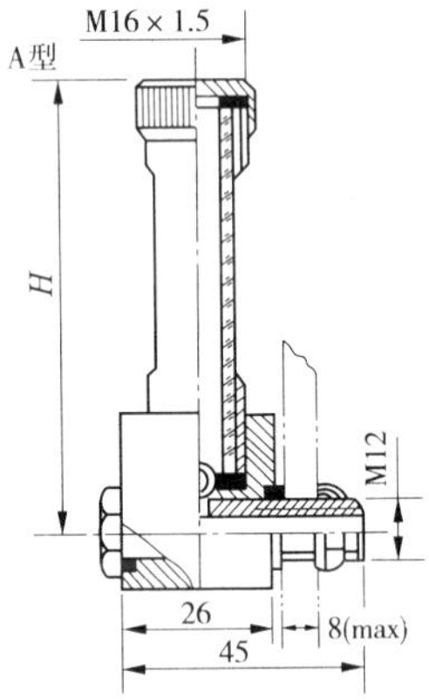	80,100,125,160,200	11.8×2.65	M12	12
标记示例	H=200, A 型管状油标的标记为:油标 A200 GB1162			

注:B 型管状油标尺寸见 GB 1162—1989。

表 14-5　长形油标(JB/T 7941.3—1995)

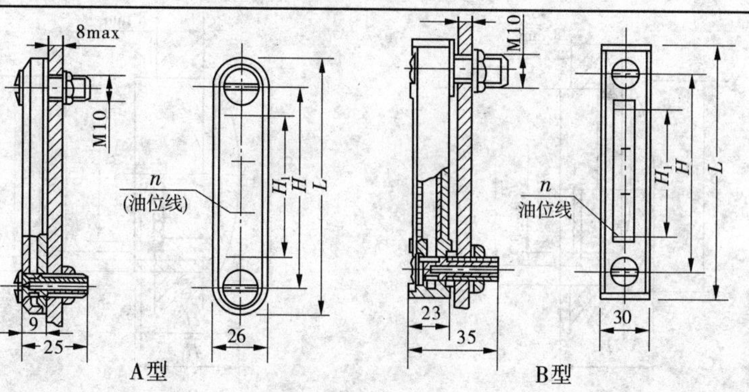

标记示例	油位视区 $H=160$ mm,A 型长形油标标记为:油标 A160 JB/T 7941.3—1995										
H			H_1		*L*		*n*		O 形密封圈 GB/T 3452.1—1992	六角螺 GB/T 6172.1 ~ 6172.2—2000	弹性垫圈 GB/T 861—1987
A 型	B 型	公差	A 型	B 型	A 型	B 型	A 型	B 型			
80			40		110		2				
100	—		60	—	130	—	3	—			
125	—	js7	80	—	155	—	4	—	10 × 2.65	M10	10
160			120		190		—	6			
—	250		—	210	—	280	—	8			

表 14-6　压配式压注油杯(JB/T 9740.5—1995)

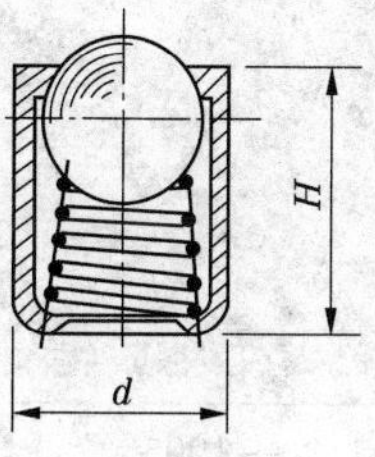

d		*H*	钢球直径(GB/T 308—2002)
基本尺寸	极限偏差		
6	+0.040 +0.028	6	4
8	+0.049 +0.034	10	5
10	+0.058 +0.040	12	6
16	+0.063 +0.045	20	11
25	+0.085 +0.064	30	13

标记示例　$d=8$ mm 压配式压注油杯,标记为:油杯 8 JB/T 9740.5—1995

表 14-7　压配式圆形油标(JB/T 7941.1—1995)

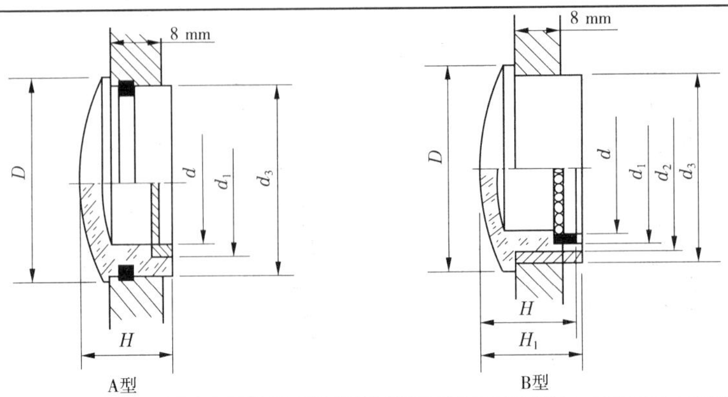

A型　　B型

标记示例	视孔 $d=32$ mm,A 型压配式圆形油标,标记为:油标 A32 JB/T 7941.1 — 1995									
d	D	d_1		d_2		d_3		H	H_1	O 形橡胶密封圈(GB 3452.1—1992)
		基本尺寸	公差	基本尺寸	公差	基本尺寸	公差			
12	22	12	d11	17	d11	20	d11	14	16	15×2.65
16	27	18		2		25				20×2.65
20	34	22		28		32		16	18	25×3.55
25	40	28		34		38				31.5×3.55
32	48	35		41		45		18	20	38.7×3.55
40	58	45		51		55				48.7×3.55
50	70	55		61		65		22	24	—
63	85	70		76		80				

表 14-8　旋入式圆形油标(JB/T 7941.2—1995)

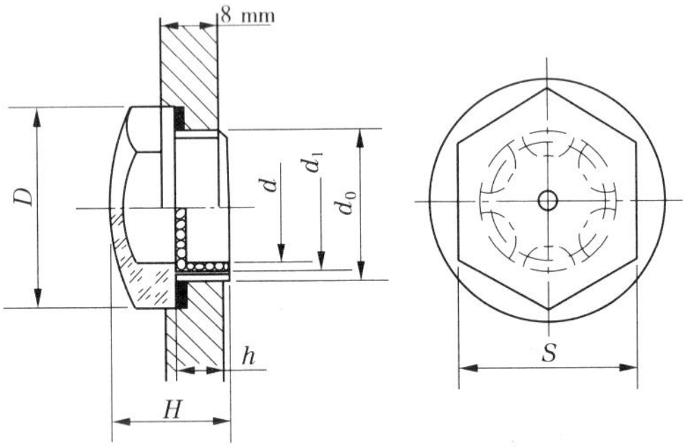

标记示例	视孔 $d=32$ mm,B 型旋入式圆形油标,标记为:油标 B32 JB/T 7941.2 — 1995									
d	d_0	D		d_1		S		H	H_1	h
		基本尺寸	公差	基本尺寸	公差	基本尺寸	公差			
10	M16×1.5	22	d11	12	d11	21	h8	15	22	8
20	M27×1.5	36		22		32		18	30	10
32	M42×1.5	52		35		46		22	40	12
50	M60×2	72		55		65		26	53	14

表 14-9　直通式压注油杯(JB/T 7940.1—1995)

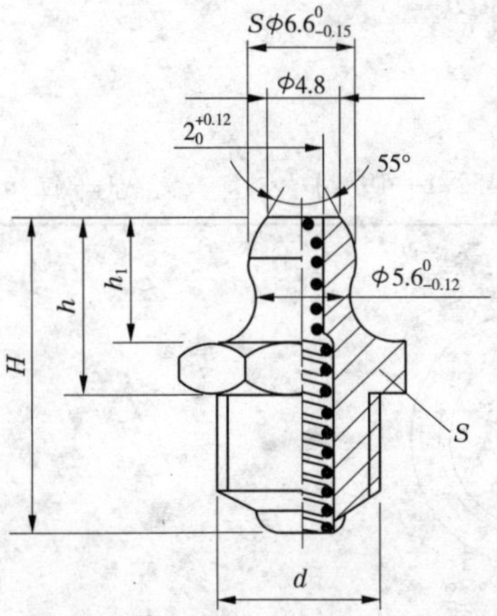

d	H	h	h_1	S	钢球直径(GB/T 308—2002)
M6	13	8	6	8	3
M8×1	16	9	6.5	10	
M10×1	18	10	7	11	

标记示例	d 为 M10×1 直通式压注油杯,标记为:油杯 M10×1 JB/T 7940.1—1995

表 14-10　旋盖式压注油杯(JB/T 9740.3—1995)

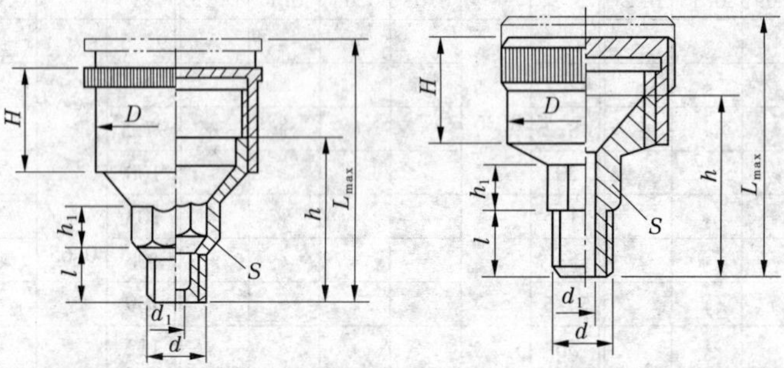

标记示例　最小容量 25 cm^3,B 型旋盖式油杯,标记为:油杯 B25 JB/T 9740.3—1995

最小容量(cm^3)	d	l	H	h	h_1	d_1	D A 型	D B 型	L_{max}	S
1.5	M8×1	8	14	22	7	3	16	18	33	10
3	M10×1		15	23	8	4	20	22	35	13
6			17	26			26	28	40	
12	M14×1.5	12	20	30	10	5	32	34	47	18
18			22	32			36	40	50	
25			24	34			41	44	55	
50	M16×1.5		30	44			51	54	70	21
100			38	52			68	68	85	

第三节　密封件

各种密封件见表 14-11 ~ 表 14-15。

表 14-11　O 形橡胶密封圈(GB/T 3452.1—1992)　　(单位:mm)

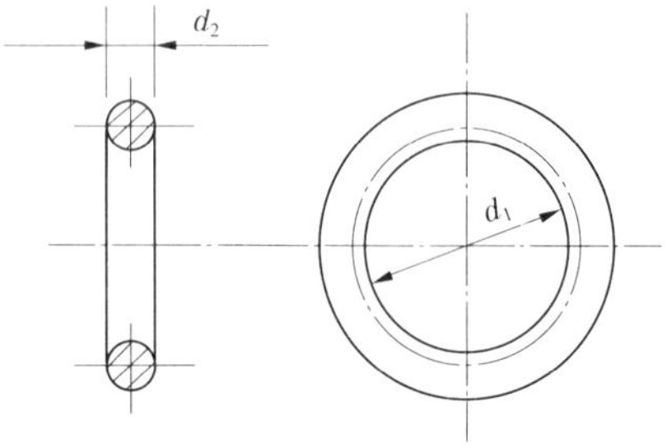

标记示例	O 形圈内径 d_1 = 5.00 mm,截面直径 d = 1.8 mm 第一种方法:O 形密封圈 5 × 1.8 GB/T 3452.1—1992 第二种方法:180 代表 d_2,500 代表 d_1,标记:O 形密封圈 500 180 GB/T 3452.1—1992

内径 d_1	极限偏差	1.80 ± 0.08	2.65 ± 0.09	3.55 ± 0.1	5.3 ± 0.13	内径 d_1	极限偏差	1.80 ± 0.08	2.65 ± 0.09	3.55 ± 0.1	5.3 ± 0.13	内径 d_1	极限偏差	1.80 ± 0.08	2.65 ± 0.09	3.55 ± 0.1	5.3 ± 0.13
18	±0.22	*	*	*		46.2	±0.36	*	*	*	*	92.5	±0.65			*	*
19		*	*	*		47.2			*	*	*	95			*	*	*
20		*	*	*		48.2			*	*	*	97.5				*	*
21.2		*	*	*		50			*	*	*	100			*	*	*
22.4		*	*	*		51.5	±0.44	*	*	*	*	103				*	*
23.6		*	*	*		53			*	*	*	106		*	*	*	*
25		*	*	*		54.5			*	*	*	109			*	*	*
25.8		*	*	*		56			*	*	*	112		*	*	*	*
26.5		*	*	*		58			*	*	*	115			*	*	*
28		*	*	*		60			*	*	*	118			*	*	*
30		*	*	*		61.5			*	*	*	122	±0.90		*	*	*
31.5	±0.3		*	*		63			*	*	*	125		*	*	*	*
32.5		*	*	*		65	±0.53			*	*	128			*	*	*
33.5			*	*		67			*	*	*	132		*	*	*	*
34.5		*	*	*		69				*	*	136			*	*	*
35.5			*	*		71			*	*	*	140		*	*	*	*
36.5		*	*	*		73				*	*	145			*	*	*
37.5			*	*		75			*	*	*	150		*	*	*	*
38.5		*	*	*		77.5				*	*	155			*	*	*
40			*	*		80			*	*	*	160			*	*	*
41.2	±0.36		*	*		82.5	±0.65			*	*	165			*	*	*
42.5		*	*	*		85			*	*	*	170			*	*	*
43.5			*	*		87.5				*	*	175				*	*
45			*	*	*	90			*	*	*	180				*	*

注:* 指 GB/T 3452.1—1992 规定的规格。

表 14-12　外六方螺塞（JB/ZQ 4450—1997）、封油垫　（单位：mm）

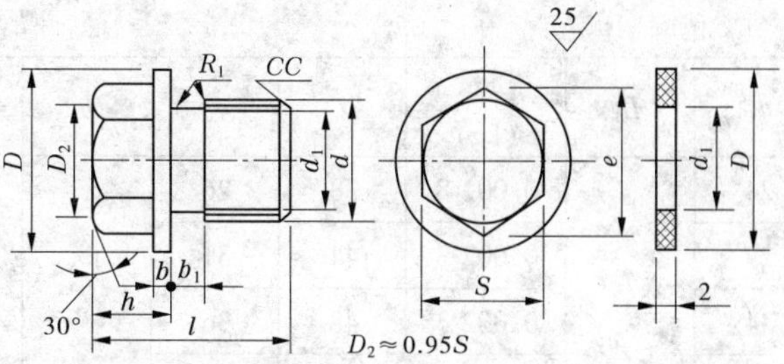

标记示例	d 为 M20×1.5 的外六角螺栓；螺塞 M20×1.5 JB/ZQ 4450—1997									
d	d_1	D	e	S	L	h	b	b_1	C	可用减速器中矩 a_Σ
M14×1.5	11.8	23	20.8	18	25	12	3	3	1.0	一级 a = 100
M18×1.5	15.8	28	24.2	21	27	15				一级≤300 二级 a_Σ≤425
M20×1.5	17.8	30			30		4			
M22×1.5	19.8	32	27.7	24					1.5	
M24×2	21	34	31.2	27	32	16		4		
M27×2	24	38	34.6	30	35	17				一级≤450 二级 a_Σ≤750
M30×2	27	42	29.3	34	38	18				
M33×2	30	45	41.6	36	42	20	5			
M36×2	39	56	53.1	46	50	25				

表 14-13　毡封圈及槽的形式及尺寸

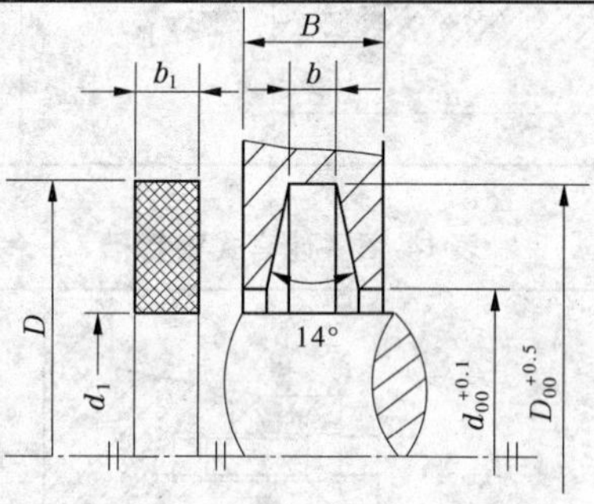

标记示例	轴径 d = 40 mm 的毡圈，标记为：毡圈 40 JB/ZQ 4606—1997							
轴径 d	毡圈				槽			
	D	d_1	B	质量（kg）	D_0	d_0	b	B_{min} 用于钢	B_{min} 用于铸铁
15	29	14	6	0.001 0	28	16	5	10	12
20	33	19		0.001 2	32	21			

续表 14-13

轴径 d	毡圈				槽				
	D	d_1	B	质量(kg)	D_0	d_0	b	B_{min} 用于钢	B_{min} 用于铸铁
25	39	24	7	0.001 8	38	26	6	12	15
30	45	29		0.002 3	44	31			
35	49	34		0.002 3	48	36			
40	53	39		0.002 6	52	41			
45	61	44	8	0.004 0	60	46	7		
50	69	49		0.005 4	68	51			
55	74	53		0.006 0	72	56			
60	80	58		0.006 9	78	61			
65	84	63		0.007 0	82	66			
70	90	68		0.007 9	82	66			
75	94	73		0.008 0	92	77			
80	102	78	9	0.011 0	100	82	8	15	18

表 14-14　油沟式密封槽(JB/ZQ 4245—1986)　　(单位:mm)

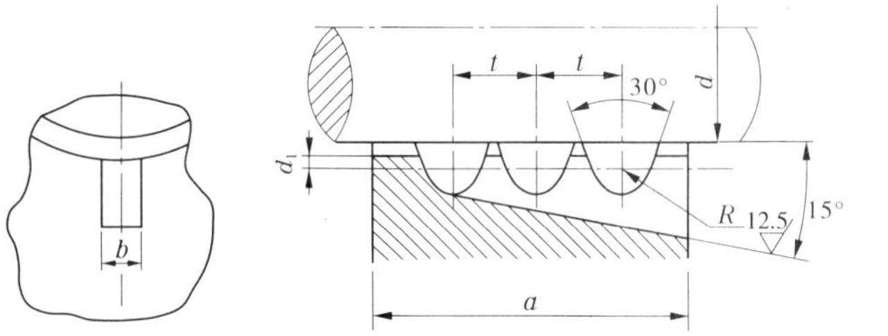

轴径 d	25 ~ 80	80 ~ 120
R	0.5	2
t	4.5	6
b	4	5
d_1	$d+1$	
a_{min}	$a_{min}=n_t+R$ (n—槽数,$n=2\sim4$)	

表 14-15　迷宫式密封槽　　(单位:mm)

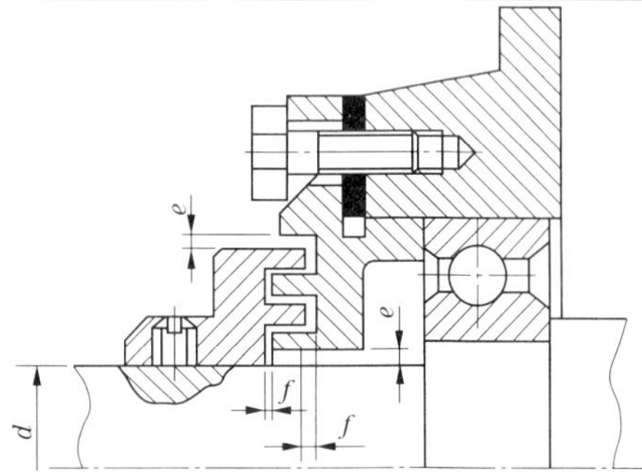

轴径 d	10 ~ 50	50 ~ 80	80 ~ 110
e	0.2	0.3	0.4
f	1.0	1.5	2.0

第十五章　滚动轴承

第一节　常见滚动轴承

常见滚动轴承见表 15-1 ~ 表 15-5。

表 15-1　深沟球轴承(GB/T 276—1994)

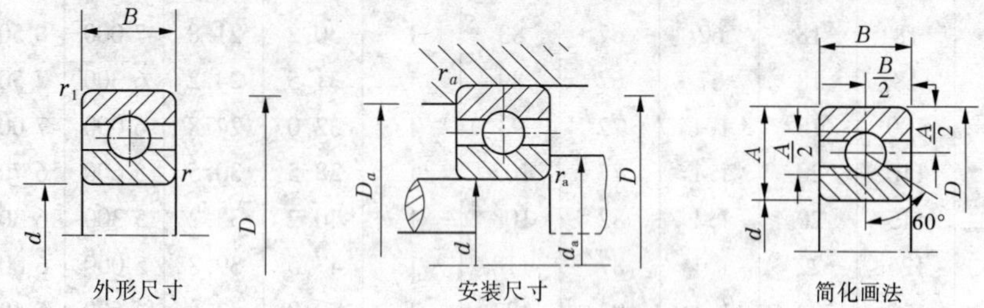

外形尺寸　　安装尺寸　　简化画法

标记示例	滚动轴承 6120 GB/T 276—1994			
A/C_{0r}	e	Y	(径向)当量动载荷	(径向)当量静载荷
0.014	0.19	2.30	当 $A/R \leqslant e$ 时， $P=R$ 当 $A/R>e$ 时， $P=0.56R+YA$ R—径向载荷； A—轴向载荷	当 $A/R \leqslant 0.8$ 时， $P_0=R$ 当 $A/R>0.8$ 时， $P_0=0.6R+0.5A$ R—径向载荷； A—轴向载荷
0.028	0.22	1.99		
0.056	0.26	1.71		
0.084	0.28	1.55		
0.11	0.30	1.45		
0.17	0.34	1.31		
0.28	0.38	1.15		
0.42	0.42	1.04		
0.56	0.44	1.00		

轴承型号	外形尺寸(mm)				安装尺寸(mm)			基本额定载荷(kN)		极限转速(r/min)		质量≈(kg)
	d	D	B	R_s min	d_a min	D_a max	r_a max	C_r (动)	C_{0r} (静)	脂润滑	油润滑	
(1)0 系列												
6004	20	42	12	0.6	25	38	0.6	9.38	5.02	16 000	19 000	0.068
6005	25	47	12	0.6	30	43	0.6	10.0	5.85	13 000	17 000	0.078
6006	30	55	13	1	36	50.0	1	13.2	8.30	11 000	14 000	0.113

续表 15-1

轴承型号	外形尺寸(mm)				安装尺寸(mm)			基本额定载荷(kN)		极限转速(r/min)		质量≈(kg)
	d	D	B	R_s min	d_a min	D_a max	r_a max	C_r(动)	C_{0r}(静)	脂润滑	油润滑	
						(1)0 系列						
6007	35	62	14	1	41	56	1	16.2	10.5	9 500	12 000	0.148
6008	40	68	15	1	46	62	1	17.0	11.8	9 000	11 000	0.185
6009	45	16	16	51	51	69	1	21.0	14.8	8 000	10 000	0.230
6010	50	16	16	56	56	74	1	22.0	16.2	7 000	9 000	0.250
6011	55	18	18	62	62	83	1	30.2	21.8	7 000	8 500	0.362
6012	60	18	18	67	67	89	1	31.5	24.2	6 300	7 500	0.385
6013	65	100	18	1.1	72	93	1	32.0	24.8	6 000	7 000	0.410
6014	70	110	20	1.1	77	103	1	38.5	30.5	5 600	6 700	0.575
6015	75	115	20	1.1	82	108	1	40.2	33.2	5 300	6 300	0.603
6016	80	125	22	1.1	87	118	1	47.5	39.8	5 000	6 000	0.821
6017	85	130	22	1.1	92	123	1	50.8	42.8	4 500	5 600	0.848
6018	90	140	24	1.5	99	131	1.5	58.0	49.8	4 300	5 300	1.10
6019	95	145	24	1.5	104	136	1.5	57.8	50.0	4 000	5 000	1.15
6020	100	150	24	1.5	109	141	1.5	64.5	56.2	3 800	4 800	1.18
						(0)2 系列						
6204	20	47	14	1	26	42	1	12.8	6.65	14 000	18 000	0.103
6205	25	52	15	1	31	47	1	14.0	7.88	12 000	15 000	0.127
6206	30	62	16	1	36	56	1	19.5	11.5	9 500	13 000	0.200
6207	35	72	17	1.1	42	65	1	25.5	15.2	8 500	11 000	0.288
6208	40	80	18	1.1	47	73	1	29.5	18.0	8 000	10 000	0.368
6209	45	85	19	1.1	52	78	1	31.5	20.5	7 000	9 000	0.416
6210	50	90	20	1.1	57	83	1	35.0	23.2	6 700	8 500	0.463
6211	55	100	21	1.5	64	91	1.5	43.2	29.2	6 000	7 500	0.603
6212	60	110	22	1.5	69	101	1.5	47.8	32.8	5 600	7 000	0.789
6213	65	120	23	1.5	74	111	1.5	57.2	40.0	5 000	6 300	0.990
6214	70	125	24	1.5	79	116	1.5	60.8	45.0	4 800	6 000	1.084
6215	75	130	25	1.5	84	121	1.5	66.0	49.5	4 500	5 600	1.171
6216	80	140	26	2	90	130	2	71.5	54.2	4 300	5 300	1.448
6217	85	150	28	2	95	140	2	83.2	63.8	4 000	5 000	1.803
6218	90	160	30	2	100	150	2	95.8	71.5	3 800	4 800	2.17
6219	95	170	32	2.1	107	158	2.1	110	82.8	3 600	4 500	2.62
6220	100	180	34	2.1	112	168	2.1	122	92.8	3 400	4 300	3.19

续表 15-1

轴承型号	外形尺寸(mm)				安装尺寸(mm)			基本额定载荷(kN)		极限转速(r/min)		质量≈(kg)
	d	D	B	R_s min	d_a min	D_a max	r_a max	C_r (动)	C_{0r} (静)	脂润滑	油润滑	
(0)3 系列												
6304	20	52	15	1.1	27	45	1	15.8	7.88	13 000	16 000	0.142
6305	25	62	17	1.1	32	55	1	22.2	11.5	10 000	14 000	0.219
6306	30	72	19	1.1	37	65	1	27.0	15.2	9 000	11 000	0.349
6307	35	80	21	1.5	44	71	1.5	33.4	19.2	8 000	9 500	0.455
6308	40	90	23	1.5	49	81	1.5	40.8	24.0	7 000	8 500	0.639
6309	45	100	25	1.5	54	91	1.5	52.8	31.8	6 300	7 500	0.837
6310	50	110	27	2	60	100	2	61.8	38.0	6 000	7 000	1.082
6311	55	120	29	2	65	110	2	71.5	44.8	5 800	6 700	1.367
6312	60	130	31	2.1	72	118	2.1	81.8	51.8	5 600	6 000	1.710
6313	65	140	33	2.1	77	128	2.1	93.8	60.5	4 500	5 300	2.100
6314	70	150	35	2.1	82	138	2.1	105	68.0	4 300	5 000	2.550
6315	75	160	37	2.1	87	148	2.1	113	76.8	4 000	4 800	3.050
6316	80	170	39	2.1	92	158	2.1	123	86.5	3 800	4 500	3.610
6317	85	180	41	3	99	166	2.5	132	96.5	3 600	4 300	4.284
6318	90	190	43	3	104	176	2.5	145	108	3 400	4 000	4.97
6319	95	200	45	3	109	186	2.5	157	122	3 200	3 800	5.74
6320	100	215	47	3	114	201	2.5	173	140	2 800	3 600	7.09

表 15-2　调心球轴承(GB/T 281—1994)

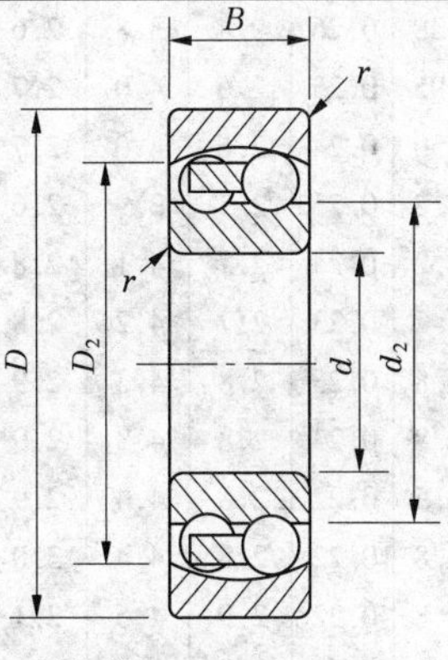

圆柱孔10000(TN1、M)型

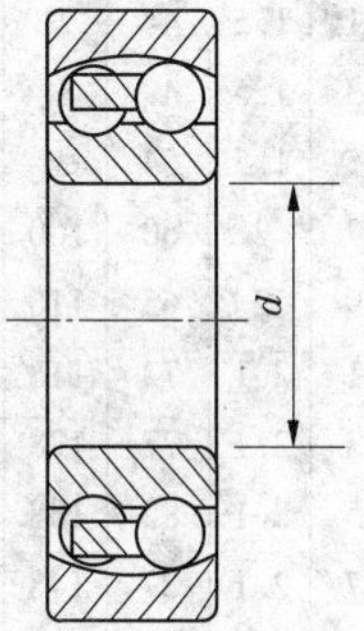

圆锥孔(锥度1∶12)10000K(KTN1、KM)型

径向当量动载荷:当 $F_a/F_r \leq e$ 时,$P_r = F_r + Y_1F_a$;当 $F_a/F_r > e$ 时,$P_r = 0.65F_r + Y_2F_a$

径向当量静载荷:$P_{0r} = F_r + Y_0F_a$

续表 15-2

轴承代号		基本尺寸（mm）				安装尺寸（mm）			基本额定载荷		计算系数				极限转速（r/min）		质量（kg）
10 000型圆柱孔	1 000K型圆锥孔	d	D	B	r min	d_a max	D_a max	r_a max	C_r（kN）	C_{0r}（kN）	e	Y_1	Y_2	Y_0	脂润滑	油润滑	
02 系列																	
1204	1204K	20	47	14	1	26	41	1	9.95	2.65	0.27	2.3	3.6	2.4	14 000	17 000	0.12
1205	1205K	25	52	15	1	31	46	1	12.0	3.30	0.27	2.3	3.6	2.4	12 000	14 000	0.14
1206	1206K	30	62	16	1	36	56	1	15.8	4.70	0.24	2.6	4.0	2.7	10 000	12 000	0.23
1207	1207K	35	72	17	1.1	42	65	1	15.8	5.08	0.23	2.7	4.2	2.9	8 500	10 000	0.32
1208	1208K	40	80	18	1.1	47	73	1	19.2	6.40	0.22	2.9	4.4	3.0	7 500	9 000	0.41
1209	1209K	45	85	19	1.1	52	78	1	21.8	7.32	0.21	2.9	4.6	3.1	7 100	8 500	0.49
1210	1210K	50	90	20	1.1	57	83	1	22.8	8.08	0.20	3.1	4.8	3.3	6 300	8 000	0.54
1211	1211K	55	100	21	1.5	64	91	1.5	26.8	10.0	0.20	3.2	5.0	3.4	6 000	7 100	0.72
1212	1212K	60	110	22	1.5	69	101	1.5	30.2	11.5	0.19	3.4	5.3	3.6	5 300	6 300	0.9
1213	1213K	65	120	23	1.5	74	111	1.5	31.0	12.5	0.17	3.7	5.7	3.9	4 800	6 000	0.92
1214	1214K	70	125	24	1.5	79	116	1.5	34.5	13.5	0.18	3.5	5.4	3.7	4 800	5 600	1.29
1215	1215K	75	130	25	1.5	84	121	1.5	38.8	15.2	0.17	3.6	5.6	3.8	4 300	5 300	1.35
1216	1216K	80	140	26	2	90	130	2	39.5	16.8	0.18	3.6	5.5	3.7	4 000	5 000	1.65
1217	1217K	85	150	28	2	95	140	2	48.8	20.5	0.17	3.7	5.7	3.9	3 800	4 500	2.1
1218	1218K	90	160	30	2	100	150	2	56.5	23.2	0.17	3.8	5.7	4.0	3 600	4 300	2.5
1219	1219K	95	170	32	2.1	107	158	2.1	63.5	27.0	0.17	3.7	5.7	3.9	3 400	4 000	3.0
1220	1220K	100	180	34	2.1	109	186	2.1	68.5	29.2	0.18	3.5	5.4	3.7	3 200	3 800	3.7
03 系列																	
1304	1304K	20	52	15	1.1	27	45	1	12.5	3.38	0.29	2.2	3.4	2.3	12 000	15 000	0.17
1305	1305K	25	62	17	1.1	32	55	1	17.8	5.05	0.27	2.3	3.5	2.4	10 000	13 000	0.26
1306	1306K	30	72	19	1.1	37	65	1	21.5	6.28	0.26	2.4	3.8	2.6	8 500	11 000	0.4
1307	1307K	35	80	21	1.5	44	71	1.5	25.0	7.95	0.25	2.6	4.0	2.7	7 500	9 500	0.54
1308	1308K	40	90	23	1.5	49	81	1.5	29.5	9.50	0.24	2.6	4.0	2.7	6 700	8 500	0.71
1309	1309K	45	100	25	1.5	54	91	1.5	38.0	12.8	0.25	2.5	3.9	2.6	6 000	7 500	0.96
1310	1310K	50	110	27	2	60	100	2	43.2	14.2	0.24	2.7	4.1	2.8	5 600	6 700	1.21
1311	1311K	55	120	29	2	65	110	2	51.5	18.2	0.23	2.7	4.2	2.8	5 000	6 300	1.58
1312	1312K	60	130	31	2.1	72	118	2.1	57.2	20.8	0.23	2.8	4.3	2.9	4 500	5 600	1.96
1313	1313K	65	140	33	2.1	77	128	2.1	61.8	22.8	0.23	2.8	4.3	2.9	4 300	5 300	2.39
1314	1314K	70	150	35	2.1	82	138	2.1	74.5	27.5	0.22	2.8	4.4	2.9	4 000	5 000	3.0
1315	1315K	75	160	37	2.1	87	148	2.1	79.0	29.8	0.22	2.8	4.4	3.0	3 800	4 500	3.6
1316	1316K	80	170	39	2.1	92	158	2.1	88.5	32.8	0.22	2.9	4.5	3.1	3 600	4 300	4.2
1317	1317K	85	180	41	3	99	166	2.5	97.8	37.8	0.22	2.9	4.5	3.0	3 400	4 000	5.0
1318	1318K	90	190	43	3	104	176	2.5	115	44.5	0.22	2.8	4.4	2.9	3 200	3 800	6.0
1319	1319K	95	200	45	3	109	186	2.5	132	50.8	0.23	2.8	4.3	2.9	3 000	3 600	7.0
1320	1320K	100	215	47	3	114	201	2.5	142	57.2	0.24	2.7	4.1	2.8	2 800	3 400	8.64

表 15-3　角接触球轴承(GB/T 292—1994)

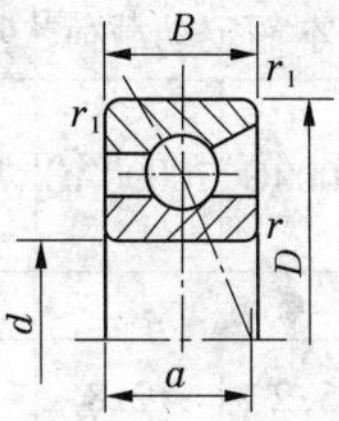

外形尺寸

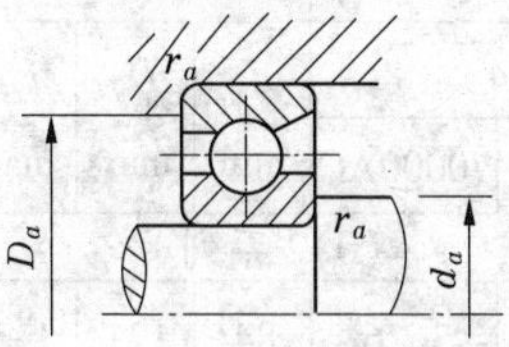

安装尺寸

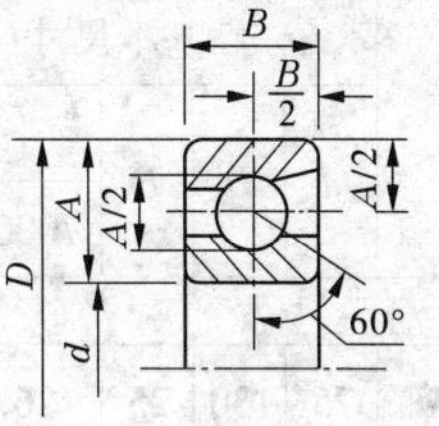

简化画法

标记示例	滚动轴承 7316AC GB/T 292—1994				
接触角	计算项目	单个轴承或串联配置	A/C_0	e	Y
C 型 ($\alpha=15°$)	当量动载荷	当 $A/R\leqslant e$ 时,$P=R$; 当 $A/R>e$ 时, $P=0.44R+YA$	0.015	0.38	1.47
			0.029	0.40	1.40
			0.058	0.43	1.30
	当量静载荷	$P_0=0.5R+0.46A$ 当 $P_0>R$ 时,取 $P_0=R$	0.087	0.46	1.23
			0.12	0.47	1.19
AC 型 ($\alpha=25°$)	当量动载荷	当 $A/R\leqslant 0.68$ 时,$P=R$; 当 $A/R>0.68$ 时, $P=0.44R+0.87A$	0.17	0.50	1.12
			0.29	0.55	1.02
			0.44	0.56	1.00
	当量静载荷	$P_0=0.5R+0.38A$ 当 $P_0<R$ 时,取 $P_0=R$ R—径向载荷 A—轴向载荷	0.58	0.56	1.00

轴承代号		基本尺寸(mm)					安装尺寸(mm)			基本额定动载荷		基本额定静载荷	
		d	D	B	a		d_a	D_a	r_{as}	70000C	70000AC	70000C	70000AC
					70000C	70000AC	min	max	max				
(0)2 系列													
7204C	7204AC	20	47	14	11.5	14.9	26	41	1	14.5	14.0	8.22	7.82
7205C	7205AC	25	52	15	12.7	16.4	31	46	1	16.5	15.8	10.5	9.88
7206C	7206AC	30	62	16	14.2	18.7	36	56	1	23.0	22.0	15.0	14.2
7207C	7207AC	35	72	17	15.7	21	42	65	1	30.5	29.0	20.0	19.2
7208C	7208AC	40	80	18	17	23	47	73	1	36.8	35.2	25.8	24.5
7209C	7209AC	45	85	19	18.2	24.7	52	78	1	38.5	36.8	28.5	27.2
7210C	7210AC	50	90	20	19.4	26.3	57	83	1	42.8	40.8	32.0	30.5
7211C	7211AC	55	100	21	20.9	28.6	64	91	1.5	52.8	50.5	40.5	38.5
7212C	7212AC	60	110	22	22.4	30.8	69	101	1.5	61.0	58.2	48.5	46.2
7213C	7213AC	65	120	23	24.2	33.5	74.4	111	1.5	69.8	66.5	55.2	52.5
7214C	7214AC	70	125	24	25.3	35.1	79	116	1.5	70.2	69.2	60.0	57.5

续表 15-3

轴承代号		基本尺寸(mm)					安装尺寸(mm)			基本额定动载荷		基本额定静载荷	
		d	D	B	a		d_a	D_a	r_{as}	70000C	70000AC	70000C	70000AC
					70000C	70000AC	min	max	max				
(0)2 系列													
7215C	7215AC	75	130	25	26.4	36.6	84	121	1.5	75.2	72.8	63.0	62.0
7216C	7216AC	80	140	26	27.7	38.9	90	130	2	89.5	85.0	78.2	74.5
7217C	7217AC	85	150	28	29.9	41.6	95	140	2	99.8	94.8	85.0	81.5
7218C	7218AC	90	160	30	31.7	44.2	100	150	2	122	118	105	100
7219C	7219AC	95	170	32	33.8	46.9	107	158	2.1	135	128	115	108
7220C	7220AC	100	180	34	35.8	49.7	112	168	2.1	148	142	128	122
(0)3 系列													
7301C	7301AC	12	37	12	8.6	12	18	31	1	8.10	8.08	5.22	4.88
7302C	7302AC	15	42	13	9.6	13.5	21	36	1	9.38	9.08	5.92	5.58
7303C	7303AC	17	47	14	10.4	14.8	23	41	1	12.8	11.5	8.62	7.08
7304C	7304AC	20	52	15	11.3	16.3	27	45	1	14.2	13.8	9.68	9.10
7305C	7305AC	25	62	17	13.1	19.1	32	55	1	21.5	20.8	15.8	14.8
7306C	7306AC	30	72	19	15	22.2	37	65	1	26.2	25.2	19.8	18.6
7307C	7307AC	35	80	21	16.6	24.5	44	71	1.5	34.2	32.8	26.8	24.8
7308C	7308AC	40	90	23	18.5	27.5	49	81	1.5	40.2	38.5	32.3	30.5
7309C	7309AC	45	100	25	20.2	30.2	54	91	1.5	49.2	47.5	39.8	37.2
7310C	7310AC	50	110	27	22	33	60	100	2	53.5	55.5	47.2	44.5
7311C	7311AC	55	110	29	23.8	35.8	65	110	2	70.5	67.2	60.5	56.8
7312C	7312AC	60	130	31	25.6	38.9	72	118	2.1	80.5	77.8	70.2	65.8
7313C	7313AC	65	140	33	27.4	41.5	77	128	2.1	91.5	89.8	80.5	75.5
7314C	7314AC	70	150	35	29.2	44.3	82	138	2.1	102	98.5	91.5	86.0
7315C	7315AC	75	160	37	31	47.2	87	148	2.1	112	108	105	97.0
7316C	7316AC	80	170	39	32.8	50	92	158	2.1	122	118	118	108
7318C	7318AC	90	190	43	36.4	55.6	104	176	2.5	142	135	142	135
7320C	7320AC	100	215	47	40.2	61.9	114	201	2.5	162	165	175	178
(0)4 系列													
	7406AC	30	90	23		26.1	39	81	1		42.5		32.2
	7407AC	35	100	25		29	44	91	1.5		53.8		42.5
	7408AC	40	110	27		34.6	50	100	2		62.0		49.5
	7409AC	45	120	29		38.7	55	110	2		66.8		52.8
	7410AC	50	130	31		37.4	62	118	2.1		76.5		56.5
	7412AC	60	150	35		43.1	72	138	2.1		102		90.8
	7414AC	70	180	42		51.5	84	166	2.5		125		125
	7416AC	80	200	48		58.1	94	186	2.5		152		162
	7418AC	90	215	54		64.8	108	197	3		178		205

表 15-4　圆柱滚子轴承(GB/T 283—1994)

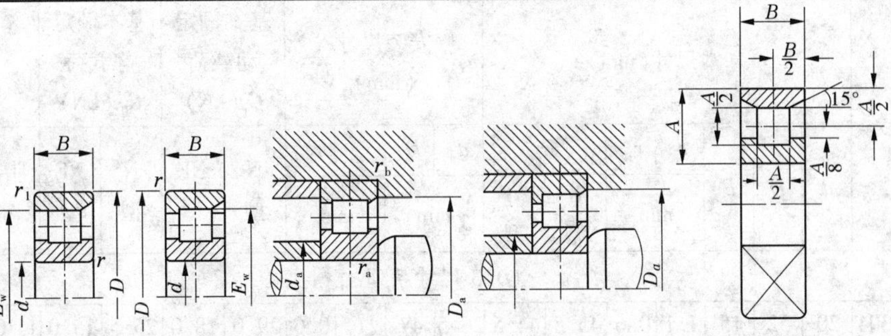

N0000型　　NF0000型　　安装尺寸　　简化画法

标记示例	滚动轴承 N216E GB/T 283—1994

径向当量动载荷		径向当量静载荷
$P_r = F_r$	对轴向承载的轴承(NF 型 02,03 系列) 当 $0 \leqslant F_a/F_r \leqslant 0.12$ 时,$P_r = F_r + 0.3F_a$; 当 $0.12 \leqslant F_a/F_r \leqslant 0.3$ 时,$P_r = 0.94F_r + 0.8F_a$	$P_{0r} = F_r$

轴承代号		基本尺寸(mm)							安装尺寸(mm)				基本额定动载荷 C_r(kN)		基本额定静载荷 C_{0r}(kN)		极限转速(r/min)	
		d	D	B	r_s	r_{1s}	E_w		d_a	D_a	r_{as}	r_{bs}	N型	NF型	N型	NF型	脂润滑	油润滑
					min		N型	NF型	min		max							
(0)2 尺寸系列																		
N204E	NF204	20	47	14	1	0.6	41.5	40	25	42	1	0.6	25.8	12.5	24.0	11.0	12 000	16 000
N205E	NF205	25	52	15	1	0.6	46.5	45	30	47	1	0.6	27.5	14.2	26.8	12.8	11 000	14 000
N206E	NF206	30	62	16	1	0.6	55.5	53.5	36	56	1	0.6	36.0	19.5	35.5	18.2	8 500	11 000
N207E	NF207	35	72	17	1.1	0.6	64	61.8	42	64	1	0.6	46.5	28.5	48.0	28.0	7 500	9 500
N208E	NF208	40	80	18	1.1	1.1	71.5	70	47	72	1	1	51.5	37.5	53.0	38.2	7 000	9 000
N209E	NF209	45	85	19	1.1	1.1	76.5	75	52	77	1	1	58.5	39.8	63.8	41.0	6 300	8 000
N210E	NF210	50	90	20	1.1	1.1	81.5	80.4	57	83	1	1	61.2	43.2	69.2	48.5	6 000	7 500
N211E	NF211	55	100	21	1.5	1.1	90	88.5	64	91	1.5	1	80.2	52.8	95.5	60.2	5 300	6 700
N212E	NF212	60	110	22	1.5	1.5	100	97	69	100	1.5	1.5	89.8	62.8	102	73.5	5 000	6 300
N213E	NF213	65	120	23	1.5	1.5	108.5	105.5	74	108	1.5	1.5	102	73.2	118	87.5	4 500	5 600
N214E	NF214	70	125	24	1.5	1.5	113.5	110.5	79	114	1.5	1.5	112	73.2	135	87.5	4 300	5 300
N215E	NF215	75	130	25	1.5	1.5	118.5	118.3	84	120	1.5	1.5	125	89.0	155	110	4 000	5 000
N216E	NF216	80	140	26	2	2	127.3	125	90	128	2	2	132	102	165	125	3 800	4 800
N217E	NF217	85	150	28	2	2	136.5	135.5	95	137	2	2	158	115	192	145	3 600	4 500
N218E	NF218	90	160	30	2	2	145	143	100	146	2	2	172	142	215	178	3 400	4 300
N219E	NF219	95	170	32	2.1	2.1	154.5	151.5	107	155	2.1	2.1	208	152	262	190	3 200	4 000
N220E	NF220	100	180	34	2.1	2.1	163	160	112	164	2.1	2.1	235	168	302	212	3 000	3 800

续表 15-4

轴承代号		基本尺寸(mm)							安装尺寸(mm)				基本额定动载荷 C_r(kN)		基本额定静载荷 C_{0r}(kN)		极限转速(r/min)	
		d	D	B	r_s	r_{1s}	E_w		d_a	D_a	r_{as}	r_{bs}	N型	NF型	N型	NF型	脂润滑	油润滑
					min		N型	NF型	min		max							
(0)3 尺寸系列																		
N304E	NF304	20	52	15	1.1	0.6	45.5	44.5	26.5	47	1	0.6	29.0	18.0	25.5	15.0	11 000	15 000
N305E	NF305	25	62	17	1.1	1.1	54	53	31.5	55	1	1	38.5	25.5	35.8	22.5	9 000	12 000
N306E	NF306	30	72	19	1.1	1.1	62.5	62	37	64	1	1	49.2	33.5	48.2	31.5	8 000	10 000
N307E	NF307	35	80	21	1.5	1.1	70.2	68.2	44	71	1.5	1	62.0	41.0	63.2	39.2	7 000	9 000
N308E	NF308	40	90	23	1.5	1.5	80	77.5	49	80	1.5	1.5	76.8	48.8	77.8	47.5	6 300	8 000
N309E	NF309	45	100	25	1.5	1.5	88.5	86.5	54	89	1.5	1.5	93.0	66.8	98.0	66.8	5 600	7 000
N310E	NF310	50	110	27	2	2	97	95	60	98	2	2	105	76.0	112	79.5	5 300	6 700
N311E	NF311	55	120	29	2	2	106.5	104.5	65	107	2	2	128	97.8	138	105	4 800	6 000
N312E	NF312	60	130	31	2.1	2.1	115	113	72	116	2.1	2.1	142	118	155	128	4 500	5 600
N313E	NF313	65	140	33	2.1	2.1	124.5	121.5	77	125	2.1	2.1	170	125	188	135	4 000	5 000
N314E	NF314	70	150	35	2.1	2.1	133	130	82	134	2.1	2.1	195	145	220	162	3 800	4 800
N315E	NF315	75	160	37	2.1	2.1	143	139.5	87	143	2.1	2.1	228	165	260	188	3 600	4 500
N316E	NF316	80	170	39	2.1	2.1	151	147	92	151	2.1	2.1	245	175	282	200	3 400	4 300
N317E	NF317	85	180	41	3	3	160	156	99	160	2.5	2.5	280	212	332	242	3 200	4 000
N318E	NF318	90	190	43	3	3	169.5	165	104	169	2.5	2.5	298	228	348	265	3 000	3 800
N319E	NF319	95	200	45	3	3	177.5	173.5	109	178	2.5	2.5	315	245	380	288	2 800	3 600
N320E	NF320	100	215	47	3	3	191.5	185.5	114	190	2.5	2.5	365	282	425	340	2 600	3 200
(0)4 尺寸系列																		
N406		30	90	23	1.5	1.5	73		39	—	1.5	1.5	57.2		53.0		7 000	9 000
N407		35	100	25	1.5	1.5	83		44	—	1.5	1.5	70.8		68.2		6 000	7 500
N408		40	110	27	2	2	92		50	—	2	2	90.5		89.8		5 600	7 000
N409		45	120	29	2	2	100.5		55	—	2	2	102		100		5 000	6 300
N410		50	130	31	2.1	2.1	110.8		62	—	2.1	2.1	120		120		4 800	6 000
N411		55	140	33	2.1	2.1	117.2		67	—	2.1	2.1	128		132		4 300	5 300
N412		60	150	35	2.1	2.1	127		72	—	2.1	2.1	155		162		4 000	5 000
N413		65	160	37	2.1	2.1	135.3		77	—	2.1	2.1	170		178		3 800	4 800
N414		70	180	42	3	3	152		84	—	2.5	2.5	215		232		3 400	4 300
N415		75	190	45	3	3	160.5		89	—	2.5	2.5	250		272		3 200	4 000
N416		80	200	48	3	3	170		94	—	2.5	2.5	285		315		3 000	3 800
N417		85	210	52	4	4	179.5		103	—	3	3	312		345		2 800	3 600
N418		90	225	54	4	4	191.5		108	—	3	3	352		392		2 400	3 200
N419		95	240	55	4	4	201.5		113	—	3	3	378		428		2 200	3 000
N420		100	250	58	4	4	211		118	—	3	3	418		480		2 000	2 800

续表 15-4

轴承代号	基本尺寸(mm)							安装尺寸(mm)				基本额定动载荷 C_r(kN)		基本额定静载荷 C_{0r}(kN)		极限转速(r/min)	
	d	D	B	r_s	r_{1s}	E_w		d_a	D_a	r_{as}	r_{bs}	N型	NF型	N型	NF型	脂润滑	油润滑
				min		N型	NF型	min		max							
22尺寸系列																	
N2204E	20	47	18	1	0.6	41.5		25	42	1	0.6	30.8		30.0		12 000	16 000
N2205E	25	52	18	1	0.6	46.5		30	47	1	0.6	32.8		33.8		11 000	14 000
N2206E	30	62	20	1	0.6	55.5		36	56	1	0.6	45.5		48.0		8 500	11 000
N2207E	35	72	23	1.1	0.6	64		42	64	1	0.6	57.5		63.0		7 500	9 500
N2208E	40	80	23	1.1	1.1	71.5		47	72	1	1	67.5		75.2		7 000	9 000
N2209E	45	85	23	1.1	1.1	76.5		52	77	1	1	71.0		82.0		6 300	8 000
N2210E	50	90	23	1.1	1.1	81.5		57	83	1	1	74.2		88.8		6 000	7 500
N2211E	55	100	25	1.5	1.1	90		64	91	1.5	1	94.8		118		5 300	6 700
N2212E	60	110	28	1.5	1.5	100		69	100	1.5	1.5	122		152		5 000	6 300
N2213E	65	120	31	1.5	1.5	108.5		74	108	1.5	1.5	142		180		4 500	5 600
N2214E	70	125	31	1.5	1.5	113.5		79	114	1.5	1.5	148		192		4 300	5 300
N2215E	75	130	31	1.5	1.5	118.5		84	120	1.5	1.5	155		205		4 000	5 000
N2216E	80	140	33	2	2	127.3		90	128	2	2	178		242		3 800	4 800
N2217E	85	150	36	2	2	136.5		95	137	2	2	205		272		3 600	4 500
N2218E	90	160	40	2	2	145		100	146	2	2	230		312		3 400	4 300
N2219E	95	170	43	2.1	2.1	154.5		107	155	2.1	2.1	275		368		3 200	4 000
N2220E	100	180	46	2.1	2.1	163		112	164	2.1	2.1	318		440		3 000	3 800

表 15-5 圆锥滚子轴承(摘自 GB/T 297—1994)

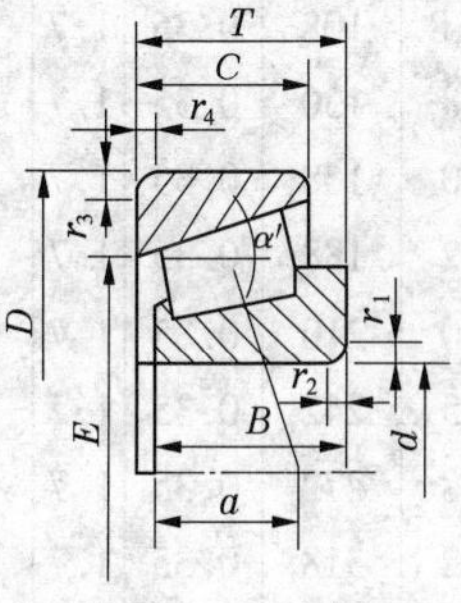

标准外形

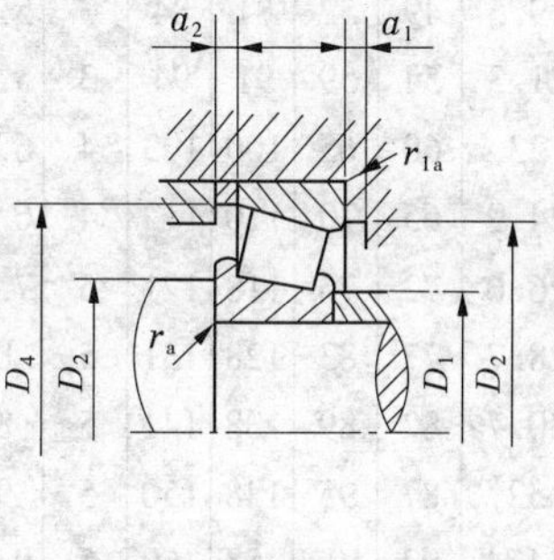

安装尺寸

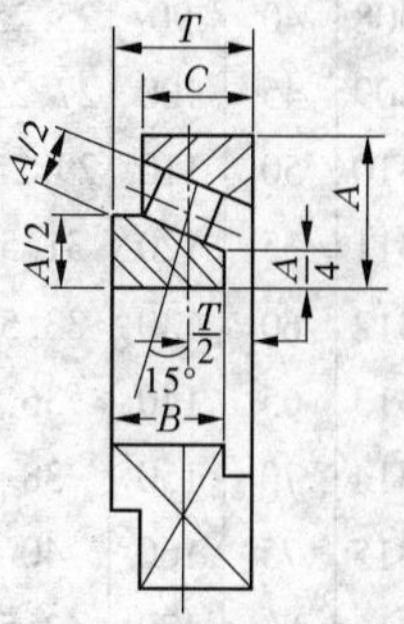

简化画法

标记示例	滚动轴承 30205 GB/T 297—1994 当量动载荷:当 $A/R \leqslant e$ 时,$P=R$;当 $A/R>e$ 时,$P=0.4R+YA$;R 为径向载荷;A 为轴向载荷 当量静载荷:$P_0=0.5R+Y_0A$;若 $P_0<R$ 取 $P_0=R$

续表 15-5

轴承代号	基本尺寸(mm)						安装尺寸(mm)							基本额定载荷		计算系数		
	d	D	T	B	c	a ≈	d_a min	d_b max	D_a max	D_b min	a_1 min	a_2 min	r_a max	C_r (kN)	C_{0r} (kN)	e	Y	Y_0
02 系列																		
30204	20	47	15.25	14	12	11.2	26	27	41	43	2	3.5	1	28.2	30.5	0.35	1.7	1
30205	25	52	16.25	15	13	12.5	31	31	46	48	2	3.5	1	32.2	37.0	0.37	1.6	0.9
30206	30	62	17.25	16	14	13.8	36	37	56	58	2	3.5	1	43.2	50.5	0.37	1.6	0.9
30207	35	72	18.25	17	15	15.3	42	44	65	67	3	3.5	1.5	54.2	63.5	0.37	1.6	0.9
30208	40	80	19.75	18	16	16.9	47	49	73	75	3	4	1.5	63.0	74.0	0.37	1.6	0.9
30209	45	85	20.75	19	16	18.6	52	53	78	80	3	5	1.5	67.8	83.5	0.4	1.5	0.8
30210	50	90	21.75	20	17	20	57	58	83	86	3	5	1.5	73.2	92.0	0.42	1.4	0.8
30211	55	100	22.75	21	18	21	64	64	91	95	4	5	2	90.8	115	0.4	1.5	0.8
30212	60	110	23.75	22	19	22.3	69	69	101	103	4	5	2	102	130	0.4	1.5	0.8
30213	65	120	24.75	23	20	23.8	74	77	111	114	4	5	2	120	152	0.4	1.5	0.8
30214	70	125	26.25	24	21	25.8	79	81	116	119	4	5.5	2	132	175	0.42	1.4	0.8
30215	75	130	27.25	25	22	27.4	84	85	121	125	4	5.5	2	138	185	0.44	1.4	0.8
30216	80	140	28.25	26	22	28.1	90	90	130	133	4	6	2.1	160	212	0.42	1.4	0.8
30217	85	150	30.5	28	24	30.3	95	96	140	142	5	6.5	2.1	178	238	0.42	1.4	0.8
30218	90	160	32.5	30	26	32.3	100	102	150	151	5	6.5	2.1	200	270	0.42	1.4	0.8
30219	95	170	34.5	32	27	34.2	107	108	158	160	5	7.5	2.5	228	308	0.42	1.4	0.8
30220	100	180	37	34	29	36.4	112	114	168	169	5	8	2.5	225	350	0.42	1.4	0.8
03 系列																		
30304	20	52	16.25	15	13	11.1	27	28	45	48	3	3.5	1.5	33.0	33.2	0.3	2	1.1
30305	25	62	18.25	17	15	13	32	34	55	58	3	3.5	1.5	46.8	48.0	0.3	2	1.1
30306	30	72	20.75	19	16	15.3	37	40	65	66	3	5	1.5	59.0	63.0	0.31	1.9	1.1
30307	35	80	22.75	21	18	16.8	44	45	71	74	3	5	2	75.2	82.5	0.31	1.9	1.1
30308	40	90	25.25	23	20	19.5	49	52	81	84	3	5.5	2	90.8	108	0.35	1.7	1
30309	45	100	27.25	25	22	21.3	54	59	91	94	3	5.5	2	108	130	0.35	1.7	1
30310	50	110	29.25	27	23	23	60	65	100	103	4	6.5	2	130	158	0.35	1.7	1
30311	55	120	31.5	29	25	24.9	65	70	110	112	4	6.5	2.5	152	188	0.35	1.7	1
30312	60	130	33.5	31	26	26.6	72	76	118	121	5	7.5	2.5	170	210	0.35	1.7	1
30313	65	140	36	33	28	28.7	77	83	128	131	5	8	2.5	195	242	0.35	1.7	1
30314	70	150	38	35	30	30.7	82	89	138	141	5	8	2.5	218	272	0.35	1.7	1
30315	75	160	40	37	31	32	87	95	148	150	5	9	2.5	252	318	0.35	1.7	1
30316	80	170	42.5	39	33	34.4	92	102	158	160	5	9.5	2.5	278	352	0.35	1.7	1
30317	85	180	44.5	41	34	35.9	99	107	166	168	6	10.5	3	305	388	0.35	1.7	1
30318	90	190	46.5	43	36	37.5	104	113	176	178	6	10.5	3	342	440	0.35	1.7	1
30319	95	200	49.5	45	38	40.1	109	118	186	185	6	11.5	3	370	478	0.35	1.7	1
30320	100	215	51.5	47	39	42.2	114	127	201	199	6	12.5	3	405	525	0.35	1.7	1

续表 15-5

轴承代号	基本尺寸(mm)						安装尺寸(mm)							基本额定载荷		计算系数		
	d	D	T	B	c	a ≈	d_a min	d_b max	D_a max	D_b min	a_1 min	a_2 min	r_a max	C_r (kN)	C_{0r} (kN)	e	Y	Y_0
22 系列																		
32206	30	62	21.25	20	17	15.6	36	36	56	58	3	4.5	1	51.8	63.8	0.37	1.6	0.9
32207	35	72	24.25	23	19	17.9	42	42	65	68	3	5.5	1.5	70.5	89.5	0.37	1.6	0.9
32208	40	80	24.75	23	19	18.9	47	48	73	75	3	6	1.5	77.8	77.2	0.37	1.6	0.9
32209	45	85	24.75	23	19	20.1	52	53	78	81	3	6	1.5	80.8	105	0.4	1.5	0.8
32210	50	90	24.75	23	19	21	57	57	83	86	3	6	1.5	82.8	108	0.42	1.4	0.8
32211	55	100	26.75	25	21	22.8	64	62	91	96	4	6	2	108	142	0.4	1.5	0.8
32212	60	110	29.75	28	24	25	69	68	101	105	4	6	2	132	180	0.4	1.5	0.8
32213	65	120	32.75	31	27	27.3	74	75	111	115	4	6	2	160	222	0.4	1.5	0.8
32214	70	125	33.25	31	27	28.8	79	79	116	120	4	6.5	2	168	238	0.42	1.4	0.8
32215	75	130	33.25	31	27	30.0	84	84	121	126	4	6.5	2	170	242	0.44	1.4	0.8
32216	80	140	35.25	33	28	31.4	90	89	130	135	5	7.5	2.1	198	278	0.42	1.4	0.8
32217	85	150	38.5	36	30	33.9	95	95	140	143	5	8.5	2.1	228	325	0.42	1.4	0.8
32218	90	160	42.5	40	34	36.8	100	101	150	153	5	8.5	2.1	270	395	0.42	1.4	0.8
32219	95	170	45.5	43	37	39.2	107	106	158	163	5	8.5	2.5	302	448	0.42	1.4	0.8
32220	100	180	49	46	39	41.9	112	113	168	172	5	10	2.5	340	512	0.42	1.4	0.8
23 系列																		
32304	20	52	22.25	21	18	13.6	27	26	45	48	3	4.5	1.5	42.8	46.2	0.3	2	1.1
32305	25	62	25.25	24	20	15.9	32	32	55	58	3	5.5	1.5	61.5	68.8	0.3	2	1.1
32306	30	72	28.75	27	23	18.9	37	38	65	66	4	6	1.5	81.5	96.5	0.31	1.9	1.1
32307	35	80	32.75	31	25	20.4	44	43	71	74	4	8.5	2	99.0	118	0.31	1.9	1.1
32308	40	90	35.25	33	27	23.3	49	49	81	83	4	8.5	2	115	148	0.35	1.7	1
32309	45	100	38.25	36	30	25.6	54	56	91	93	4	8.5	2	145	188	0.35	1.7	1
32310	50	110	42.25	40	33	28.2	60	61	100	102	5	9.5	2	178	235	0.35	1.7	1
32311	55	120	45.5	43	35	30.4	65	66	110	111	5	10	2.5	202	270	0.35	1.7	1
32312	60	130	48.5	46	37	32	72	72	118	122	6	11.5	2.5	228	302	0.35	1.7	1
32313	65	140	51	48	39	34.3	7	79	128	131	6	12	2.5	260	350	0.35	1.7	1
32314	70	150	54	51	42	36.5	82	84	138	141	6	12	2.5	298	408	0.35	1.7	1
32315	75	160	58	55	45	39.4	87	91	148	150	7	13	2.5	348	482	0.35	1.7	1
32316	80	170	61.5	58	48	42.1	92	97	158	160	7	13.5	2.5	388	542	0.35	1.7	1
32317	85	180	63.5	60	49	43.5	99	102	166	168	8	14.5	3	422	592	0.35	1.7	1
32318	90	190	67.5	64	53	46.2	104	107	176	178	8	14.5	3	478	682	0.35	1.7	1
32319	95	200	71.5	67	55	49	109	114	186	187	8	16.5	3	515	738	0.35	1.7	1
32320	100	215	77.5	73	60	52.9	114	122	201	201	8	17.5	3	600	872	0.35	1.7	1

第二节　滚动轴承的配合及游隙

一、滚动轴承的配合要求

滚动轴承的配合要求见表 15-6 ~ 表 15-12。

表 15-6　当量径向载荷 P 的分类

P 的大小	P 与 C^* 之比率
轻载荷	$P<0.07C$
正常载荷	$0.07C<P<0.15C$
重载荷	$P<0.15C$

注：C 为轴承的额定动载荷。

表 15-7　轴与推力轴承配合的公差带

	轴圈工作条件		推力球轴承和推力滚子轴承	推力调心滚子轴承	轴的公差带代号
			轴承公称内径 d(mm)		
推力轴承	纯轴向载荷		所有尺寸	所有尺寸	j6 或 js6
	径向和轴向联合载荷	轴圈相对于载荷方向静止	—	$d\leqslant250$	j6
			—	$d>250$	js6
		轴圈相对于载荷方向旋转或载荷方向摆动	—	$d\leqslant200$	k6*
			—	$200<d\leqslant400$	m6*
			—	$d>400$	n6*

注：要求较小过盈时，可分别用 j6、k6、m6 代替 k6、m6、n6。

表 15-8　轴与向心轴承配合的公差带

	内圈工作条件		应用举例	深沟球轴承、调心球轴承和角接触球轴承	圆柱滚子轴承和圆锥滚子轴承	调心滚子轴承	轴的公差带代号
	旋转状态	载荷		轴承公称内径 d(mm)			
向心轴承	内圈相对于载荷方向旋转或载荷方向摆动	轻载荷（球轴承 $P\leqslant0.07C$；圆柱滚子轴承 $P\leqslant0.08C$；圆锥滚子轴承 $P\leqslant0.13C$）	电器仪表、机床（主轴）、精密机械、泵、通风机、传送带	$d\leqslant18$ $18<d\leqslant100$ $100<d\leqslant200$ —	— $d\leqslant40$ $40<d\leqslant140$ $140<d\leqslant200$	— $d\leqslant40$ $40<d\leqslant100$ $100<d\leqslant200$	h5 j6① k6① m6①

续表 15-8

	内圈工作条件		应用举例	深沟球轴承、调心球轴承和角接触球轴承	圆柱滚子轴承和圆锥滚子轴承	调心滚子轴承	轴的公差带代号
	旋转状态	载荷		轴承公称内径 d(mm)			
向心轴承	内圈相对于载荷方向旋转或载荷方向摆动	正常载荷(球轴承 $0.07C<P\leqslant 0.15C$;圆柱滚子轴承 $0.08C<P\leqslant 0.18C$;圆锥滚子轴承 $0.13C<P\leqslant 0.26C$)	一般通用机械、电动机、涡轮机、泵、内燃机、变速箱、木工机械	$d\leqslant 18$	—	—	j5 或 js5
				$18<d\leqslant 100$	$d\leqslant 40$	$d\leqslant 40$	k5②
				$100<d\leqslant 140$	$40<d\leqslant 100$	$40<d\leqslant 65$	m5②
				$140<d\leqslant 200$	$100<d\leqslant 140$	$65<d\leqslant 100$	m6
				$200<d\leqslant 280$	$140<d\leqslant 200$	$100<d\leqslant 140$	n6
				—	$200<d\leqslant 400$	$140<d\leqslant 280$	p6
				—	—	$280<d\leqslant 500$	r6
				—	—	$d>500$	r7
		重载荷(球轴承 $P>0.15C$;圆柱滚子轴承 $P>0.18C$;圆锥滚子轴承 $P>0.26C$)	铁路车辆和电车的轴箱、牵引电动机、轧机、破碎机等重型机械	—	$50<d\leqslant 140$	$50<d\leqslant 100$	n6③
				—	$140<d\leqslant 200$	$100<d\leqslant 140$	p6③
				—	$d>200$	$140<d\leqslant 200$	r6③
				—	—	$d>200$	r7③
	内圈相对于载荷方向静止	所有载荷:内圈必须在轴向容易移动	静止轴上的各种轮子	所有尺寸			f6① g6①
		所有载荷:内圈不必要在轴向移动	张紧滑轮、绳索轮	所有尺寸			h6① j6①
	纯轴向载荷		所有应用场合	所有尺寸			j6 或 js6
	锥孔轴承(带锥形套)						
	所有载荷		火车和电车的轴箱	装在退卸衬套上的所有尺寸			h8(IT6)④⑤
			一般机械或传动轴	装在紧定套上的所有尺寸			h9(IT7)④⑤

注:1. 表中①凡对公差有较高要求的场合,应用 j5,k5,…代替 j6,k6,…;

②圆锥滚子轴承和角接触球轴承,因内部游隙的影响不甚重要,可用 k6 和 m6 代替 k5 和 m5;

③应选用轴承径向游隙大于 0 组的滚子轴承;

④凡有较高的公差等级或转速要求的场合,应选用 h7(IT5)代替 h8(IT6)等;

⑤IT6、IT7 表示圆柱度公差数值。

2. 表中轻载荷、正常载荷和重载荷均指径向当量动载荷 P。

表 15-9　外壳孔与向心轴承和推力轴承配合的公差带

	外圈工作条件				应用举例	壳孔的公差带代号
向心轴承	旋转状态	载荷	轴向位移的限度	其他情况		
	外圈相对于载荷方向静止	轻、正常和重载荷	轴向容易移动	轴处于高温场合	烘干筒、有调心滚子轴承的大电动机	G7
				剖分式外壳	一般机械、铁路车辆轴箱	H7
		冲击载荷	轴向能移动	整体式或剖分式外壳	铁路车辆轴箱轴承	J7
	外圈相对于载荷方向摆动	轻和正常载荷			电动机、泵、曲轴主轴承	Js7
	外圈相对于载荷方向摆动	正常和重载荷	轴向不移动	整体式外壳	电动机、泵、曲轴主轴承	K7
		重冲击载荷			牵引电动机	M7
	外圈相对于载荷方向旋转	轻载荷			张紧滑轮　球轴承	J7
					张紧滑轮　滚子轴承	K7
		正常和重载荷			装用球轴承的轮毂	K7 M7
		重冲击载荷		薄壁、整体式外壳	装用滚子轴承的轮毂	N7 P7

	座圈工作条件		轴承类型	壳孔的公差带代号	
推力轴承	纯轴向载荷		推力球轴承	H8	
			推力圆柱滚子轴承	H7	
			推力调心滚子轴承	—	外壳孔与座圈间的配合间隙 0.001D(轴承外径)
	径向和轴向联合载荷	座圈相对于载荷方向静止	推力调心滚子轴承	H7	
		座圈相对于载荷方向旋转或摆动		K7	正常载荷
				M7	重载荷

注:对于向心轴承,凡对公差有较高要求的场合,应选用标准公差 P6、N6、M6、K6、J6 和 H6 分别代替 P7、N7、M7、K7、J7 和 H7,并应同时选用整体式外壳;对于轻合金外壳,应选择比钢或铸铁外壳较紧的配合。

表 15-10　滚动轴承与轴和座孔的配合(GB/T 275—1993)

载荷性质	轴承类型		配合代号	
	深沟球轴承、角接触球轴承	圆锥滚子轴承		
P/C	轴承公称内径(mm)		轴	座孔
≤0.07	20～100 100～200	≤40 40～140	js6、j6 k6	H7
0.07～0.15	20～100 100～140 140～200	≤40 40～100 100～140	k5、k6 m5、m6 m6	
>0.15		50～140	n6	

注:P 为当量动载荷,C 为基本额定动载荷。

表 15-11　轴和外壳的形位公差

基本尺寸(mm)		圆柱度 t				端面圆跳动 t_1			
		轴　颈		外壳孔		轴　肩		外壳孔肩	
		轴承公差等级							
		0	6(6x)	0	6(6x)	0	6(6x)	0	6(6x)
超过	到	公差值(μm)							
	6	2.5	1.5	4	2.5	5	3	8	5
6	10	2.5	1.5	4	2.5	6	4	10	6
10	18	3.0	2.0	5	3.0	8	5	12	8
18	30	4.0	2.5	6	4.0	10	6	15	10
30	50	4.0	2.5	7	4.0	12	8	20	12
50	80	5.0	3.0	8	5.0	15	10	25	15
80	120	6.0	4.0	10	6.0	15	10	25	15
120	180	8.0	5.0	12	8.0	20	12	30	20
180	250	10.0	7.0	14	10.0	20	12	30	20
250	315	12.0	8.0	16	12.0	25	15	40	25
315	400	13.0	9.0	18	13.0	25	15	40	25
400	500	15.0	10.0	20	15.0	25	15	40	25

表 15-12 配合表面的表面粗糙度

配合表面	轴承公差等级	配合表面的尺寸公差等级	轴承内径或外径(mm)	
			至 80	大于 80～500
			表面粗糙度参数 R_a(μm) 按 GB 1031—83	
轴颈	P0	IT6	1	1.6
	P6	IT5	0.63	1
外壳孔	P0	IT7	0.6	2.5
	P6	IT6	1	1.6
轴和外壳孔肩端面	P0		2	2.5
	P6		1.25	2

注:轴承装在紧定套或退卸套上时,轴颈表面粗糙度 R_a 不大于 2.5 μm。

二、滚动轴承的游隙要求

滚动轴承的游隙要求见表 15-13～表 15-17。

表 15-13 深沟球轴承径向游隙(GB/T 4604—1993) (单位:μm)

公称内径 d(mm)		2 组		0 组		3 组		4 组		5 组	
超过	到	min	max	min	max	min	max	min	max	min	max
18	24	0	10	5	20	13	28	20	36	28	48
24	30	1	11	5	20	13	28	23	41	30	53
30	40	1	11	6	20	15	33	28	46	40	64
40	50	1	11	6	23	18	36	30	51	45	73
50	65	1	15	8	28	23	43	38	61	55	90
65	80	1	15	10	30	25	51	46	71	65	105
80	100	1	18	12	36	30	58	53	84	75	120

表 15-14 调心球轴承径向游隙(圆锥孔)(GB/T 4604—1993) (单位:μm)

公称内径 d (mm)	2 组		0 组		3 组		4 组		5 组	
	min	max	min	max	min	max	min	max	min	max
18～24	7	17	13	26	20	33	28	42	37	55
24～30	9	20	15	28	23	39	33	50	44	62
30～40	12	24	19	35	29	46	40	59	52	72
40～50	14	27	22	39	33	52	45	65	58	79
50～65	18	32	27	47	41	61	56	80	73	99
65～80	23	39	35	57	50	75	69	98	91	123
80～100	29	47	42	68	62	90	84	116	109	144

表 15-15 调心球轴承径向游隙(圆柱孔)(GB/T 4604—1993) (单位:μm)

公称内径 d (mm)	2 组		0 组		3 组		4 组		5 组	
	min	max	min	max	min	max	min	max	min	max
18 ~ 24	4	14	10	23	17	30	25	39	34	52
24 ~ 30	5	16	11	24	19	35	29	46	40	58
30 ~ 40	6	18	13	29	23	40	34	53	46	66
40 ~ 50	6	19	14	31	25	44	37	57	50	71
50 ~ 65	7	21	16	36	30	50	45	69	62	88
65 ~ 80	8	24	18	40	35	60	54	83	76	108
80 ~ 100	9	27	22	48	42	70	64	96	89	124

表 15-16 双列圆柱滚子轴承径向游隙 (单位:μm)

公称内径 d(mm)		圆柱孔						圆锥孔			
		1 组		2 组		3 组		1 组		2 组	
超过	到	min	max	min	max	min	max	min	max	min	max
	24	5	15	10	20	20	30	10	20	20	30
24	30	5	15	10	25	25	35	15	25	25	35
30	40	5	15	12	25	25	40	15	25	25	40
40	50	5	18	15	40	30	45	17	30	30	45
50	65	5	20	15	35	35	50	20	35	35	50
65	80	10	25	20	40	40	60	25	40	40	60
80	100	10	30	25	45	45	70	35	55	45	70

表 15-17 圆柱孔圆柱滚子轴承径向游隙 (单位:μm)

公称内径 d (mm)	2 组		0 组		3 组		4 组		5 组	
	min	max	min	max	min	max	min	max	min	max
10 ~ 24	0	25	20	45	35	60	50	75	65	90
24 ~ 30	0	25	20	45	35	60	50	75	70	95
30 ~ 40	5	30	25	50	45	70	60	85	80	105
40 ~ 50	5	35	30	60	50	80	70	100	95	125
50 ~ 65	10	40	40	70	60	90	80	110	110	140
65 ~ 80	10	45	40	75	65	100	90	125	130	165
80 ~ 100	15	50	50	85	75	110	105	140	155	190

第十六章　联轴器

第一节　联轴器轴孔和键槽

圆柱形、圆锥形轴孔和键槽尺寸见表 16-1、表 16-2。

表 16-1　圆柱形轴孔和键槽尺寸(GB/T 3852—1997)

直径 d(H7)	长度			沉孔尺寸		A,B,B_1 型键槽					D 型键槽		
	L		L_1			b (P9)	t		t_1		公称尺寸	极限偏差	b_1
	长系列	短系列		d_1	R		公称尺寸	极限偏差	公称尺寸	极限偏差			
20、22	52	38	52	38	1.5	6	22.8、24.8	(+0.1,0)	25.6、27.6	(+0.2,0)	—	—	—
24	52	38	52	38	1.5	8	27.3	(+0.2,0)	30.6	(+0.4,0)	—	—	—
25、28	62	44	62	48	1.5	8	28.3、31.3	(+0.2,0)	31.6、34.6	(+0.4,0)	—	—	—
30	82	60	82	55	1.5	8	33.3	(+0.2,0)	36.6	(+0.4,0)	—	—	—
32、35	82	60	82	55	2	10	35.3、38.3	(+0.2,0)	38.6、41.6	(+0.4,0)	—	—	—
38	82	60	82	65	2	10	41.3	(+0.2,0)	44.6	(+0.4,0)	—	—	—
40、42	112	84	112	65	2	12	43.3、45.3	(+0.2,0)	46.6、48.6	(+0.4,0)	—	—	—
45、48	112	84	112	80	2	14	48.8、51.8	(+0.2,0)	52.6、55.6	(+0.4,0)	—	—	—
50	112	84	112	95	2	14	53.8	(+0.2,0)	57.6	(+0.4,0)	—	—	—
55、56	112	84	112	95	2.5	16	59.3、60.3	(+0.2,0)	63.6、64.6	(+0.4,0)	—	—	—
60、63、65	142	107	142	105	2.5	18	64.4、67.4、69.4	(+0.2,0)	68.8、71.8、73.8	(+0.4,0)	7	(0,-0.2)	19.3、19.8、20.1
70	142	107	142	120	2.5	20	74.9	(+0.2,0)	79.8	(+0.4,0)	7	(0,-0.2)	21
71、75	142	107	142	120	2.5	20	75.9、79.9	(+0.2,0)	80.8、84.8	(+0.4,0)	8	(0,-0.2)	22.4、23.2
80	172	132	172	140	2.5	22	85.4	(+0.2,0)	90.8	(+0.4,0)	8	(0,-0.2)	24.0
85	172	132	172	140	3	22	90.4	(+0.2,0)	95.8	(+0.4,0)	8	(0,-0.2)	24.8
90	172	132	172	160	3	25	95.4	(+0.2,0)	100.8	(+0.4,0)	8	(0,-0.2)	25.6
95	172	132	172	160	3	25	100.4	(+0.2,0)	105.8	(+0.4,0)	9	(0,-0.2	27.8
100、110	212	167	212	180	3	28	106.4、116.4	(+0.2,0)	112.8、122.8	(+0.4,0)	9	(0,-0.2)	28.6、30.1

表 16-2　圆锥形轴孔和键槽(GB/T 3852—1997)

直径 d_2 (H8)	长度				沉孔尺寸		C 型键槽			
	L		L_1	L_2			b (P9)	t_2		
	Z、Z1 型	Z2、Z3 型			d_1	R		Z、Z1 型	Z2、Z3 型	极限偏差
20、22	38	24	52	38	38	1.5	4	10.9、11.9	11.2、12.2	(+0.1,0)
24	38	24	52	38	38	1.5	5	13.4	13.7	(+0.1,0)
25、28	44	26	62	44	48	1.5	5	13.7、15.2	14.2、15.7	(+0.1,0)
30	60	38	82	60	55	1.5	5	15.8	16.4	(+0.1,0)
32、35	60	38	82	60	55	2.0	6	17.3、18.8	17.9、19.4	(+0.1,0)

第二节　常用联轴器

常用联轴器见表 16-3、表 16-4。

表 16-3　LT 型弹性套柱联轴器(GB/T 4323—2002)

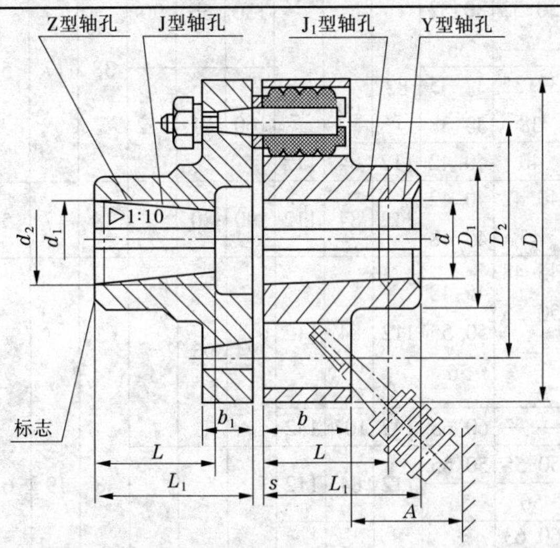

型号	公称转矩 T_n (N·m)	许用转速 [n](r/min)		轴孔直径 d_1 d_2 d_z		轴孔长度			D	D_1	D_2^*	b	b_1	s	A	转动惯量 (kg·m²)	质量 (kg)
						Y	J、J_1、Z										
		铁	钢	铁	钢	L_1	L	L_1									
				mm													
LT1	6.3	6 600	8 800	9	9	20	—	—	71	22	45	16	10	3	18	0.000 4	0.7
				10 11	10 11	25	22	25									
				12	12 14	32	27	32									

续表 16-3

型号	公称转矩 T_n (N·m)	许用转速 $[n]$ (r/min)		轴孔直径 d_1 d_2 d_z		轴孔长度			D	D_1	D_2^*	b	b_1	s	A	转动惯量 (kg·m²)	质量 (kg)
		铁	钢	铁	钢	Y	J、J_1、Z										
						L_1	L	L_1	mm								
LT2	16	5 500	7 600	12 14	12 14				80	30	53					0.001	1.0
				16 — —	16 18 19	42	30	42									
				— —	20	52	38	52									
LT3	31.5	4 700	6 300	16 18 19	16 18 19	42	30	42	95	35	63	23	15	4	35	0.002	2.2
				20	20 22	52	38	52									
LT4	63	4 200	5 700	20 22 24	20 22 24				106	42	76					0.004	3.2
				— —	25 28	62	44	62									
LT5	125	3 600	4 600	25 28	25 28				130	56	90	38	17	5	45	0.011	5.5
				30 32 — —	30 32 35	82	60	82									
LT6	250	3 300	3 800	32 35 38	32 35 33 38				160	71	112					0.026	9.6
				40	40 42	112	84	112									
LT7	500	2 800	3 600	40 42 45	40 42 45 48	112	84	112	190	80		38	17	5	45	0.06	15.7
LT8	710	2 400	3 000	45 48 50 55 — —	45 48 50 55 56	112	84	112	224	95		48	19	6	65	0.13	24
				— —	60 63	142	107	142									
LT9	1 000	2 100	2 850	50 55	50 55	112	84	112	250	110						0.20	31
				56	56												
				60 63 — — — —	60 63 65 70 71	142	107	142									
LT10	2 000	1 700	2 300	63 65 70 71 75	63 65 70 71 75				315	150		58	22	8	80	0.64	60.2
				80 85 — —	80 85 90 95	172	132	172									

注：尺寸 D_2 原标准中没有，表中值为参考值。

表 16-4　凸缘联轴器（GB/T 5843—2003）

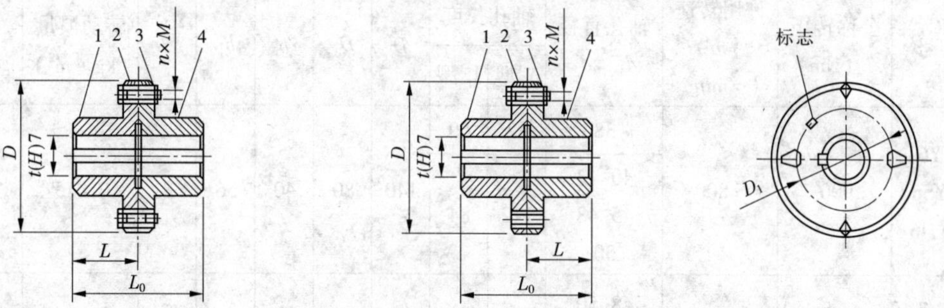

1、4—半联轴器;2—螺栓;3—尼龙锁紧螺帽

标记示例	Y15 联轴器 $\frac{J30\times60}{J_1B28\times44}$　GB/T 5843—2003 主动端:J 型轴孔、A 型键槽、$d=30$ mm、$L=60$ mm; 从动端:J_1 型轴孔、B 型键槽、$d=30$ mm、$L=60$ mm

型号	公称转矩 T_n(Nm)	许用转速 [n] (r/min)	轴孔直径 d_1 d_2	轴孔长度 Y 型	轴孔长度 J_1 型	D	D_1	b	b_1	s	转动惯量 (kg·m²)	质量 (kg)
GY1 GYS1 GYH1	25	12 000	12 14	32	27	80	30	26	42	6	0.000 8	1.16
			16 18 19	42	30							
GY2 GYS2 GYH2	63	10 000	16 18 19	42	30	90	40	28	44	6	0.001 5	1.72
			20 22 24	52	38							
			25	62	44							
GY3 GYS3 GYH3	112	9 500	20 22 24	52	38	100	45	30	46	6	0.002 5	2.38
			25 28	62	64							
GY4 GYS4 GYH4	224	9 000	25 28	62	64	105	55	32	48	6	0.003	3.15
			30 32 35	82	60							
GY5 GYS5 GYH5	400	8 000	30 32 35	82	60	120	68	36	52	8	0.007	5.43
			38 40 42	112	84							

续表 16-4

型号	公称转矩 T_n(Nm)	许用转速 [n] (r/min)	轴孔直径 d_1 d_2	轴孔长度		D	D_1	b	b_1	s	转动惯量 (kg·m^2)	质量 (kg)
				Y 型	J_1 型							
GY6 GYS6 GYH6	900	6 800	38	82	60	140	80	40	56	8	0.015	7.59
			40 42 45 48 50	112	84							
GY7 GYS7 GYH7	1 600	6 000	48 50 55 56	112	84	160	100	40	56	8	0.031	13.1
			60 63	142	107							
GY8 GYS8 GYH8	3 150	4 800	60 63 65 70 71 75	142	107	200	130	50	68	10	0.103	27.5
			80	172	132							
GY9 GYS9 GYH9	6 300	3 600	75	142	107	260	160	66	84	10	0.319	47.8
			80 85 90 95	172	132							
			90	212	167							
GY10 GYS10 GYH10	10 000	3 200	90 95	172	132	300	200	72	90	10	0.72	82.0
			100 110 120 125	212	167							
GY11 GYS11 GYH11	25 000	2 500	120 125	212	167	380	260	80	98	10	2.278	162.2
			130 140 150	252	202							
			160	302	242							
GY12 GYS12 GYH12	50 000	2 000	150	252	202	460	320	92	112	12	5.923	285.6
			160 170 180	302	242							
			190 200	352	282							
GY13 GYS13 GYH13	10 000	1 600	190 200 220	352	282	590	400	110	130	12	19.978	611.9
			240 250	410	330							

第十七章 电动机

第一节 Y 系列(IP44)电动机的技术数据

Y 系列电动机是全封闭自冷式鼠笼型三相异步电动机,它集中了国内外的先进技术,是全国统一设计的新系列产品。

Y 系列(IP44)三相异步电动机具有以下良好性能和结构特点:

(1)效率水平较高。Y 系列(IP44)小型三相异步电动机保持了 J02 系列电动机效率水平比较高的优点,其效率加权平均值比 J02 系列高出 0.413%,达到了国际水平。电动机效率水平的提高,给社会带来了巨大的节电经济效益。

(2)启动性能较好。Y 系列(IP44)全系列电动机的堵转转矩比 J02 系列电动机的平均值高 33%,启动转矩达到 JQ02 系列高启动转矩电动机的水平,其最小转矩均保证在 0.8 倍的额定转矩以上,并且大部分达到或超过 1 倍的额定转矩。因此,其启动性能非常优良,带负载启动也十分顺利。

(3)噪声低,振动小。Y 系列(IP44)三相异步电动机规定有声功率噪声标准,按噪声限值分为 1 级和 2 级,以供用户选用。由于该系列采用电动机专用轴承,因而运转噪声大为降低,经实测其噪声低于 J02 系列实际水平 5 ~ 10 dB,振动也比 J02 系列电动机有较大的减小。

(4)防护性能较好。Y 系列(IP44)三相异步电动机防护等级为 IP44,四级防水,四级防固体。其结构设计已满足了对外界固体物和溅水的防护要求,这样就能有效防止异物对电动机和人体的危害。

(5)运行可靠,使用寿命长。Y 系列(IP44)三相异步电动机的绕组均采用 B 级绝缘材料。当海拔不超过 1 000 m,冷却空气的温度不超过 40 ℃时,电动机定子绕组的温升限度(电阻法)不超过 80 K。因而,除极少数规格外,电动机一般有 15 K 以上的温升裕度。较大的温升裕度能延长电动机的使用寿命,并提高电动机运行的可靠性。

(6)外形美观大方。Y 系列(IP44)三相异步电动机的端盖、接线盒、风罩等主要结构部件的外形,都比传统老产品美观、大方。全系列电动机比 J02 系列的体积平均缩小 15%,质量平均减轻 12%。

Y 系列电动机适用于不含易燃、易爆或腐蚀性气体的一般场所和无特殊要求的机械,如金属切削机床、水泵、风机、运输机械、食品机械和搅拌机。由于电动机有良好的启动性能,因此也适用于某些对启动转矩有较高要求的机械,如压缩机等。Y 系列(IP44)电动机的技术数据如表 17-1 所示,Y 系列电动机安装形式及代号如表 17-2 所示。

表 17-1　Y 系列(IP44)电动机的技术数据(JB 3074—1982)

电动机型号	额定功率(kW)	满载转速(r/min)	堵转转矩	最大转矩	电动机型号	额定功率(kW)	满载转速(r/min)	堵转转矩	最大转矩
			额定转矩					额定转矩	
同步转速 3 000 r/min,2 极					同步转速 1 500 r/min,4 极				
Y801 -2	0.75	2 825	2.2	2.2	Y801 -4	0.55	1 390	2.2	2.2
Y802 -2	1.1	2 825	2.2	2.2	Y802 -4	0.75	1 390	2.2	2.2
Y90S -2	1.5	2 840	2.2	2.2	Y90S -4	1.1	1 400	2.2	2.2
Y90L -2	2.2	2 840	2.2	2.2	Y90L -4	1.5	1 400	2.2	2.2
Y100L -2	3	2 880	2.2	2.2	Y100L1 -4	2.2	1 420	2.2	2.2
Y112M -2	4	2 890	2.2	2.2	Y100L2 -4	3	1 420	2.2	2.2
Y132S1 -2	5.5	2 900	2.0	2.2	Y112M -4	4	1 440	2.2	2.2
Y132S2 -2	7.5	2 900	2.0	2.2	Y132S -4	5.5	1 440	2.2	2.2
Y160M1 -2	11	2 930	2.0	2.2	Y132M -4	7.5	1 440	2.2	2.2
Y160M2 -2	15	2 930	2.0	2.2	Y160M -4	11	1 460	2.2	2.2
Y160L -2	18.5	2 930	2.0	2.2	Y160L -4	15	1 460	2.2	2.2
Y180M -2	22	2 940	2.0	2.2	Y180M -4	18.5	1 470	2.0	2.2
Y200L1 -2	30	2 950	2.0	2.2	Y180L -4	22	1 470	2.0	2.2
Y200L2 -2	37	2 950	2.0	2.2	Y200L -4	30	1 470	2.0	2.2
Y225M -2	45	2 970	2.0	2.2	Y225S -4	37	1 480	1.9	2.2
Y250M -2	55	2 970	2.0	2.2	Y225M -4	45	1 480	1.9	2.2
Y90S -6	0.75	910	2.0	2.0	Y250M -4	55	1 480	2.0	2.2
Y90L -6	1.1	910	2.0	2.0	Y280S -4	75	1 480	1.9	2.2
Y100L -6	1.5	940	2.0	2.0	Y280M -4	90	1 480	1.9	2.2
Y112M -6	2.2	940	2.0	2.0	同步转速 750 r/min,8 极				
Y132S -6	3	960	2.0	2.0	Y132S -8	2.2	710	2.0	2.0
Y132M1 -6	4	960	2.0	2.0	Y132M -8	3	710	2.0	2.0
Y132M2 -6	5.5	960	2.0	2.0	Y160M1 -8	4	720	2.0	2.0
Y160M -6	7.5	970	2.0	2.0	Y160M2 -8	5.5	720	2.0	2.0
Y160L -6	11	970	2.0	2.0	Y160L -8	7.5	720	2.0	2.0

续表 17-1

电动机型号	额定功率(kW)	满载转速(r/min)	堵转转矩	最大转矩	电动机型号	额定功率(kW)	满载转速(r/min)	堵转转矩	最大转矩
			额定转矩					额定转矩	
Y180L－6	15	970	1.8	2.0	Y180L－8	11	730	1.7	2.0
Y200L1－6	18.5	970	1.8	2.0	Y200L－8	15	730	1.8	2.0
Y200L2－6	22	970	1.8	2.0	Y225S－8	18.5	730	1.7	2.0
Y225M－6	30	980	1.7	2.0	Y225M－8	22	730	1.8	2.0
Y250M－6	37	980	1.8	2.0	Y250M－8	30	730	1.8	2.0
Y280S－6	45	980	1.8	2.0	Y280S－8	37	740	1.8	2.0
Y280M－6	55	980	1.8	2.0					
Y90S－6	0.75	910	2.0	2.0					

注:电动机型号的意义,以 Y132S－2－B3 为例,Y 表示系列代号,132 表示机座中心高,S 表示短机座第二种铁芯长度(M 为中机座,L 为长机座),2 为电动机的极数,B3 表示安装形式。

表 17-2 Y 系列电动机安装形式及代号

安装形式	基本安装型	由B3派生安装型				
	B3	V5	V6	B6	B7	B8
示意图	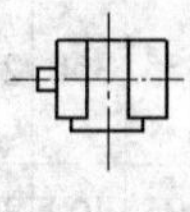	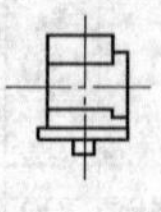	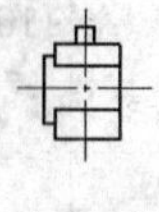			
中心高(mm)	80~280	80~160				
安装形式	基本安装型	由B5派生安装型		基本安装型	由B35派生安装型	
	B3	V1	V3	B35	V15	V36
示意图	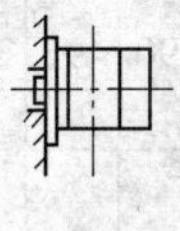	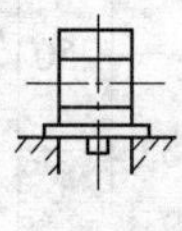	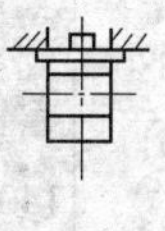	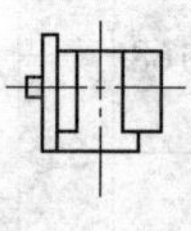	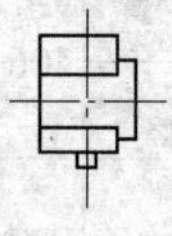	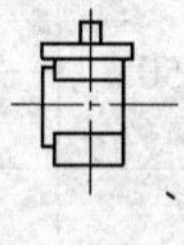
中心高(mm)	80~225	80~280	80~160	80~280	80~160	

第二节　Y 系列三相异步电动机的外形及安装尺寸

机座带底脚、端盖无凸缘(B3、B6、B7、B8、V5、V6 型)电动机的安装及外形尺寸如表 17-3所示。

表 17-3　机座带底脚、端盖无凸缘电动机的安装及外形尺寸　（单位:mm）

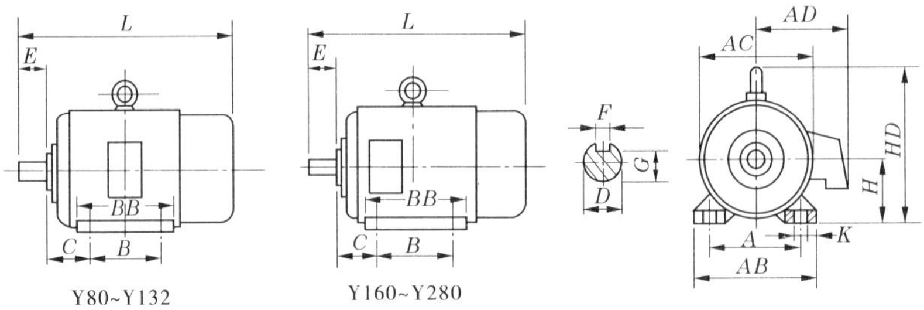

Y80~Y132　　Y160~Y280

机座号	极数	A	B	C	D		E	F	G	H	K	AB	AC	AD	HD	BB	L
80	2、4	125	100	50	19	+0.009 -0.004	40	6	15.5	80	10	165	165	150	170	130	285
90S	2、4、6	140		56	24		50	8	20	90		180	175	155	190		310
90L			125													155	335
100L		160	140	63	28		60		24	100	12	205	205	180	245	170	380
112M		190		70						112		245	230	190	265	180	400
132S	2、4、6、8	216		89	38	+0.018 +0.002	80	10	33	132		280	270	210	315	200	475
132M			178													238	515
160M		254	210	108	42		110	12	37	160	15	330	325	255	385	270	600
160L			254													314	645
180M		279	241	121	48			14	42.5	180		355	360	285	450	311	670
180L			279													349	710
200L		318	305	133	55			16	49	200	19	395	400	310	475	379	775
225S	4、8	356	286	149	60	+0.030 +0.011	140	18	53	225		435	450	345	530	368	820
225M	2		311		55		110	16	49							393	815
	4、6、8				60		140	18	53								845
250M	2	406	349	168						250	24	490	495	385	575	455	930
	4、6、8				65				58								
280S	2	457	368	190						280		550	555	410	640	530	1 000
	4、6、8				75			20	67.5								
280M	2		419		65			18	58							581	1 050
	4、6、8				75			20	67.5								

机座带底脚、端盖有凸缘（V35、V15、V36 型）电动机的安装及外形尺寸如表 17-4 所示。

表 17-4　机座带底脚、端盖有凸缘电动机的安装及外形尺寸　　　（单位:mm）

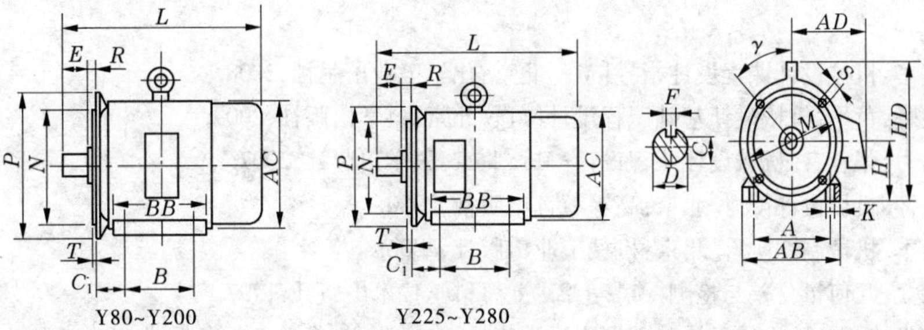

机座号	极数	A	B	C1	D		E	F	G	H	K	M	N	P	R	S	T	凸缘孔数	AB	AC	AD	HD	BB	L
80	2、4	125	100	50	19	+0.009 −0.004	40	6	15.5	80	10	165	130	200	0	12	3.5	4	165	165	150	170	130	285
90S	2、4、6	140		56	24		50	8	20	90									180	175	155	190		310
90L			125																				155	335
100L		160	140	63	28		60		24	100	12	215	180	250		15	4		205	205	180	245	170	380
112M		190		70						112									245	230	190	265	180	400
132S	2、4、6、8	216		89	38	+0.018 +0.002	80	10	33	132		265	230	300					280	270	210	315	200	475
132M			178																				238	515
160M		254	210	108	42		110	12	37	160	15	300	250	350		19	5		330	325	255	385	270	600
160L			254																				314	645
180M		279	241	121	48			14	42.5	180		350	300	400					355	360	285	450	311	670
180L			279																				349	710
200L		318	305	133	55			16	49	200	19								395	400	310	475	379	775
225S	4、8	356	286	149	60	+0.030 +0.011	140	18	53	225		400	350	450				8	435	450	345	550	368	820
225M	2		311		55		110	16	49														393	815
	4、6、8				60		140	18	53															845
250M	2	406	349	168					53	250	24	500	450	550					490	495	385	575	455	930
	4、6、8				65				58															
280S	2	457	368	190						280									550	555	410	640	530	1 000
	4、6、8				75			20	67.5															
280M	2		419		65			18	58														581	1 050
	4、6、8				75			20	67.5															

注:1. 采用 Y80 ~ Y200 时,$\gamma = 45°$;采用 Y225 ~ Y280 时,$\gamma = 22.5°$。

2. N 的极限偏差:130 和 180 为 $^{+0.014}_{-0.011}$,230 和 250 为 $^{+0.016}_{-0.013}$,300 为 ±0.016,350 为 ±0.018,450 为 ±0.020。

参 考 文 献

[1] 刘建华.机械设计课程设计指导[M].北京:化学工业出版社,2008.
[2] 朱文坚,黄平.机械设计基础课程设计[M].北京:科学出版社,2009.
[3] 于惠力,张春宜.机械设计课程设计[M].北京:科学出版社,2007.
[4] 邱宣怀.机械设计[M].北京:高等教育出版社,2000.
[5] 张崇本.机械制图[M].北京:机械工业出版社,2006.
[6] 甘永立.几何量公差与检测[M].上海:上海科学技术出版社,1997.
[7] 周亚焱,程友斌.机械设计基础课程设计指导[M].北京:化学工业出版社,2009.
[8] 王旭,王保森.机械设计课程设计[M].北京:机械工业出版社,2007.
[9] 鲍莉. 机械设计基础[M].郑州:河南科学技术出版社,2010.
[10] 成大龙.机械设计手册[M].北京:化学工业出版社,2000.
[11] 朱龙根.简明机械零件设计手册[M].北京:机械工业出版社,2005.
[12] 陆玉,何在洲. 机械设计课程设计[M].3 版.北京:机械工业出版社,2004.
[13] 宋宝玉,王连明. 机械设计课程设计[M].3 版.哈尔滨:哈尔滨工业大学出版社,2008.
[14] 路永明.机械设计课程设计[M]. 东营:石油大学出版社,1994.
[15] 綦耀光. 机械设计基础[M].东营:中国石油大学出版社,2006.
[16] 程崇恭. 机械运动简图设计[M]. 北京:机械工业出版社,1994.
[17] 卢玉明.机械设计基础[M]. 北京:高等教育出版社,1998.
[18] 韩莉,邓杰.机械设计课程设计[M].2 版.重庆:重庆大学出版社,2007.
[19] 王世刚,王树才.机械设计实践与创新[M].北京:国防工业出版社,2009.
[20] 殷玉枫.机械设计课程设计[M].北京:机械工业出版社,2006.
[21] 席伟光,杨光,李波.机械设计课程设计[M].北京:高等教育出版社,2003.
[22] 任金泉.机械设计课程设计[M].西安:西安交通大学出版社,2003.
[23] 陈立新.机械设计(基础)课程设计[M].北京:中国电力出版社,2002.